> 你要知道科学方法的实质,不要去听一个科学家对你说些什么,而要仔细看他在做什么。
>
> ——[美]爱因斯坦

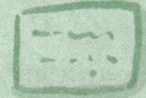

爱因斯坦冰箱

高崇文 著

通过物理学家
故事学物理

北京时代华文书局

图书在版编目（CIP）数据

爱因斯坦冰箱 / 高崇文著 . -- 北京：北京时代华文书局，2024.4
ISBN 978-7-5699-5046-5

Ⅰ.①爱… Ⅱ.①高… Ⅲ.①物理学家—列传—世界—通俗读物 Ⅳ.① K816.11-49

中国国家版本馆 CIP 数据核字 (2023) 第 179281 号

《爱因斯坦冰箱：从科学家故事看物理概念如何环环相扣，形塑现代世界》
作者：高崇文
中文简体字版 ©2024 年由北京时代华文书局有限公司出版、发行
本书经由厦门外图凌零图书策划有限公司代理，经城邦文化事业股份有限公司（商周出版）授权，同意北京时代华文书局有限公司出版、发行中文简体字版本。非经书面同意，不得以任何形式任意重制、转载。
北京市版权局著作权合同登记号　图字：01-2020-1415

AIYINSITAN BINGXIANG

出 版 人：	陈　涛
策划编辑：	邢　楠
责任编辑：	邢　楠
执行编辑：	洪丹琦
责任校对：	陈冬梅
装帧设计：	程　慧　赵芝英
封面插画：	张冬艾
责任印制：	刘　银　訾　敬

出版发行：北京时代华文书局 http://www.bjsdsj.com.cn
　　　　　北京市东城区安定门外大街 138 号皇城国际大厦 A 座 8 层
　　　　　邮编：100011　电话：010-64263661　64261528

印　　刷：	北京毅峰迅捷印刷有限公司		
开　　本：	710 mm×1000 mm　1/16	成品尺寸：	160 mm×235 mm
印　　张：	19.5	字　　数：	249 千字
版　　次：	2024 年 4 月第 1 版	印　　次：	2024 年 4 月第 1 次印刷
定　　价：	79.80 元		

版权所有，侵权必究
本书如有印刷、装订等质量问题，本社负责调换，电话：010-64267955。

自序：理外无物，物中有理

《周易·系辞》里说："古者包牺氏之王天下也，仰则观象于天，俯则观法于地。"这句话虽然讲的是伏羲创造八卦，却与整个自然科学的发展完全吻合。人类最早发现大自然运作规律之处，正是头顶上这片星空。牛顿的力学体系也是通过研究行星运动得来的。只有掌握天上星球的运行法则，人类才有信心将大河山川、冰雪云雾、鸟兽百草逐一纳入自己打造的知识宏厦之中，所以要讲物理学的演进，当然要从天文学讲起。

一般说起天文学都是从哥白尼的日心说开始，然而把眼光放得更长远一点，曾经称霸知识界的托勒密系统才真的算是天文学的滥觞。而在托勒密系统与哥白尼的日心说之间，伊斯兰世界的天文学家充当着重要的"桥梁"，这段历史的来龙去脉很少被提及，所以我在书中特地写了两篇文章介绍伊斯兰天文学家的功业。

哥白尼的日心说在开普勒三大定律的支撑下，稳稳地成为天文学的基础，然而行星运动背后的机制是什么呢？这还有待当时最伟大的科学家牛顿加以披露，而相关的巨作《自然哲学的数学原理》之所以能顺利问世，却要归功于埃德蒙·哈雷，他与牛顿、格林尼治天文台台长约翰·弗拉姆斯蒂德之间的恩怨，以及与同时代的其他科学家的互动都饶有趣味，"埃德蒙·哈雷与他的彗星"就是在介绍这些轶事。

既然提到了格林尼治天文台，当然就不能不提与之较劲好几个世纪的巴黎天文台，"英法天文台的本初子午线之争"就是这两个天文台相互竞争的故事。"打破苍穹界限的赫歇尔家族"介绍的是发现天王星的英国天文学家威廉·赫歇尔与他的妹妹卡罗琳、儿子约翰的故事。而"天体力学的先驱：巴伊与拉普拉斯"介绍的则是曾担任巴黎市长的法国天文学家巴伊如何被卷入大革命旋涡而丧命的故事；与之对照的是，拉普拉斯如何在变幻莫测的世局下成为一代大师的经历。

英法两国在天文学上的较劲跟它们在海外殖民事业上的竞争相比，可以说毫不逊色。最激烈的是谁先发现海王星的论战，双方为了海王星的命名权争得脸红脖子粗，也是科学史上难得的一段趣事，这些都收录在"英法千年恩仇录，谁先发现海王星"中。当然，海王星的发现象征着牛顿力学体系最辉煌的一次胜利。凭借天王星轨道的异常，人类发现了极为遥远、影像极为模糊的海王星的身影，开普勒、牛顿等人可以含笑九泉了。

取得了天上的胜利，科学家们自然将目光挪到自身的周遭，最切身的莫过于我们居住的地球。然而即使到18世纪中叶，我们对地震的认识还停留在近乎原始人的想象中呢！"里斯本大地震，震出一页新文明史"这一篇以18世纪中叶的里斯本大地震为引子，试图勾勒出启蒙运动的面貌，也借此介绍哲学家康德年轻时如何醉心于牛顿的世界观，进而创造出令人叹为观止的批判哲学。

50年后，启蒙运动终于发酵成了革命的火种，法国大革命爆发，旧制度被废除，连度量衡也一同更新。他们将1米的长度定义为子午线的千万分之一，为了测量子午线，他们送出年轻的科学家从事这项艰辛的事业，这段故事就写在"热爱物理的法国总理阿拉果"中。无独有偶，就在同一时期，日本一位退休的酒商为了满足自己的求知欲，展开徒步丈量日本的大事业，这个故事我会在"丈量日本的伊能忠敬"中加以介绍。看来东西方还真是志同道合。

然而到了19世纪，西欧列强却恃其船坚炮利在全世界攻城略地，在这背后科学到底扮演了什么角色呢？在"炮利之道，从腓特烈大帝到拿破仑"一文中，读者可以自行思索其中的关系。事实上，由于数学与力学的相互刺激，科学家发展出了更为精妙的数学，使上至天上的彩虹，下至海岸的波浪，全都能被透彻地理解，让人类无愧于"万物之灵"的名号，这些在"斯托克斯用数学描述森罗万象"中可窥其一二。

牛顿的世界观一路无阻地来到了19世纪。随着科学家孜孜不倦的努力，更多的现象被涵盖进来，由此物理学又多了两门学科：电磁学与热力学。电学与磁学原本是两门独立的学科，最开始尝试将电荷之间的作用力数学化的是法国一位退伍的工兵上尉库仑。接着意大利物理学家、化学家伏打发现将不同的金属堆在一起会产生稳定的电流，由此发明出"伏打电堆"，也就是电池的原型。稳定的电流来源加速了电学的进步，更重要的是，丹麦的奥斯特在1820年发现了电生磁的奇妙现象。电与磁不再被认为是两个独立的现象。

短短几个月，法国数学家安培就写出了描述电流与电流之间磁相互作用规律的安培定律，才有了接下来一个又一个的新发现。例如，法拉第发现电磁感应现象，欧姆发现电阻定律，韦伯与亨利等人尝试研制电报。最后百川纳于大海，著名的麦克斯韦方程组彻底揭示了电与磁的本质。麦克斯韦还更进一步指出光的本质就是电磁波。这样一来，光学与电磁学就合二为一了！

20年后，德国的赫兹甚至利用电磁振荡制造出波长比可见光长上许多的微波，开启了后来的无线通信时代。另外，电磁学的发展也开启了电气时代，在著名的电流之战中，力主使用交流电的特斯拉也是值得一提的人物。这些科学家的姓氏后来都成了电磁单位。

另一个在19世纪被纳入经典物理的现象是热。19世纪初,科学家们普遍把热想象成物质,而法国的年轻工程师卡诺在热质说的前提下,开始思索热机效率极限的问题,开启了热力学的大门。20年后,英国的焦耳以实验证明,热不是物质,而是一种能量。焦耳的想法启发了当时英国最有创意的天才开尔文男爵,使他提出了热力学第二定律。

无独有偶的是,几乎就在同时,普鲁士出身的克劳修斯也提出不同版本的热力学第二定律。克劳修斯持续地研究,花了整整15年的光阴,终于提出热力学中最为费解但也最为核心的概念:熵。热力学第二定律基本上说的就是封闭系统的熵不会变小。

随着气体动力学的发展,奥地利的科学家玻尔兹曼与美国的科学家吉布斯,两人各自建立起现代统计物理学的框架。从微观的角度看,熵与系统可能的状态数有关,我们可以把它看作是对系统无序程度的一种测量。最后我再附上第一位解出二维伊辛模型的鬼才昂萨格当作尾声。这六篇文章可以看成是一部热力学简史。

进入20世纪之后,物理学界经历了一番天翻地覆的改变,最著名的莫过于改变我们对时空理解的相对论,相对论的来龙去脉请看"现代物理的推手——洛伦兹"。而整个人类文明也同样经历了一番惊涛骇浪,"一战"战场上折损了一代的年轻人,其中包括利用X射线研究确认原子序数重要性的英国物理学家莫斯莱,还有找出广义相对论第一个严格解的德国科学家史瓦西,他们的事迹就写在"陨落在'一战'战场上的科学家"中。

在第二次世界大战中被造出的原子弹,可以看作是一个血淋淋的象征。围绕着原子弹计划有许多故事,分别写在"发现中子的查德威克""大英帝国的原子弹计划""谔谔双士:弗兰克与西拉德""日本的原子弹计划：理研的'二号研究'""F 计划"中。

战争带来巨大的毁灭，但吊诡的是，战争也带来许多技术的飞跃进步，如为了发展雷达而带来微波技术的进步，进而开发出核磁共振成像技术并将其应用于医疗领域，造福人类的同时也刺激了量子电动力学的发展，这些都在"核磁共振之父拉比"以及"孤高的物理学家施温格"中有详尽的介绍。

此外，伴随着许多新粒子的发现，粒子物理学在战后也有惊人的发展。例如，质子、中子被发现是由更小的粒子夸克所构成的，日本物理学家坂田昌一对此功不可没，我要在本书中特别介绍这位名古屋学派的祖师爷。得到诺贝尔奖的中微子振荡实验就与坂田有着密切的关系。而这几年物理学界最大的新闻，则是人类首次探测到引力波。引力波这个基于爱因斯坦提出的广义相对论的现象，终于在人类预测到它的百年后被证实了，这百年的追寻是怎样一个过程，则在"引力波的前世今生"中有详细的介绍。

书中的 40 篇文章原本刊在《物理双月刊》的专栏"阿文开讲"中，承蒙《物理双月刊》总编辑陈惠玉教授的鼎力支持，这个专栏前后已连续刊载 3 年之久。我在此将部分文章结集成书，希望能让读者感受到研究物理的乐趣，并了解藏在物理学背后的历史长河。此外，我也要感谢最早邀请我在《中原知识通讯》写稿的杨仲准教授，是他让我有机会提笔写文。最后我还要向长期鼓励我的台湾清华大学物理系教授林秀豪致谢，没有他的鼓励，向来把"盖文章，经国之大业，不朽之盛事"挂在嘴边的我，恐怕还迟迟挤不出半个字来呢！

目　录

第一部分
天文中的物理

尖塔下的星空（一）：从巴格达到开罗 2

尖塔下的星空（二）：从撒马尔罕到伊斯坦布尔 13

埃德蒙·哈雷与他的彗星 21

英法天文台的本初子午线之争 29

打破苍穹界限的赫歇尔家族 39

天体力学的先驱：巴伊与拉普拉斯 47

英法千年恩仇录，谁先发现海王星 54

里斯本大地震，震出一页新文明史 60

热爱物理的法国总理阿拉果 66

丈量日本的伊能忠敬 76

炮利之道，从腓特烈大帝到拿破仑 83

斯托克斯用数学描述森罗万象 91

第二部分

电磁学

电量的单位：库仑 100

电压的单位：伏特 106

磁场的单位：奥斯特 112

电流的单位：安培 117

电容的单位：法拉 123

磁通量的单位：韦伯 131

电感的单位：亨利 138

电阻的单位：欧姆 145

磁通量的单位：麦克斯韦 150

频率的单位：赫兹 158

磁感应强度的单位：特斯拉 164

第三部分

热力学

开启热力学大门的卡诺父子 172

维多利亚时代的物理巨擘：开尔文男爵 178

开创热力学的普鲁士学者克劳修斯 184

为科学而生，为原子而死的玻尔兹曼 194

建立现代统计力学框架的吉布斯 202

解人所不能解的鬼才——昂萨格 209

第四部分

20世纪之后的物理

现代物理的推手——洛伦兹 216

陨落在"一战"战场上的科学家 227

发现中子的查德威克 235

大英帝国的原子弹计划 242

谔谔双士：弗兰克与西拉德 250

日本的原子弹计划：理研的"二号研究" 259

F 计划 265

核磁共振之父拉比 271

孤高的物理学家施温格 277

东洋的粒子物理学先驱——坂田昌一 283

引力波的前世今生 289

第一部分

天文中的物理

人类最早能发现大自然的运作规则，就是源自对浩瀚星空的观察。哥白尼的日心说在开普勒三大定律的支撑下，稳稳地成为天文学的基础。而牛顿的力学体系就是通过研究行星运动得来的，所以要了解物理学的演进，就要从天文学开始。

尖塔下的星空(一)：从巴格达到开罗

天文学源远流长，最早从古巴比伦时代，人类就开始记录行星的运动。古希腊则是第一个建立模型来预测行星位置的文明。1世纪，亚历山大的托勒密完成的行星系在世界范围内称霸了1400多年，直到哥白尼提出日心说。其实西欧的天文学不是直接从古希腊发源，而是借穆斯林之手辗转学来的。现代天文学的形成其实离不开伊斯兰学者的努力，却少有人提及。

伊斯兰与天文学

天文学在伊斯兰文明中得到重视是由于伊斯兰教独特的需求。首先穆斯林每天需要祈祷五次，称为"礼拜"。为了准时举行礼拜，从先知穆罕默德的时代起就有所谓的穆安津（muezzin），即宣礼员，负责呼唤信徒礼拜，信徒的准确祈祷时间全取决于他。后来发展出穆瓦奇特（muwaqqit）的职位，即计时员，这是一个专门负责以天象来决定礼拜时间的工作。所以天文学自然成了宗教生活中重要的一环。

信徒做礼拜时必须面向麦加的宗教圣殿"克尔白"（意译为"天房"，在麦加大清真寺广场中央，殿内供有神圣黑石），这个方向称为基卜拉（qibla），所以穆安津与穆瓦奇特的工作也包括向信徒指出正确的基卜拉。在后来的几个世纪里，穆瓦奇特和专业的天文学家运用已知的地理数据和数学技巧来决定基卜拉。这使得穆斯林逐渐发展出充足的球面三角学知识。球面三角学在天文学中扮演着重要的角色。

另一个促使伊斯兰文明发展天文学的原因是《古兰经》规定了独特的伊斯兰历法。伊斯兰历是纯阴历，1年有12个月，新月为朔。这使得伊斯兰的节日与其他宗教完全联系不到一起。而由于伊斯兰历完全与季节无关，穆斯林统治者必须采用波斯阳历（又名伊朗历）来征税，政教采用两种历法，让天文学成为官廷和民间都需要的学问。为了满足伊斯兰教的种种需求，穆斯林逐渐从被他们征服的人民身上吸收古希腊、波斯甚至古印度的天文知识。到了阿拔斯王朝[①]，穆斯林终于发展出自己独特的天文学。

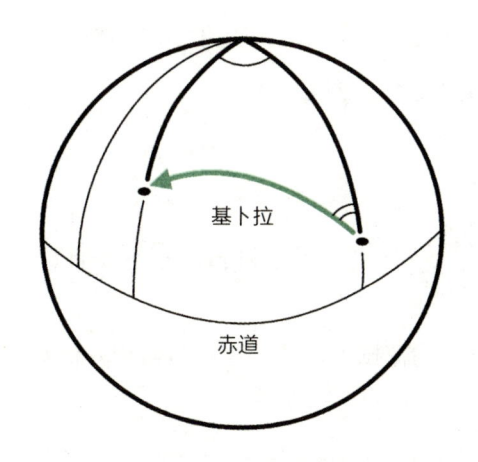

球面三角学

球面三角学是球面几何学的一部分，主要处理多边形（特别是三角形）在球面上的角与边的关系。在球壳的表面，两点之间，大圆[②]的距离最短，也就是说，圆弧的圆心与球壳的球心是同一点。例如，地球上的子午线和赤道都是大圆。在球面上，由大圆的弧所包围的区域称为球面多边形。

[①] 阿拔斯王朝建立于750年，为阿拉伯帝国的第二个世袭王朝。阿拔斯王室是伊斯兰教先知穆罕默德的叔父阿拔斯·伊本·阿卜杜勒·穆塔里卜的后裔。阿拔斯王朝的旗帜多为黑色，所以新旧唐书中称之为"黑衣大食"。1258年，旭烈兀率军西征，攻陷了阿拉伯帝国首都巴格达，穆斯台绥木投降后被杀，阿拔斯王朝灭亡。

[②] 大圆是过球心的平面和球面的交线。

🪐 巴格达的智慧宫与托勒密系统

阿拔斯王朝第二任哈里发[①]曼苏尔执政时,在底格里斯河畔发现了一个叫巴格达的小镇,并于762年迁都至此。该都城建筑宏伟壮观、人口众多、贸易繁盛,与当时大唐的长安、拜占庭帝国的君士坦丁堡齐名。巴格达自然也成为当时的知识文化中心。阿拔斯王朝在第五任哈里发哈伦·拉希德和他的儿子第七任哈里发马蒙执政时期是盛世。马蒙将其父在巴格达建设的图书馆加以扩大,命名为"智慧宫",使官员朝臣能够从事古希腊学术研究与文献翻译。智慧宫在推广古希腊学术方面功不可没,学者们借鉴波斯、古印度及古希腊的文献,积累了世界各地的各种知识,包括数学、天文学、医学、化学、动物学及地理学,并根据他们的发现加以拓展。

这段时间可以说是古希腊思想在伊斯兰世界最为盛行的时期。托勒密集古希腊天文学之大成的扛鼎之作《至大论》就在当时被翻译为阿拉伯文,后来传回西欧,改名为《天文学大成》。

🪐 第一本解决一次方程及一元二次方程的系统著作

第一个称得上伊斯兰天文学家的花拉子米就是在智慧宫展开他的

[①] 哈里发(Caliph)是伊斯兰教的宗教及世俗的最高统治者的称号,本义为继承者,指先知穆罕默德的继承者。在穆罕默德死后,其弟子以"安拉使者的继承者"为名,继续领导伊斯兰教,随后被简化为"哈里发"。在鼎盛的伍麦叶王朝及阿拔斯王朝,哈里发拥有最高权威,管理着庞大的阿拉伯帝国。阿拉伯帝国灭亡之后,"哈里发"的头衔就只是伊斯兰教宗教领袖的名称。

研究生涯的。学者们对他的出身到今天还是众说纷纭，但他的成就则得到世人一致的推崇。

花拉子米最著名的数学著作是约在 830 年写成的《代数学》，这是历史上第一本解决一次方程及一元二次方程的系统著作。"代数"（algebra）一词就是由该书中描述的一个基本运算方式引申而来。

这本书后来在 12 世纪被切斯特的罗伯特和克雷莫纳的杰拉德[①]译成拉丁文，拉丁文书名为《Liber algebrae et almucabala》，因而衍生出代数的英文"algebra"。而花拉子米的天文学著作《信德[②]及印度天文

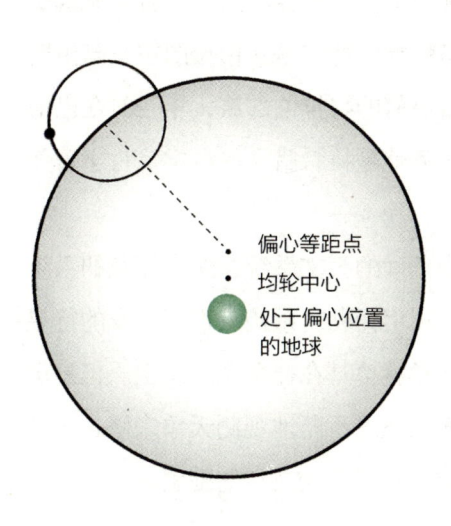

偏心等距点
均轮中心
处于偏心位置的地球

🔍 托勒密系统

亚历山大的托勒密在 1 世纪将地心说的模型发展完善，且为了解释某些行星的逆行现象（即在某些时候，从地球上看这些星体的运动轨迹，这些星体会往反方向运行），他提出了本轮的概念，即这些星体除了绕地球运转外，还会沿着一些小轨道运转。托勒密最大的贡献是引入"偏心等距点"（equant point[③]）。在托勒密系统中，地球不在均轮[④]中心，而行星绕着做匀速运动的点称为偏心等距点。偏心等距点与均轮中心、地球在一条直线上，而且地球与均轮中心的距离等于均轮中心到偏心等距点的距离。

---

① 罗伯特和杰拉德是 12 世纪活跃于西班牙托雷多的意大利翻译家，他们将许多阿拉伯文的典籍翻译成拉丁文，其中包括许多先前被翻译成阿拉伯文的古希腊著作，最著名的就是托勒密的天文学巨著《天文学大成》。
② 信德（sindhind）为流传于古印度的天文计算方法，后传入伊斯兰世界为穆斯林采用。
③ equant point 又译为偏心匀速点、均点等。——编辑注
④ 均轮是行星绕地球运转的轨道，是偏心圆。——编辑注

表》，虽然采用原先由梵文翻译来的资料并加以精炼，却不是单纯地照抄，而是参考其他天文学著作，如托勒密等人的著作，将它们糅合在一起。这一著作的出版是伊斯兰天文学的转折点，在不同传统的影响下，伊斯兰天文学逐渐展现出自己独特的风貌。

伊斯兰世界的第一位哲学家

当时巴格达的智慧宫有许多能人异士。如果花拉子米是伊斯兰世界第一位天文学家，那么肯迪被称为伊斯兰世界的第一位哲学家也毫不为过。他是第一位尝试将古希腊哲学，特别是新柏拉图主义与伊斯兰教信仰结合的哲学家。肯迪来自显赫的阿拉伯部族，年轻时在巴格达接受教育，他在智慧宫的主要任务就是将希腊文的科学及哲学著作翻译成阿拉伯文。

肯迪无条件接受托勒密系统为正确的天文系统，这个复杂的系统是古典文明登峰造极的成就，学者利用托勒密系统来推算未来的行星位置达千年之久。整个伊斯兰天文学就奠基在托勒密系统上。但是伊斯兰世界并不盲信托勒密系统，而是通过不断地观测天象来修正，甚至是质疑与挑战托勒密系统，这成了伊斯兰天文学的基调。

测量地球的穆萨三兄弟

穆萨三兄弟也是智慧宫中的重要人物，老大穆罕默德擅长几何与天文，二弟艾哈迈德在机械方面颇有贡献，老幺哈桑则专注于几何。据说三兄弟的父亲原来是打劫旅客的江洋大盗，后来却成了天文学家，还成了马蒙尚未登基时的心腹。穆萨三兄弟将古希腊科学，特别是阿基米德的著作引入伊斯兰世界。他们深受马蒙的信任，被委以重任去测量地球周长。穆萨三兄弟召集人马，分成两队，在沙漠中一队往南，一队往北，边走边记录，利用天象确定纬度，走了1个纬度后又走回出发点，以此得出相当精确的数值。

此外，马蒙还下令在巴格达建天文台来重新测量日月的位置，也是由穆萨三兄弟来完成的。他们虽然著作等身，但影响力最大的还是他们合著的《三兄弟的几何书》，因为这本书后来被克雷莫纳的杰拉德翻译成拉丁文传入西欧。西欧学者就是从这本书中学到了阿基米德发明的求积法。

法甘尼与巴塔尼

穆塔瓦基勒在847年成为哈里发后，却一改前任哈里发的政策，拆毁巴格达城中的基督教堂与犹太会堂，强迫非穆斯林改信伊斯兰教。穆萨三兄弟被穆塔瓦基勒委以许多重任，例如在埃及建造庞大的尼罗河水位计以及在新都贾法里亚修建运河。这些计划其实都由天文学家法甘尼负责。据说在修建运河时，由于法甘尼计算错误，运河工

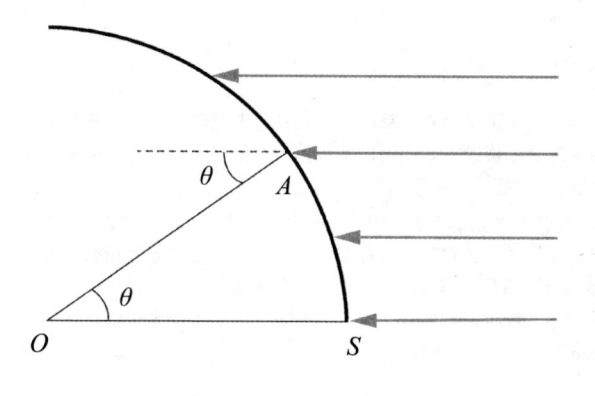

利用天象确定纬度

由左图可知，只要测量出从 A 点到 S 点的距离，再加上 θ（角 AOS），就可以推算地球半径 $OA=$ 弧长 AS/θ。而 θ 为 A 点纬度减去 S 点纬度。只要在 A 点与 S 点测量北极星的仰角，就能得到当地的纬度。

程无法完成，幸亏穆塔瓦基勒在861年被身旁的突厥侍卫暗杀身亡，穆萨三兄弟和法甘尼才躲过严厉的惩罚，然而阿拔斯王朝的黄金时代也一去不复返了。

法甘尼著有《天文学基础》一书，是一本诠释托勒密《天文学大成》的著作。它在12世纪被翻译成拉丁文后传入西欧，变成当时西欧天文学者奉为圭臬的教科书[①]。

虽说阿拔斯王朝逐渐走下坡路，四方割据势力逐渐取代巴格达的中央政府，然而伊斯兰世界的学术活动依然十分活跃。如出生在哈兰的巴塔尼，他的主要著作《历数书》[②]在1116年由蒂沃利的柏拉图翻译成拉丁文，用了《星的运动》这一书名，再版时又改成《星的科学》。这本书对后世的天文学家影响很大，哥白尼就曾在《天球运行论》中提到巴塔尼不下23次。

天文学家苏菲

阿拔斯王朝一路衰微，到了945年，自里海南岸发迹的布韦希家族打下了巴格达，阿拔斯王朝的哈里发穆斯塔克菲成了傀儡。布韦希家族中最热衷于学术活动的法纳·胡斯鲁被哈里发授予"国家

---

① 但丁的巨著《神曲》中有许多天文学知识都取之于法甘尼的著作。哥伦布曾引用法甘尼著作中地球半径的数值，来鼓吹横渡大西洋到日本的计划。但是哥伦布把单位搞错了，所以他的数值比实际的数值小了1/3。

② 此书的译名较多，其阿拉伯文原名就不止一种，较通行的一种是"Kitāb al-Zīj"，直译出来是"积尺之书"，"积尺"就是"历数书"的意思。但此书的阿拉伯文原名还有一种写法是"al-Zīj al-Sābi'"，最后一个词原是巴塔尼的阿拉伯文全名中的最后一项，用这个词可能是因为他早年曾为萨比（Sabp）教徒。因第二种书名后来被此书的英译者采纳，遂又得名《萨比历数书》（The Sabian Zij）。——编辑注

的支柱"的荣衔，他在设拉子的宫廷成了当时的学术中心，天文学家苏菲就寄身于此。苏菲精于观测，除了辨认出在也门才能看见的大麦哲伦星系（在麦哲伦于16世纪展开环球之旅前，欧洲人从未见过这个星系），还在964年留下了最早的仙女星系[①]观测记录。他形容仙女星系为"朦胧斑点"（nebulous spot）、"小云"（small cloud），这是人类首次在地球上观测到银河系之外的星系。苏菲最大的贡献是修正了托勒密的星表，并加入自己对恒星亮度（星等）的估计，他的数值都与托勒密作品中的数值有所差别。苏菲的主要著作是在964年撰写的《恒星之书》，于12世纪在西西里被翻译成拉丁文，这部著作对西欧的恒星命名产生了很大的影响。苏菲也撰写过有关星盘（astrolabe）[②]的文章，文章中他描述了超过1000种不同的用法。苏菲享寿82岁。

海什木的视觉理论

除了布韦希王朝，另一个不吝于赞助学术活动的是法蒂玛王朝，这是由激进的什叶派伊斯玛仪支派于909年建立的新政权，也就是所谓的"绿衣大食"。969年，埃及落入法蒂玛王朝的手中，首都也迁到位于尼罗河三角洲新建的开罗。在哈里发穆伊兹和其子阿齐兹开明

[①] 仙女星系（Andromeda Galaxy，旧文献中曾经称为仙女座大星云）是一个旋涡星系，距离地球大约254万光年，是除麦哲伦星系（地球所在的银河系的两个卫星系）以外最近的星系。它位于仙女座的方向上，是人类肉眼可见最远的深空天体（视星等为3.44等）。仙女星系被认为是本星系群中质量最大的星系，直径约22万光年，外表颇似银河系。

[②] 星盘是古代天文学家、占星师和航海家用来进行天文测量的重要天文仪器，用途非常广泛，包括定位和预测太阳、月亮、金星、火星等相关天体在宇宙中的位置，确定本地时间和经纬度，以及进行三角测距等。

的治理下，开罗很快成了伊斯兰世界新兴的学术重镇。但阿齐兹的儿子哈基姆却是埃及史上最传奇的"疯王"。他11岁登基，自认是神的化身，在位期间三番两次无端地杀害重臣。然而因为他笃信占星术，所以极力赞助学者，尤其是天文学家，也大力推广教育。但他36岁时骑着骆驼离开皇宫，消失于沙漠之中，不知所终。[①]

哈基姆在1005年创办教授年轻人各种各样知识的科学馆，里面设有藏书丰富的图书馆。许多学者慕名而来，最有名的莫过于海什木。他其实不是埃及人，他出生于伊拉克的巴士拉。他到埃及后被招募去参与控制尼罗河泛滥的工程，但实地勘测后，他发现哈基姆的计划难以实现。据说为了免遭哈基姆的毒手，他装疯躲在家中整整10年，直到哈基姆神秘失踪为止。之后海什木一直待在开罗，直到75岁过世。

海什木最大的贡献是他的"视觉理论"。他在《光学》一书中主张只有垂直于眼睛表面的光才会引起视觉反应，可以把这些垂直进入眼睛的光看成一个光锥，顶端正是眼睛。所以我们可以理解为何近的东西看起来比远的东西大，因为近的东西所形成的光锥顶角比较大。而且一个物体的任何一点都可以发出一条光线垂直进入眼中，依此建立一对一的对应关系，形成清晰的视觉。更重要的是，他在书中提出许多实验的方法来证实自己的主张，或驳倒对立的主张。比如他常利用暗箱[②]做光学实验，也曾撰文分析针孔成像的原理。《光学》对西

[①] 还有说他是骑着毛驴在山里失踪的。——编辑注

[②] 原始的暗箱只是利用一间黑暗的房子里一堵墙上的孔，将外面的景物投射到平面上。实际上，暗箱的拉丁语的字面意思就是"黑暗的房子"。海什木利用针孔装置对日食进行观测。15世纪，艺术家们开始把暗箱当作绘画的辅助工具。暗箱的工作原理是，光线通过镜头，经过反光镜的反射到达磨砂玻璃，并产生一个影像。把半透明的纸放在玻璃上，即可勾画出景物的轮廓。

欧的学者有巨大的影响，尤其是书中他严谨地利用实验来论证理论的方式，更是对后世影响深远。

据说海什木写了 200 本书，流传至今的有 50 多本，主要是数学、天文学以及光学的著作。他曾打破古希腊的传统思维，主张必须以物理原则来了解行星的运动，他甚至还写了一本《质疑托勒密》来挑战托勒密系统的许多弱点。海什木也反对亚里士多德的"自然界厌恶真空"的理论，他企图用几何学来论证没有物质的空间是有意义的。

伊斯兰的科学至此已经不只是承袭古代文明遗产，而是一股富有生气的新力量。

上知天文下知地理的比鲁尼

另一位与海什木约同时期的伊斯兰重要学者比鲁尼在伽色尼王朝的宫廷中担任占星师，但从他留下的著作来看，他对占星术兴趣不大，却对天文学与几何学很感兴趣。比鲁尼提出，站在高山顶峰测量水平线与地平线之间的夹角，就可以得到地球的半径。

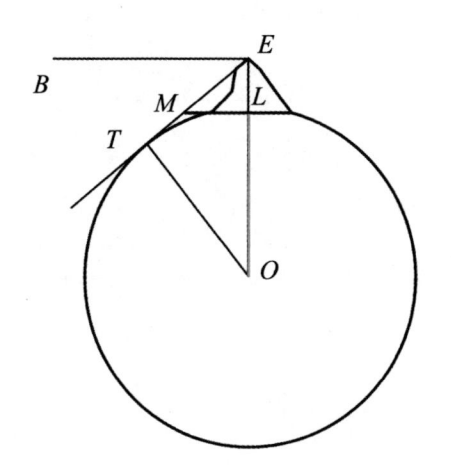

地球半径 OL

比鲁尼发现只要到 E 点测量角 BEM 以及 EL 长，就可以推算地球半径 OL。

T 点是直线 EM 的延长线与圆的切点。

他在旁遮普的南答那（Nandana）要塞就照着这个方法测量，得到的数值与现在通行的地球半径的平均值（因为地球其实是椭球）只差了不到2%。得意的比鲁尼还揶揄马蒙担任哈里发时在沙漠辛苦测量的壮举！他也曾经认真考虑过地球自转的可能性，他在百科全书式的著作《马苏迪之典》中虽然接受传统的地心说，却也举出许多疑点。例如，他提出太阳近地点并不是固定的，以此来挑战托勒密系统。

比鲁尼对光与热一直非常好奇，他与大学者伊本·西那就曾针对太阳光中的热如何传播有过一番讨论。比鲁尼甚至还设计出一些测量密度的方法，他的灵感来自阿基米德的著作，这些设计后来收录在哈齐尼的书中，因而在伊斯兰世界广为人知。比鲁尼还设计过用许多齿轮制作的天文钟和可以计时的星盘。与海什木相同的是，他们都不盲信古代学者的权威，还设计实验来支持或驳斥相关的理论。他们被视为现代科学的先驱，可谓实至名归。

尖塔下的星空（二）：从撒马尔罕到伊斯坦布尔

阿拔斯王朝衰微之后，群雄并起，但伊斯兰的学术并没有随之萎缩，反而进入百家争鸣的黄金时代。到了1040年，一个新的突厥部族塞尔柱人逐渐成为伊斯兰世界的霸主。在第三任苏丹马立克沙一世的统治下，塞尔柱帝国国势达到顶峰，而当时最伟大的学者、众人心中伟大的诗人奥马·海亚姆[①]就任职于马立克沙一世的宫廷中。其实奥马·海亚姆不只是诗人，他还研究各种学问，尤其精通数学与天文学。马立克沙一世非常器重奥马·海亚姆，委以他改革历法的重任。1079年实行的新历贾拉利历就是包括奥马·海亚姆在内的8名天文学家的心血结晶。而他那本关于三次方程的著作更是在数学史上具有里程碑意义。

奥马·海亚姆出生于霍拉桑省的首府内沙布尔，从少年时期就在当时最优秀的学者、什叶派伊玛目莫瓦法克的门下学习。名声远播的奥马·海亚姆后来被邀请到塞尔柱帝国的新都伊斯法罕建造天文台，以此来改革历法。

[①] 19世纪，英国诗人爱德华·菲茨杰拉德将奥马·海亚姆的《鲁拜集》翻译成英文，由于译文十分精彩，奥马·海亚姆的名声也因此在西方世界变得响亮了起来。

贾拉利历

为什么要改革历法呢？波斯的历法历史悠久，最早可以上溯到古老的琐罗亚斯德的时代，当时实行的是 1 年 12 个月，每个月 30 天，最后再加 5 天，称之为"安达尔伽赫"①。而波斯的新年叫纳吾肉孜节，一定是在春分那一天。因为这一天白昼的时间开始超过黑夜，象征光明胜过黑暗。这一天不仅是新年，更是琐罗亚斯德教最神圣的节日。后来王朝更迭，从塞琉古王朝到安息王朝，再到萨珊王朝，庆祝纳吾肉孜节一直都是波斯文明圈的盛事，而历代历朝也都费尽心思让历法上的纳吾肉孜节与天文学上的春分同日。但由于一个回归年（太阳年）并非太阳日的整数倍，所以总是需要调整历法。

穆斯林征服波斯之后，虽然伊斯兰依照《古兰经》规定必须使用阴历，但是当时的哈里发并没有废掉波斯的历法，主要的原因是使用阳历便于秋收时收税。塞尔柱的苏丹虽然血统上是突厥人，文化上却早已深受波斯深厚文化的影响，他自然也想改革历法，在波斯的历史上留下一席。这件任务最终在 1079 年大功告成。

这个历法原则上以太阳通过黄道的宫位来决定 1 个月的长度，然而当时的天文学还没有发展到能准确预测太阳未来的运动，所以奥马·海亚姆以 2820 年为 1 个周期，其中包含 21 个 128 年的周期，再加上 1 个 132 年的周期。而 128 年的周期又分成 1 个 29 年的子周期、3 个 33 年的子周期。132 年的周期则分成 1 个 29 年的周期、2 个 33 年的周期和 1 个 37 年的周期。在 29、33、37 年长度的子周期内，

---

① 又称为"巴希扎克""潘杰·杜兹迪代"，这 5 天分别以《伽萨》的篇名命名。——编辑注

大于 1 并且被 4 整除余 1 的年份即为闰年。这样一来，2820 年就包含 1,029,983 天，平均 1 年有 365.2419858 天。如果以一个回归年有 365.24219 天的现代值来估算，大概每 116,529 年会产生 1 天的误差。比起西欧从 16 世纪开始使用的格里高利历每 3226 年产生 1 天的误差，贾拉利历则更为准确。

不过由于地球、月球引力的摄动和地球在椭圆形公转轨道上的速度不均，地球在轨道上的运动并不规则。此外，昼夜平分点在轨道上

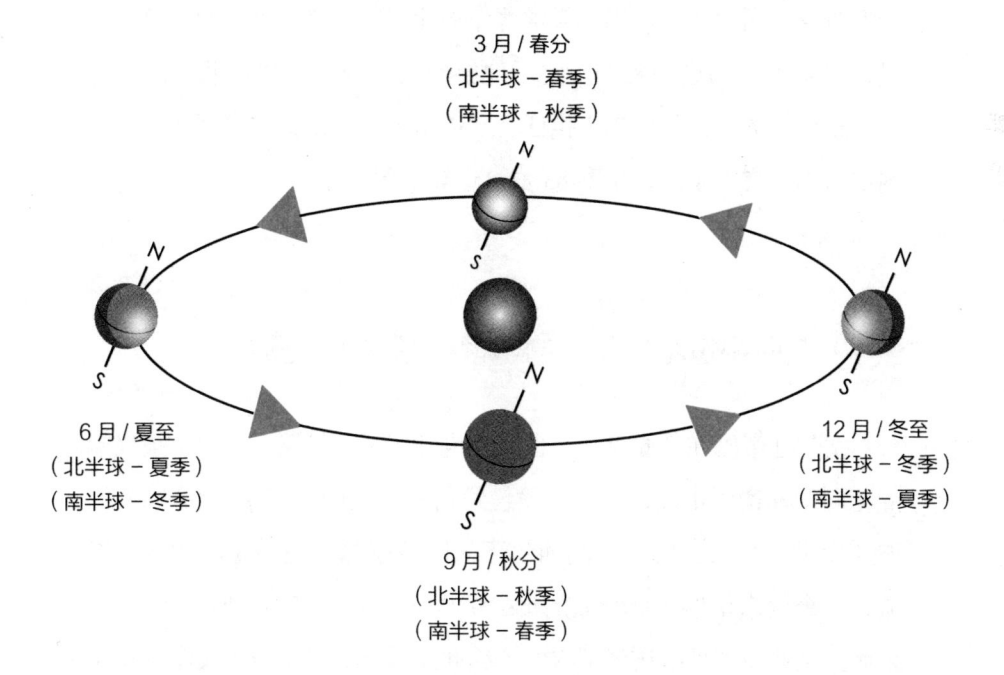

3月 / 春分
（北半球－春季）
（南半球－秋季）

6月 / 夏至
（北半球－夏季）
（南半球－冬季）

12月 / 冬至
（北半球－冬季）
（南半球－夏季）

9月 / 秋分
（北半球－秋季）
（南半球－春季）

回归年

由于地球、月球引力的摄动和地球在椭圆形公转轨道上的速度不均，地球在轨道上的运动并不规则，因此太阳连续两次通过黄道上选定点所花的时间会因为选定点的不同而不同。

昼夜平分点在轨道上的位置也会因为岁差而改变，结果是一个回归年的长度会与在黄道上所选择的太阳必须回归的点有关联（在测量时会与分点的位置一起改变），所以天文学家定义的"平回归年"是黄道上所有点的回归年的平均长度，即 365.24219 天（公制）。

回归年以黄道上的特殊点做了明确定义：最特别的是春分点年，以太阳在春分点作为起点与终点，它的长度是 365.2424 天。

15

的位置也会因为岁差而改变，结果是一个回归年的长度会与在黄道上所选择的太阳必须回归的点——太阳直射点——有关联。所以现代天文学家定义的"平回归年"是黄道上所有点的回归年的平均长度，与"分点年"有些微差距，所以当我们说贾拉利历比格里高利历准确时，也要小心其中的微妙之处。

可惜的是，奥马·海亚姆在伊斯法罕的好日子随着苏丹马立克沙一世的死而终结。失去了苏丹的保护，奥马·海亚姆成了宗教学者打击的对象，因为他的诗集、哲学著作都让宗教学者视他为眼中钉，他只好以朝圣之名逃到麦加。之后他接到马立克沙一世的儿子艾哈迈德·桑贾尔的邀请到梅尔夫担任宫廷占星师。后来他告老还乡，回到内沙布尔，终老于此，享寿83岁，也算是善终了。

波斯中世纪最伟大的学者纳西尔丁·图西

塞尔柱帝国在马立克沙一世死后也开始走下坡路，桑贾尔被兴起的花刺子模帝国击败，各地诸侯纷纷自立，又回到群雄并立的局面。波斯中世纪最伟大的学者纳西尔丁·图西就降生在霍拉桑省的图斯城，一个信奉伊斯兰什叶派的十二伊玛目派的家庭中。他幼年失怙，依照父亲遗愿四处寻访名师求学，因此逻辑学、数学、天文学甚至生物学、医学样样精通。他最为后人津津乐道的成就是发明了"图西双圆"（Tusi couple），就是让一个小圆在一个半径是小圆半径两倍的大圆中沿着周长滚动，假如锁定小圆周长上的某一点，就会发现这个点沿着直径在做来回的直线运动。这个精巧的装置可以取代托勒密的偏心等距点。

图西为了躲避蒙古人的铁蹄，藏身于尼查里派控制的领地阿拉穆特，就是在那里他发明了图西双圆。待在阿拉穆特的时候是图西最富生产力的时期，然而好景不长，一直被认为固若金汤的阿拉穆特最终还是抵挡不住蒙古骑兵的铁蹄，当旭烈兀率领蒙古大军横扫西亚时，阿拉穆特要塞都落入蒙古人之手。幸运的是图西没有沦为蒙古军的阶下囚，甚至成了旭烈兀的座上宾，后来还成了旭烈兀倚重的顾问。两年后旭烈兀攻下巴格达，巴格达的沦陷象征着伊斯兰黄金时代的落幕。

然而伊斯兰世界的学术发展并没有停止，旭烈兀第二年就批准了图西兴建天文台的计划。新的天文台就盖在旭烈兀的新都马拉盖的西郊，1259年开始建设，1262年建成，天文台内有一架基座达5米宽的四分仪，还有图西自己设计的一些仪器，旁边还盖了一座图书馆，据说里面有40万册书。

马拉盖天文台在图西的主持下逐渐成为伊利汗国的学术中心，各地俊彦之士都来到此地。图西利用马拉盖天文台得到的数据，特别是行星运行的资料，编成了《伊利汗天文表》，里头有预测未来行星位置的表，还有众多恒星的名称与位置，这本书编成时图西已经71岁。

图西将自己发明的图西双圆应用到行星模型中，除了水星以外，图西都成功地以图西双圆取代托勒密系统的偏心等距点，使得他的行星模型更符合古希腊哲学的要求。这是天文学领域的一大创举，而他的行星模型则在沙提尔手中渐臻完美之境。《天文学回忆录》是图西最重要的天文学著作，他在书中大胆地假设银河应该是许多遥远星星的集合。但当时尚未有望远镜，光凭肉眼是无法证实的。

1274年，图西与他的一群学生离开马拉盖，迁到重建的巴格达，到巴格达后不久他就过世了，享寿74岁。

🪐 大马士革的沙提尔

沙提尔是大马士革伍麦叶清真寺的穆瓦奇特，他的工作就是负责以天象来决定礼拜的时间。他在《关于行星理论修正的最后调查》中将托勒密系统中的偏心圆跟偏心等距点这些碍眼的东西一扫而空，不过沙提尔模型还是以地球为中心。对太阳与行星而言，虽然新的模型并没有比旧模型更精确，但是月球的部分则比旧模型更好。虽然伊斯兰世界对沙提尔的行星模型视而不见，但我们还是可以看出伊斯兰科学在蒙古西征之后依然具有相当强大的生命力。

就在沙提尔的晚年，另一股风暴在中亚形成并吹向伊斯兰世界。1369年，西察合台汗国的一位将领帖木儿杀死忽辛，宣称自己是察合台汗国的继承人，建立了帖木儿帝国。帖木儿死后，其四子沙哈鲁在内战中获胜，登上帖木儿帝国的皇帝宝座。他把赫拉特设为首都，并将旧都撒马尔罕交给长子乌鲁伯格（又译兀鲁伯）管理。乌鲁伯格后来成为15世纪伊斯兰世界最重要的天文学家。

乌鲁伯格接管撒马尔罕后首先建了一个经学院，但只有乌鲁伯格邀请来的学者才能在此工作，最兴旺时大概有六七十名学者，其中最著名的是阿尔·卡西[①]。乌鲁伯格还亲自开班授课。撒马尔罕遂取代巴格达成为穆斯林的学术中心。

15世纪20年代，年轻的乌鲁伯格在撒马尔罕建了一座天文台。天文台拥有一架巨大的六分仪，安装在11米深、2米宽的坑道中。撒马尔罕的天文学家使用庞大又制作精美的天文仪器用心地验证《伊

[①] 阿尔·卡西是乌鲁伯格的助手。他曾计算出 sin 1 度和圆周率的近似值。他在数学上的代表作是《算术之钥》，完成于1427年。

利汗天文表》提供的数据。

1437年,《乌鲁伯格星表》终于完成,其中详细地记录了992颗恒星的位置。此外,乌鲁伯格计算出一个恒星年的长度是365天5小时49分15秒,这个数值比哥白尼使用的数值还要精准;他还计算出地球倾角是23度30分17秒;苏菲《恒星之书》的谬误也被他一一纠正。这份星表后来于1655年传入欧洲。

沙哈鲁于1447年过世后,乌鲁伯格继承了帝国,但他在后来的叛乱中为自己的儿子所弑。撒马尔罕的天文台就被废弃了,原本聚集在撒马尔罕的天文学家也作鸟兽散。

昙花一现的伊斯坦布尔天文台

统治波斯的帖木儿帝国四分五裂后,继之而起的奥斯曼帝国的首都伊斯坦布尔[1]也成为当时的世界学术中心。那个时代最重要的天文学家非塔居丁·穆罕默德·伊本·马鲁夫莫属,1571年,他被任命为御用天文学家。苏丹穆拉德三世在他的建议下兴建新的天文台,于1579年完工[2]。巧合的是,差不多同时期,丹麦的第谷[3]也在兴建他私人出资的天文台"乌拉尼亚堡"。伊斯坦布尔天文台的仪器虽然与第谷的天文台有些相仿,但规模乃至精准度都略胜一筹。

---

[1] 伊斯坦布尔最初的名称为"拜占庭"。330年,君士坦丁大帝将其定为东罗马帝国的首都,此地也开始被称作"君士坦丁堡"。而在1453年奥斯曼帝国征服该城之后,它成了伊斯兰教的中心和奥斯曼帝国哈里发的驻地。

[2] 实际上1577年就已投入使用。——编辑注

[3] 第谷·布拉赫(1546—1601),丹麦贵族,天文学家兼占星学家。开普勒曾担任他的助手。他是望远镜发明之前最伟大的观测天文学家。

伊斯坦布尔的天文台有一座很棒的机械钟用来计时，还有一座图书馆和十六个助手。伊本·马鲁夫利用新天文台的观测数据来校正《乌鲁伯格星表》，此外他还计算出太阳的近地点每年移动63秒。比起哥白尼的24秒与第谷的45秒，伊本·马鲁夫的数值更接近现代的数值（61秒）。

但伊斯坦布尔天文台只是昙花一现，仅仅投入使用3年，就因伊本·马鲁夫对彗星的占星预测激起一些朝臣的不满，而在1580年被废弃了。这短短3年的测量成果都记录在伊本·马鲁夫所写的《有关天球旋转王国的众思想之大成》中。天文台废弃5年后，伊本·马鲁夫就过世了。

奥斯曼帝国的天文学如停滞了一般，自此沉寂。而西方天文学在16世纪的哥白尼、伽利略、开普勒等人的努力下，建立了现代天文学的基础，伊斯兰世界只能望洋兴叹了。

埃德蒙·哈雷与他的彗星

埃德蒙·哈雷（1656—1742）出生于伦敦，他的父亲是一位富裕的肥皂制造商。1673年，17岁的小哈雷在牛津大学王后学院就读，小小年纪却已经是个天文专家，还拥有一套父亲买给他的亮晶晶的天文观测器材。

到南半球去

1675年，哈雷还在牛津念书的时候，曾被引荐给英国第一任皇家天文学家约翰·弗拉姆斯蒂德。当时弗拉姆斯蒂德正在编纂一份新的星表，得知消息的哈雷因而萌生出到南半球观测南天恒星的念头。于是他于1676年离开牛津，搭船到南大西洋上的圣赫勒拿岛，并在那里研究南天星空[①]。

哈雷在圣赫勒拿岛待了18个月，不但完成了包含341颗恒星的南天星表，还改良了六分仪，搜集到可观的海洋与大气的资料。他发现钟摆在赤道地区会变慢，由此得知引力在此变小。更幸运的是，1677年11月7日，他观测到一次完整的水星凌日。1678年5月，哈

[①] 北半球与南半球能看到的星空区域不同，古文明多集中在北半球，所以传统星表描绘的多是北半球的星空。

雷带着丰硕的成果回到英国，12月就被选为英国皇家学会的院士，国王也直接下令授予他学位，当时他年仅22岁。

> 水星凌日：当水星运行至地球和太阳之间，如果三者能够连成直线，便会产生水星凌日现象。人们观测时会发现一个黑色小圆点横向穿过太阳圆面，黑色小圆点就是水星。水星的轨道是倾斜的，与地球并不在同一轨道平面上，所以水星经常从地球和太阳之间的上方或下方掠过，无法形成凌日。

第二年，英国皇家学会派哈雷去但泽市，任务是检查天文学家、但泽市市长海维留斯裸眼观测的天文数据，并且说服他使用望远镜。从但泽市回英国后，哈雷发表包含341颗南天恒星详细数据的《南天星表》。因为这份星表加上附属的星图，他获得与丹麦天文学家第谷同样崇高的声誉。1680年，哈雷又去了一趟欧洲，在法国加来观测到一颗彗星；在巴黎，他与巴黎天文台台长卡西尼一世一起继续观测这颗彗星，想要确定它的轨道。1682年，他回到英国，娶了玛丽·图克；这时他的父亲也续弦了。哈雷与新婚妻子定居在伦敦的伊斯灵顿，潜心研究天文，也持续观测这颗彗星，但他大概没想到日后这颗彗星会以他的名字命名。

关于行星运动的争论

1684年1月24日，哈雷在英国皇家学会的会议上发表"开普勒第三定律可以推出引力与距离的平方成反比"的见解①。当时许多英国皇家学会的院士，包括任职于学会的罗伯特·胡克，之前担任英国皇家学会主席、设计圣保罗大教堂的克里斯托弗·雷恩以及哈雷，都积极地想要通过遵循平方反比定律的引力推导出开普勒三大定律。当时胡克号称他已经有了完整的证明，还宣称正式发表前，他不想给哈雷与雷恩看。雷恩为此还公开悬赏，征集遵循平方反比定律的引力会造成椭圆轨道的证明，但是胡克迟迟拿不出令雷恩、哈雷满意的证明来。这令两人大为光火。显然胡克这家伙是在故弄玄虚，明明就做不出来嘛！

但这个争议被一桩意料外的悲剧打断——哈雷的父亲失踪了！事实上老哈雷的再婚是一场灾难，5周后确定老哈雷已经身亡，为了处理父亲的身后事与家中的产业等问题，哈雷身心俱疲，无暇他顾。5个月后，哈雷才终于结束俗事缠身的状态，前去剑桥拜访艾萨克·牛顿，没想到这一趟旅行竟然改变了他们两个人的人生。

🪐 和牛顿命运的相会

为什么哈雷会去拜访牛顿呢？虽然牛顿之前对天文学下过功夫，但是他并没有将他的研究公之于世②。1671年，他公开的色彩理论还遭到胡克的严厉批评，此事让他勃然大怒，不再与英国皇家学会来往。

---

① 只局限于圆轨道的话，大家可以轻而易举地证明引力与距离的平方成反比，但是行星轨道是椭圆，而圆只是椭圆的特例。
② 牛顿曾研究过行星运动，据他自己所述，他推算出了月球绕地周期，然而他没有办法证明可以将星球当作质点，因而没有发表。后来的《自然哲学的数学原理》一书证实反平方力可以用质心取代物体。

1679年11月，胡克写了一封公开信给牛顿，希望他能将最近的研究成果与学会分享。牛顿回信提到，或许可以靠测量自由落体到达地面的水平位移（向东）来证明地球的自转。不料胡克马上写信指正，除了向东之外还会有向南的位移，并且提醒牛顿，引力并不均匀，靠近中心时引力会变大。胡克还提到，物体下抛的轨迹看起来应该像个椭圆，但他没有给出任何具体的数学证明，还在最后一封信中提到引力应该与距离成反比。他的理由是，在引力的影响下，运动的物体的速度与距离成反比。这其实是不对的。

牛顿在与胡克的通信中逐渐了解到向心力可以导出开普勒第二定律，但一如往常地没有公开。不过基于牛顿精通数学的名声，哈雷相信牛顿帮得上忙，他就冒险去剑桥跟这位素来以不好相处闻名的怪咖讨教了。

当哈雷一开口问，如果引力是反平方力，那么行星轨道应该为何种？牛顿居然不假思索地说：“是椭圆轨道。"哈雷马上要求看证明，牛顿在纸堆里找来找去却找不到，于是他答应重算一次再寄给哈雷。

后来，牛顿就将一份证明的短文《论在轨道上的物体的运动》寄给哈雷。如获至宝的哈雷马上又去剑桥拜访牛顿，并说服牛顿将这些结果分享给英国皇家学会。至今英国皇家学会还保留着这份文件的复本。

哈雷进一步说服牛顿将结果扩充，并将其出版成《自然哲学的数学原理》，这本书被认为是科学史上最重要的论著之一。原本牛顿打算写两卷，没想到写到后来变成三卷。全书第一卷《论物体的运动》研究物体在无阻力自由空间中的运动，牛顿证明了物体在遵从平方反比定律的力的作用下沿圆锥曲线轨道运动。第二卷也是《论物体的运动》，主要讨论物体在阻滞介质中的运动，牛顿写这一卷是要反驳笛卡尔的理论。笛卡尔认为行星的运动是由于受到宇宙间巨大旋涡的带动，而牛顿指出旋涡说与天文观测结果完全不符。第三卷《论宇宙的系统》则是将万有引力应用到各种天文现象上。

> 勒内·笛卡尔提出旋涡说，假设空间内完全充满了各种状态下的物质，并围着太阳旋转。他试图用微粒相互碰撞形成的旋涡运动来说明引力。他的这次尝试对17世纪后期的进一步研究非常有影响力。

牛顿在书中提到两位欧洲科学家——伊斯梅尔·布利奥与乔瓦尼·阿方索·博雷利[①]，他们都比胡克更早提出平方反比定律，但是都没有提供证明。后来法国科学家亚历克西斯·克莱罗在参考相关文献后这么说："瞥见一项真理与证明它相差何止千里。"

史上第一份气象图

1691年，牛津大学的萨维尔天文学讲座教授出缺，自信满满的哈雷提出申请，没想到却碰了一鼻子灰，反对最强烈的人居然是在他学生时代时对他赞誉有加的弗拉姆斯蒂德。原来弗拉姆斯蒂德对牛顿没有在《自然哲学的数学原理》一书中对他和"他的天文台"表达感谢感到很不满，连带地对哈雷本人也感到不爽。不过他想出一个冠冕堂皇的理由，他居然说哈雷的基督教信仰有问题。他写信给牛津大学，甚至宣称哈雷是个"败坏青年"。

[①] 伊斯梅尔·布利奥（1605—1694）是法国天文学家、日心说的支持者，著有《天体哲学》（1645年）。乔瓦尼·阿方索·博雷利（1608—1679）是意大利生理学家、物理学家和数学家。

求职受挫并没有影响哈雷旺盛的求知欲与行动力。1685—1693年，他在《自然科学会报》担任编辑。1686年，他绘制了一幅"季风与信风的地图"①，这是史上第一幅气象图。1693年，哈雷发表了一篇关于人寿保险的文章，他基于一个德国小城的完整数据记录来分析人的死亡年龄。这篇文章为英国政府出售人寿保险提供了坚实的基础，英国政府因此能确定一个合理的价格。哈雷的这篇文章对保险统计计算科学产生了深远的影响，他的发现至今仍被视为人口学史上的一件大事。

测量地球磁场

1696年，牛顿被任命为皇家造币厂厂长，他很讲义气地让哈雷当他的副手，担任切斯特造币厂的副审计员。哈雷做了两年，直到这个职位被取消为止。1698年，英国国王威廉三世任命哈雷为一艘探险船的船长，任务是研究地球的磁场。船出发没多久，哈雷就发现他手下的水手根本不服从他，处处与他作对，所以在1699年7月的时候，探险船曾被迫返回英国。不过两个月后，他又重新展开大西洋的航行。加起来，他一共花了两年的时间在大西洋上，从北纬52度一直航行到南纬52度。1700年9月6日，他平安回到英国，第二年就发表了《通用指南针变化图》，这是第一张画有等磁差线（isogonic line）的地图。

---

① 季风（又称季候风）是周期性的风，随着季节变化。古代阿拉伯商人利用风向的季节变化特点从事航海活动，当时人们对盛行的季风已有一定的感性认识。17世纪后期，随着欧洲商人在阿拉伯地区航海活动的增加，人们对季风的观察更为细致，从而加深了对季风的认识。哈雷首先提出海陆间热力环流的季风成因理论。信风指的是在低空从副热带高气压带吹向赤道低气压带的风，北半球吹的是东北信风，而南半球吹的是东南信风。信风年年反复稳定出现，犹如潮汐有信，因此称为"信风"。

> 磁偏角是指地球上任意一处的磁北方向和正北方向之间的夹角。连接磁偏角相等诸点之线称之为等磁差线。

七十六年来一次的彗星

1703年11月，哈雷终于夙愿得偿，被指定为牛津大学的萨维尔几何学讲座教授。两年后，哈雷发表《彗星天文学概要》，他在查看历史记录后发现，1682年出现的一颗彗星与1531年阿皮·安努斯、1607年开普勒观测到的彗星的轨道要素（orbital elements）几乎相同，因此哈雷推断这三颗彗星是同一颗彗星，周期为75—76年。在粗略地估计行星引力对彗星的摄动之后，他预测这颗彗星将于1758年再回来。

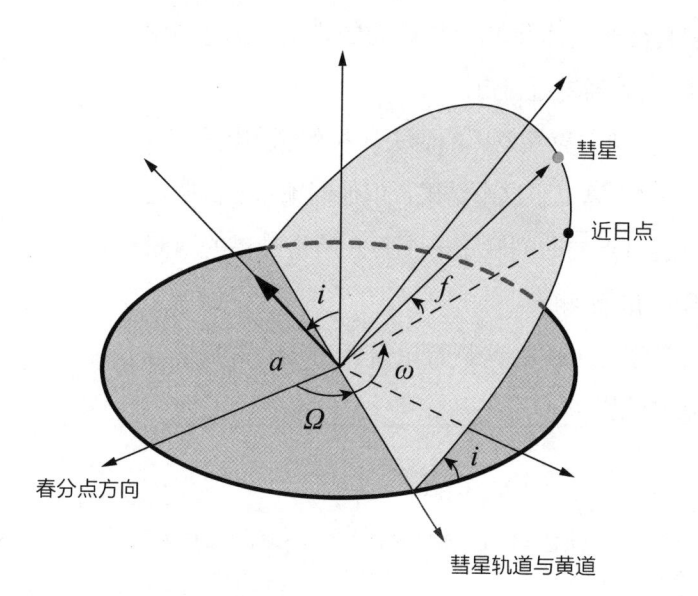

彗星轨道与黄道

彗星轨道要素

轨道要素是描述在牛顿运动定律和牛顿万有引力定律的作用下的天体，在其轨道上运动时所必要的6个参数，包括：轨道倾角（i）、升交点黄经（Ω）、离心率（e）、近日点幅角（ω）、半长轴（a）、真近点角（f）。

1718 年，哈雷通过比较他的天体测量数据和古希腊天文学家喜帕恰斯[①]的数据，发现了恒星自行。恒星自行是恒星相对于太阳系的质量中心，随着时间的推移显示出角度上的改变，这是由于该恒星相对于我们有横向运动。通常这个效应很小，只有离太阳很近的星我们才有可能观测得到。哈雷参考古希腊的记载后发现，天狼星在 1800 年内向南偏移了至少 30 角分。这真是了不起的成就！

彗星回来了

1742 年，哈雷坐在天文台的椅子上，他违背医生嘱咐喝下一杯酒后安详离世，享寿 85 岁。他被葬在伦敦东南部的圣玛格丽特教堂。但是哈雷的名声在 16 年后才再次回到人间。

1758 年 12 月 25 日，德国的一位农夫兼业余天文学家约翰·帕利奇观测到之前哈雷预测会在 1758 年再度回来的彗星，证明了哈雷的预测是正确的。不过彗星受到木星和土星摄动的影响延迟了 618 天，直到 1759 年 3 月 13 日才通过近日点。

法国天文学家亚历克西斯·克莱罗、约瑟夫·拉朗德和妮科尔-雷内·勒波特组成的小组事先算出了这个结果，但他们预测的日期是 4 月 13 日，比实际通过近日点的时间晚了一个月。哈雷彗星的回归是牛顿天体物理学最早成功的预测。

1759 年，法国天文学家拉卡伊将这颗彗星命名为"哈雷彗星"，以此纪念埃德蒙·哈雷的功勋。

---

① 喜帕恰斯，古希腊天文学家。公元前 134 年，他绘制出包含 1025 颗恒星的星图，并提出星等的概念，还发现了岁差现象。

英法天文台的本初子午线之争

格林尼治天文台之所以大名鼎鼎，主要是因为本初子午线，即0度经线，也就是通过格林尼治天文台的那条子午（经）线。笔者曾在伦敦国会大厦旁搭渡轮沿泰晤士河到格林尼治，沿途可以饱览景致。原则上任何一条子午线都可以被定为本初子午线，为了决定本初子午线，英国与法国就交手了一次。

1634年，法国路易十三时代的首相黎塞留枢机主教决定以穿过耶罗岛[①]的子午线为基准，因为耶罗岛当时被视为旧大陆的最西端。早在2世纪，托勒密就考虑把本初子午线定在那里，这样地图上就可以只用正数来表示经度。而巴黎刚好在耶罗岛以东19度55分处。后来法国地理学家纪尧姆·德利勒[②]把本初子午线挪了20度左右，巴黎子午线就变成了本初子午线。那为什么本初子午线又会改到格林尼治去呢？

1674年，第三次英荷战争后，军械署测量总监乔纳·摩里爵士向英国国王查理二世建议建造天文台，用于校正天体运动的星表，以便能正确地测定经度，使船只能准确定位。查理二世虽然因情妇众多而臭名远扬，但他相当重视当时英国的命脉——航海。所以他决定在

---

① 昵称为子午线岛，是西班牙加那利群岛西南部的一座火山岛。
② 法国著名的制图者，他曾绘制法国、欧洲以及美洲的地图，他制作的地图以精准著称。

泰晤士河畔的格林尼治村盖一座天文台，并任命当时首屈一指的天文学家约翰·弗拉姆斯蒂德担任天文台的台长兼皇家天文学家。天文台由军械署负责建造，摩里爵士还自掏腰包为天文台添购关键的仪器设备。天文台在负责建造圣保罗大教堂的雷恩爵士以及罗伯特·胡克的设计下，成为英国第一个为了特殊科学目的而建成的设施。不过它偏离了真北[①]的方位13度，这让弗拉姆斯蒂德感到相当不爽。

格林尼治子午线最早由英国第二任皇家天文学家埃德蒙·哈雷选在格林尼治天文台的西北角。1851年，第七任皇家天文学家乔治·艾里在原本子午线的东边约43米处设置了中星仪[②]，并将此处的子午线定为格林尼治子午线。

1884年，在美国华盛顿特区举行的国际本初子午线大会上，来自25个国家的41位代表共同决定了世界通用的本初子午线。由于当时全世界大部分船只都已把格林尼治子午线当作标准参考子午线，纵使法国代表一再主张使用巴黎子午线，但眼见大势已去，他们也只好在投票时含恨弃权，从此格林尼治子午线成了全球通用的本初子午线。但在1911年之前，法国仍然以巴黎子午线作为经度起点，看得出来，法国人输得并不甘心。

弗拉姆斯蒂德的星表

格林尼治天文台如此有威望，并非只是由于英国长期海上霸主的

---

① 即正北。

② 当时中星仪由一个牢牢固定在地面支架上的东西向水平轴和一个在子午线的平面上可以自由旋转的望远镜组成。中星仪是测量恒星通过其所在地的子午线，也就是过中天时刻的仪器，同时也是测量其距离天底的角距离的仪器。它发明于17世纪，后经不断改进。

地位，还因为英国历任皇家天文学家在科学史上都是名号响当当的大人物。首任皇家天文学家弗拉姆斯蒂德毕一生之力完成"星表"乃当时一大盛事。弗拉姆斯蒂德的星表记录了2935颗星，这个数目约为之前号称最完备的"第谷星表"的3倍。不只如此，每颗星的位置更是前所未有的精确。但弗拉姆斯蒂德是个完美主义者，所以他生前迟迟不愿正式出版他的星表，《不列颠星表》是在他死后6年由他的遗孀替他出版的。1729年，在约瑟夫·克罗思韦特与亚伯拉罕·夏普的协助下，他的遗孀又将他的《天球图谱》出版。

弗拉姆斯蒂德最著名的事迹莫过于他与牛顿之间的过节：1680年11月，全欧洲连白天都看得到一颗向太阳飞去的彗星；到了12月，又看到一颗远离太阳的彗星。弗拉姆斯蒂德在细心研究后，于第二年春天提出这是同一颗彗星。当时牛顿不遗余力地反对，虽然后来他了解彗星有可能沿着与行星相仿的椭圆轨道运行，但他从头到尾都没提到弗拉姆斯蒂德，仿佛一切都是自己的功劳。更令弗拉姆斯蒂德生气的是，他的助手哈雷竟然将相关资料泄露给牛顿。到了1712年，成为英国皇家学会主席的牛顿居然再次跟哈雷狼狈为奸，他们取得了弗拉姆斯蒂德的星表，还将之印行！弗拉姆斯蒂德气坏了，他自掏腰包买回发行了400本的星表（实际只买到300本），然后一把火给烧了。威尔·杜兰特在《世界文明史》中提到这件事时如此描述道："这位天文学家怒气冲天，连星星也为之震动。"

光行差与地球的章动

讽刺的是，接续弗拉姆斯蒂德担任皇家天文学家的正是哈雷。而接续哈雷的是詹姆斯·布拉德雷。他虽然不像哈雷那样有名，但他的两大发现都是值得大书特书的成就：一是他担任皇家天文学家之前发现了光行差，二是他在格林尼治天文台发现了地球的章动。

1722 年，布拉德雷与塞缪尔·莫利纽克斯试图观测天龙座 γ 星（天棓四）的视差。照理说，天龙座 γ 星应该在 12 月位于最南的位置，6 月位于最北的位置。而布拉德雷却发现它在 3 月位于最南，9 月位于最北。直到 1728 年，他才恍然领悟到这种现象是由光行差造成的。传说布拉德雷是在泰晤士河上乘船时受到的启发，当时他发现风向没有发生变化，船上的旗子却改变了方向。旗子会改变方向是由于船的行进方向与速度改变了，而光行差的产生则是因为天龙座 γ 星发出的光与在轨道上运动的地球存在相对运动。简单计算后，布拉德雷发现观测结果与计算结果相符。

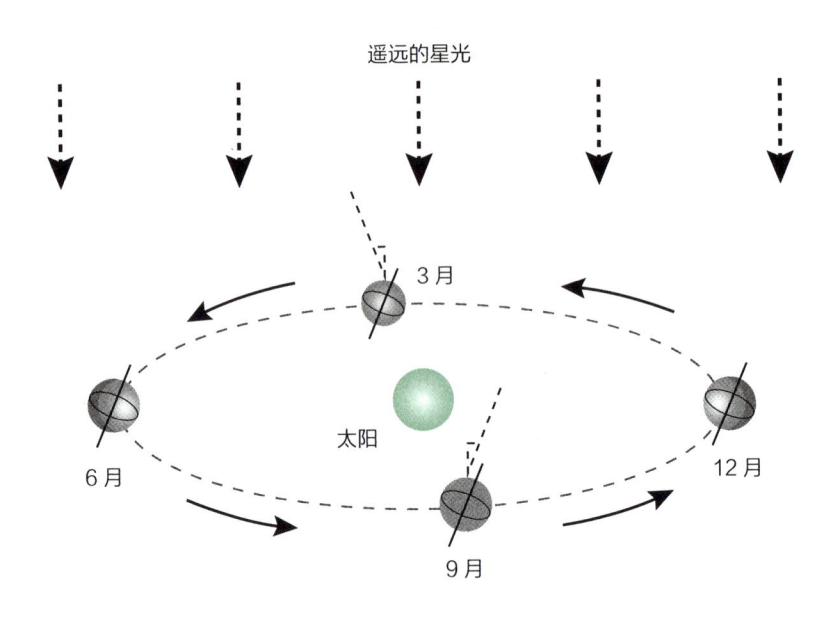

天龙座 γ 星观测图

在 3 月时，垂直于黄道面的远方星光会因光行差而使星光来源看起来向南偏达最大值，而在 9 月时向北偏达最大值。6 月和 12 月，光行差则使光源看起来向东西方向偏。这解释了天龙座 γ 星的观测结果。

> 视差是指地球的公转造成地球位置改变，使得同一颗星被观测到的相对位置也产生改变的效应。

布拉德雷长期观测地球章动，观测时间超过一个月球交点退行的周期（6798 天）。一直等到 1748 年，他才发表报告确定地球的章动，而且确定章动有与月球交点回归同样的周期。地球的章动指的是地球自转轴在进动时伴有的另一种运动，使其在方向的改变中出现如"点头"般的摇晃现象。这会使得岁差的速度因时而变。

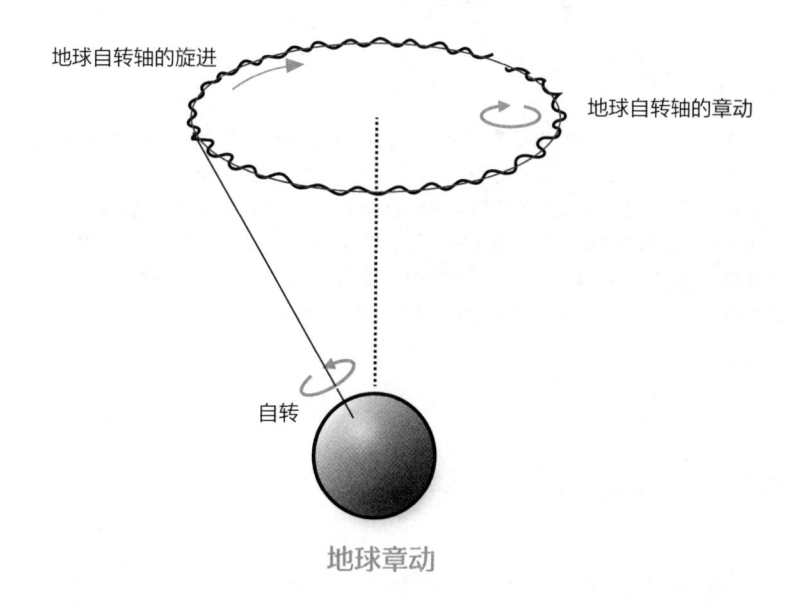

地球自转轴的旋进　　地球自转轴的章动

自转

地球章动

同年布拉德雷获得科普利奖章。科普利奖章是英国皇家学会每年颁发的科学奖项，以奖励"在任何科学分支上的杰出成就"。从第七任皇家天文学家艾里开始，每一任皇家天文学家都受封爵士，除了现任皇家天文学家马丁·里斯，他在 2005 年受封为男爵。

🔍 光行差

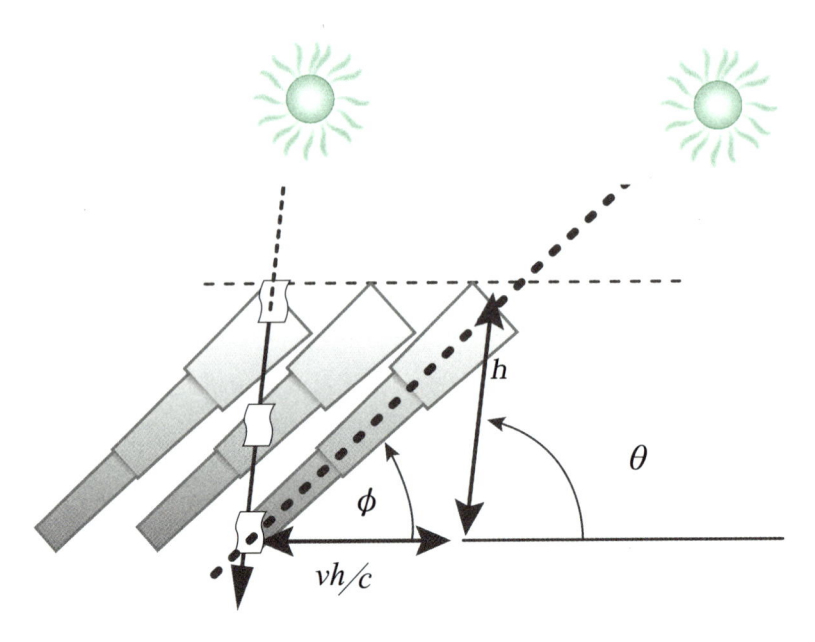

　　光行差（或称为天文光行差、恒星光行差）是指运动的观测者观察到的光的方向与静止的观测者观察到的方向不一样的现象。光行差本质上是由于光速有限以及光源与观察者存在相对运动，类似运动中的雨滴：下雨的时候，站在原地不动的人感觉到雨滴是从正上方落下的，而向前走的人感觉雨滴是从斜上方落下的，因此需要把伞微微向前倾斜。人走得越快，伞需要倾斜得越厉害。地球的公转速度约为 30 千米／秒，光速约为 30 万千米／秒，由此可以估算出光行差带来的角度变化最大值约为 20.49551 角秒。

🪐 塞纳河畔的巴黎天文台

　　比起格林尼治天文台，巴黎天文台的名声就没那么响亮。但论起在科学史上的地位，巴黎天文台可是不遑多让，这里印制了世界上第一部天文年历，也发行了第一幅气象图。船员可以用天文年历的木星卫星蚀表帮助船只测定经度。1913 年，巴黎天文台还把埃菲尔铁塔当作天线塔，用来接收美国海军天文台发出的无线电信号，以此精确测定两地的经度差。

巴黎天文台还是国际时间局（BIH）的所在地，主要的工作是收集、处理各地天文台对世界时和经纬度的测量结果，提供有关国际原子时和协调世界时的各种资料。1988年，国际时间局解散，其工作由国际计量局（BIPM）及国际地球自转服务（IERS）接管。

巴黎天文台是法国国王路易十四听从海军国务大臣让-巴普蒂斯特·柯尔贝尔的建议于1667年开始建造的，1671年完工，比格林尼治天文台还早了4年。建造天文台的主要目的是编制更精确的星表、绘制航海图。柯尔贝尔是法国殖民事业的幕后推手，是他主导成立法国东印度公司和法国西印度公司等贸易特许公司。建造天文台当然也是其海外殖民事业的一环，但与格林尼治天文台不同的是，巴黎天文台一开始开放给1666年成立的法兰西科学院的成员使用。它不仅用于天文观测，也是科学院从事其他活动的场地，内设会议室、化学实验室，还有存放自然历史标本的地方。因此巴黎天文台象征着法国王室对科学事业的支持。

借着建造这座坐落在塞纳河畔的宏伟新天文台，路易十四邀请到当时最优秀的欧洲天文学家，包括来自荷兰的克里斯蒂安·惠更斯、丹麦的奥勒·罗默以及意大利的卡西尼一世。其中卡西尼一世不仅终老于巴黎，成为天文台的实际领导人，还开创了法国天文学界所谓的"卡西尼王朝"，祖孙四代都成为法国天文学界的要角。

卡西尼一世

卡西尼一世出生于热那亚共和国的佩里纳尔多（今意大利因佩里亚省佩里纳尔多）。1665年，他与胡克同时发现木星大红斑。1669年，他受法国国王路易十四之邀来到巴黎，之后他陆续发现土星的四个卫星（土卫八、土卫五、土卫四、土卫三）。

1672年，让·里歇尔在南美洲的卡宴，卡西尼一世在巴黎，他们同时观测火星冲，这次联合观测使人们得到较为准确的日地距离和火星到地球的距离。到了1675年，卡西尼一世发现土星光环中间有一条暗缝，这就是著名的卡西尼环缝（Cassini division）。卡西尼一世猜测光环是由无数小颗粒构成的。但直到两个多世纪后，英国科学家麦克斯韦[①]才证实卡西尼一世的猜测。

> 火星冲就是火星冲日，是指火星、地球和太阳几乎排成一条直线，地球位于太阳与火星之间的现象。此时火星被太阳照亮的一面完全朝向地球，所以明亮而易于观察。冲（opposition，亦称冲日）是一个方位天文学名词。明确地说，当一颗行星在冲的位置时（从地球上看），它与太阳的黄经相差180度，也就是说，冲是天体与太阳各在地球两侧的天文现象。

卡西尼一世仔细观测了月球的表面特征8年之后，于1679年呈送一大幅月面图给法兰西科学院，这幅图巨细无遗，包含大量的细节，在一个多世纪内无人能望其项背。

1683年3月，卡西尼一世开始研究黄道光，他认为黄道光是由

[①] 1859年，麦克斯韦因论文《论土星环运动的稳定性》获得亚当斯奖。他翔实而有力的论述还被当时的皇家天文学家艾里誉为他所见过的"在物理学中运用数学的范例之一"。

行星际尘埃反射太阳光引起的，而非一般人以为的大气现象。1690年，他在观测木星的大气层时发现木星赤道旋转得比两极快，因此发现了木星的较差自转（differential rotation）。这一连串的成就将卡西尼一世的事业推到巅峰。

> 较差自转：指一个天体在自转时不同部位的角速度互不相同的现象。较差自转在大多数非固态的天体中存在，比如会在太阳、木星和土星的表面出现。

卡西尼王朝

卡西尼二世，1677年出生于巴黎。身为卡西尼一世之子，他17岁就获准加入法兰西科学院，并延续他父亲在天文与经纬度测量方面的工作。1720年，他仔细测量敦刻尔克与佩皮尼昂之间的子午线弧长，并将其结果发表于《关于地球的大小和形状》中；1733—1734年，他两次单独在巴黎计算出经度1度对应的距离约为57,097土瓦兹[①]（约111.282千米）和57,061土瓦兹（约111.212千米），折算出的地球半径长度分别约为3,271,420土瓦兹（约6375.998千米）和3,269,297土瓦兹（约6371.86千米）。

不幸的是，他与他的父亲卡西尼一世都误以为地球是长椭球，而非牛顿预测的扁椭球。他与法兰西科学院的莫佩尔蒂为此针锋相对。

[①] 土瓦兹是法国大革命前的长度计量单位。

但是随后皮埃尔·布格和拉·孔达米纳在南美洲的测量，以及莫佩尔蒂在北欧的拉普兰的测量，都证明地球的确是个扁椭球，卡西尼家族惨败。

卡西尼三世是卡西尼二世的次子。他21岁加入法兰西科学院。1771年，巴黎天文台脱离法兰西科学院，不再是科学院的附属机构，卡西尼三世被任命为巴黎天文台的正式台长。卡西尼三世从1744年开始绘制的《卡西尼地图》是一幅大型法国地形图，也是地图学史上里程碑式的地图之一。这幅地图最终由他的儿子卡西尼四世完成。

法国大革命后，卡西尼四世想扩充天文台的计划被国民公会否决，他与表弟在"恐怖统治"时期一同被逮捕，他的表弟被送上断头台，他则被天文台的员工搭救而逃过一劫。但是辉煌的卡西尼王朝也至此结束。卡西尼四世的儿子选择成为植物学家，没再继承祖辈的事业。

格林尼治天文台与巴黎天文台都是大航海时代国家在天文学上投入诸多努力的重要象征。英国与法国之所以投下重金建造那些庞然大物，当然与当时激烈的海外殖民事业竞争有密不可分的关系，然而随着大英帝国逐渐占上风，这场以海洋为战场的战争已经结束，不过英法两国的天文学家依然持续地竞争着。接下来我们要介绍18世纪到19世纪英国与法国在天文学领域的发展。

打破苍穹界限的赫歇尔家族

巴斯是英国英格兰西南部的一座城市，从 18 世纪开始，巴斯成为一个温泉胜地，这也使巴斯急遽扩张，成为重要的旅游城市。英国小说家简·奥斯汀就在这里住过，也将巴斯的方方面面写进她的小说中。在巴斯的天空上还有一个惊天动地的大发现，更特别的是，这是一对业余的天文学家兄妹发现的。

他们就是发现天王星的威廉·赫歇尔（1738—1822）与卡罗琳·赫歇尔（1750—1848）。威廉的儿子约翰·赫歇尔（1792—1871）青出于蓝而胜于蓝，不只在天文学，还在植物学、地质学甚至摄影学上有卓越的贡献。他们的家族故事足以反映 18 世纪到 19 世纪的英国天文学发展史。

其实赫歇尔兄妹并不是英国人，他们出生在汉诺威选帝侯国（今德国汉诺威，当时属英国管辖）。1714 年，英国女王安妮驾崩，她没有后嗣，依照国会在 1701 年通过的法案，汉诺威选帝侯继承英国王位，成为乔治一世。他是英国汉诺威王室的第一位国王。当时威廉的父亲艾萨克是汉诺威军乐队的双簧管手，而威廉跟他的哥哥雅各布也都在军乐队中任职。七年战争[①]时法军占领了汉诺威，19 岁的威廉与

[①] 英国-普鲁士联盟与法国-奥地利联盟之间发生的一场战争。战争于 1756 年开始，1763 年结束，持续时间长达七年，故称七年战争。——编辑注

哥哥一起逃到英国。威廉是个聪明的小伙子，英文很快就讲得非常流利。为了方便谋生，他还把名字从德式（Friedrich Wilhelm Herschel）改成了英式（Frederick William Herschel）。

威廉在各地的管弦乐团流浪了一阵子之后，1766年，他终于安居在巴斯，担任米尔森街上八角礼拜堂的管风琴师，并负责当地长年不断的各式音乐会活动。1772年，小他12岁的妹妹卡罗琳也从故乡汉诺威前来投靠他。卡罗琳在10岁时得了斑疹伤寒，痊愈后身高维持在110厘米左右，再也长不高了。这对小卡罗琳来说是非常大的打击，然而她的父亲还是尽量地教育她。她到了巴斯之后，一边帮她哥哥料理家务，一边也学习声乐和竖琴，后来还变成她哥哥的音乐班底之一。

现在我们很难想象一个忙碌的乐师会变身为一个热衷于观星的业余天文学家。一开始的机缘是，威廉偶然购得自学天文学成功的苏格兰天文学家詹姆斯·弗格森的天文学著作，使他对天文学产生了很大的兴趣。之后，威廉结识了业余小提琴手约翰·米歇尔牧师，这位牧师对地理学、光学乃至于天文学都很有研究。在耳濡目染下，威廉开始自己制造望远镜。据说威廉每天有16个小时都在磨透镜。虽然卡罗琳很想在音乐方面更上一层楼，无奈哥哥一心只想观星，卡罗琳只能当他的助手。皇天不负苦心人，当威廉把做好的望远镜架在自家后院时，他们兄妹的人生即将展开新的一页，而且是他们连做梦都想不到的一页。

🪐 发现天王星

从1779年10月起，威廉开始系统地观测星空。1781年3月13

日，威廉在他位于巴斯新国王街19号的自家庭院中观测到一个未知的星体。在4月26日的报告中，他将其称为"彗星"。他的记录上写道："在与金牛座呈90度角的位置……有一颗像星云一样的恒星或彗星。"

四天之后，他接着写道："我找到一颗彗星或星云状的恒星，但根据它的位置变化，我判断它是一颗彗星。"他发现这个星体的直径会随着光学倍率成比例地放大，而且在高倍率透镜下，它会变得朦胧，所以它绝不是一般的恒星！当威廉将他的发现提交给英国皇家学会时，他还是把它当成彗星，不过也含蓄地将它跟行星相提并论。

当威廉继续谨慎地以彗星来描述他的发现时，其他的天文学家已经另有打算了。第五任皇家天文学家内维尔·马斯基林写信给威廉："我不知该如何称呼它，它在近似圆形的轨道上移动，很像一颗行星，而彗星是在很扁的椭圆轨道上移动的。我也没有看见彗发或彗尾。"

当时在圣彼得堡的天文学家莱克塞尔估计这个星体到太阳的距离是地球至太阳的18倍，但是过去人们从来没有观测到任何一颗彗星的近日点是在4倍日地距离以外的。

柏林天文学家约翰·波得描述威廉发现的星体像是"在土星轨道之外的圆形轨道上移动的恒星，可以被视为迄今仍未知、像行星的天体"。波得最后断定这个沿圆轨道运行的天体与其说是彗星，不如说是一颗行星。

威廉告诉英国皇家天文学会的主席约瑟夫·班克斯爵士："据欧洲最杰出的天文学家观测，这是一颗新的行星，我感到很荣耀，能在1781年3月指认它是太阳系的主要行星之一。"这可是千百年来人类第一次发现在土星外还有新行星。9月，威廉就获颁科普利奖章，并获选为英国皇家学会会员。

马斯基林要求威廉为新行星取名，威廉决定将它命名为"乔治之星"（Georgium Sidus），希望得到乔治三世的青睐。1782 年，乔治三世终于接见威廉，并要求他移居到温莎堡附近，让王室家族有机会使用他的望远镜来观星。威廉被任命为"皇家天文官"，年薪 200 英镑（约等于现今的 22,800 英镑[①]）。两兄妹在巴斯举行了告别演出，他们的音乐生涯正式结束。他们离开巴斯，搬到温莎堡附近的达切特。

但是"乔治之星"这个名字并未得到普遍的认可。这一点儿都不让人感到意外，当时美国独立战争还在进行着，而法国为了支持美洲殖民地与英国宣战，西班牙与荷兰也站在美洲殖民地这边，所以乔治三世声望正低。法国天文学家拉朗德甚至建议将这颗行星称为"赫歇尔"，以光耀它的发现者。

天文学家波得主张采用希腊神话的乌拉诺斯（Uranus）的名字。波得认为，农神（土星的英文名由来）是宙斯（木星的英文名由来）的父亲，新的行星则应该取名自农神的父亲。

波得的建议后来被广泛地采纳，最后连英国航海星历局都在 1850 年换下了"乔治之星"，"Uranus"便成为人们普遍接受的名字，中文译名就是我们熟知的"天王星"。

第一位女性职业科学家

离开巴斯后，卡罗琳继续协助威廉观测星象及计算数据。她早就成了威廉不可或缺的左右手。1783 年，威廉送给她一台望远镜，让她开始自己的天文观测。她在 1783 年发现了 3 个星云；1786 年

[①] 将近人民币 206,591 元。——编辑注

到 1797 年，她共发现 8 颗彗星，其中 5 颗在历史上被人观测过。她在 1786 年 8 月 1 日发现的第一颗彗星赫歇尔－利哥莱彗星（35P/Herschel-Rigollet）是首颗被女性发现的彗星。翌年，乔治三世发薪聘用她为威廉的助手，她成为史上第一位女性职业科学家。这位因病长不大的日耳曼姑娘，日后在科学界大放异彩，这样戏剧性的人生没有成为简·奥斯汀小说的素材，还真有点可惜。

但是这对兄妹的亲密关系终究生变。1788 年，威廉迎娶寡妇玛丽·鲍德温·皮特，卡罗琳深受打击就搬出去单独居住。后来她将这段时间的日记全烧了，后人无从得知她的心路历程。不过他们兄妹在科学上依然持续合作。

1787 年，威廉用其制造的望远镜观测到天卫三（Titania）和天卫四（Oberon）。1789 年，威廉花了 5 年时间建造的"巨无霸"反射望远镜终于完成，这台大型望远镜口径达 49.5 英寸（1.2573 米），焦距达 40 英尺（12.192 米）。威廉利用它发现了土星的两颗卫星——士卫一（Mimas）和士卫二（Enceladus）。但是这么大的望远镜用起来并不方便，而且成像不够清晰，所以没过多久威廉又用较小的望远镜来观测天象了。

在威廉的帮助下，卡罗琳于 1797 年向英国皇家学会提交了一份弗拉姆斯蒂德观测数据的索引，她还整理出 561 颗《不列颠星表》中遗漏的恒星及勘误表。

发现红外线

威廉还有许多重要的贡献，他编制了一份详尽的星云列表与一份双星列表。通过研究恒星的自行运动，他还发现太阳系正在宇宙中移动，并指出移动的大致方向。他研究银河的结构，提出银河呈圆盘状。

1800年，他用温度计测量太阳光谱的各个部分，结果发现将温度计放在光谱红端外测温时，温度上升得最高，却完全没有颜色。于是他得出结论：太阳光中包含着处于红光以外的不可见光。这就是如今的"红外线"。

1820年，威廉协助成立伦敦天文学会，翌年成为主席。该学会于1831年获皇家封号，成为英国皇家天文学会。当1822年威廉以83岁高龄谢世时，这个来自汉诺威的双簧管手已经名满天下了。

威廉死后，心碎的卡罗琳回到汉诺威，但她没有放弃天文研究。1828年，她将威廉自1800年以来发现的2000个星云整理成表。同一年，英国皇家天文学会颁发金奖章给她，并于1835年推选她为该会的荣誉会员。1846年，她获得普鲁士国王颁发的金奖章。两年后，她过世了，享寿97岁。威廉与卡罗琳当年在巴斯的住所如今已经变成博物馆。

打破苍穹界限的约翰·赫歇尔

威廉的儿子约翰也是一位很有贡献的天文学家。与他父亲不同的是，约翰从小接受一流的教育。1813年，他以剑桥大学圣约翰学院数学毕业考第一的成绩毕业。在他父亲的指导下，他建造了一台口径达18英寸（0.4572米）、焦距达20英尺（6.096米）的反射望远镜。1821年，他因数学成就获得英国皇家学会的科普利奖章。他与天文学家詹姆斯·索思一起重新审订他父亲的双星星表，这件工作使他于1825年获得法国法兰西学会所颁的拉朗德奖章，以及1826年英国皇家天文学会所颁的金质奖章（他于1836年再次获得此奖章）。

1833年，约翰前往南非观测南天的恒星。两年后，他观测到哈雷彗星回归。上一次人类观测到哈雷彗星是在 1759 年，再往前则是在 1682 年。前两次哈雷彗星出现的故事都在前文哈雷的故事中提过。

在南非的那段时间，除了钻研天文学之外，约翰还搜集当地的植物，他还对地质学产生了兴趣。他尤其喜爱查尔斯·莱尔写的《地质学原理》，并且信服莱尔所主张的均变论，即地表景观是逐步形成的。他与他太太一共搜集了 131 幅植物插图，他甚至利用投影描绘器描绘出植物的轮廓，不过没耐心的他把细节全留给他太太来完善。

1838 年，约翰回到英国，7 月 17 日受封为从男爵。1847 年，他出版了《在好望角天文观测的结果》。在该书中，他提出土星 7 颗新卫星的名字。1852 年，他又提出天王星 4 颗卫星的名字，这些名字一直沿用到现在。1864 年，他把父亲威廉与姑姑卡罗琳的《星云和星团总表》（CN，Catalogue of Nebulae and Clusters of Stars）扩充编成《一般星云和星团总表》（GC，General Catalogue of Nebulae and Clusters of Stars）。

> CN 和 GC[①] 是目前使用的简称，现在命名星系都是以 NGC 开头，后面再加上数字。NGC 7、NGC 10、NGC 25 和 NGC 28 这 4 个星系都是约翰发现的。但是威廉发现的更多，共有 6 个星系[②]。

约翰·赫歇尔首创以"儒略纪日法"来记录天象日期，他在 1849 年出版的《天文学大纲》中提出这个主张。儒略日的起点定在

[①] 是约翰·路易·埃米尔·德雷尔编辑的《星云和星团新总表》（NGC，New General Catalogue of Nebulae and Clusters of Stars）的前身。

[②] NGC 12、NGC 13、NGC 14、NGC 16、NGC 23、NGC 24。

公元前4713年（天文学上记为–4712年）1月1日格林尼治时间正午（世界时12∶00）。约翰还曾经建议取消每逢4000的倍数不置闰的规矩，如此一来，一年的长度会从365.2425天变成365.24225天，比平均回归年长度365.24219天更精确。不过这个提议没有被接受，因为当时大家取的是相邻的两个春分日之间的天数（365.242374天）。

除了天文学之外，约翰对摄影术的发展也有很大的贡献。1819年，他发现硫代硫酸钠可以作为卤化银的溶剂，对之后达盖尔和塔尔博特的摄影发明有重大贡献。

1839年，他在玻璃上做了一张现今依然存在的照片，且实验了一些摄影色彩的再现研究。他发现光谱上的不同光线，会在感光剂上留下不同的颜色。赫歇尔甚至使用蔬果汁作为摄影的感光乳胶，他称这种方法为蔬菜摄影法（phytotypes/vegetable photographs）。他还根据铂盐的感光特性，发现将铂盐用于摄影的方法，虽然最后这个方法由威廉·威利斯完成并申请专利。而摄影（photography）、正片（positive）、负片（negative）、快照（snapshot）等词都是约翰发明的。他也是今日蓝晒法（cyanotype）[①]的先驱者。

约翰于1871年在肯特郡的住宅过世，享寿79岁。为了纪念约翰对科学的贡献，英国为他举行了国葬，将他葬于威斯敏斯特教堂，对这个从汉诺威来的家族来说，可以算是备极哀荣。威斯敏斯特教堂的威廉·赫歇尔纪念石上刻着这样的铭文：

"他打破了苍穹的界限"

赫歇尔家族三人绝对无愧于这样的美誉。

---

① 蓝晒法在当时是一种有效率而且极为稳定的制图方法，后来被银盐技术与印刷工艺取代。这种方法不仅成本低廉，还具备易于操作、制作时间短、保存期长等优点。做法是将柠檬酸铁铵与铁氰化钾溶液混合，刷到纸张上晾干，再将其和底片进行接触印相，曝晒于紫外线下，曝晒到的部分会产生普鲁士蓝，未曝晒的部分则无变化，用清水洗去无变化部分的药剂，即可反转底片上的影像到相纸中。

天体力学的先驱：巴伊与拉普拉斯

天体力学的先驱让·西尔万·巴伊（1736—1793）出身于绘画世家，他的父亲和祖父都是画家，然而他在巴黎大学的马萨林学院遇到拉卡伊（1713—1762）之后，在其启发下，决定投身于科学研究。

拉卡伊是当时法国首屈一指的天文学家。原本是神职人员的拉卡伊，因卡西尼二世的赞助而获得工作，从此专注于科学。拉卡伊最初在南特到巴约讷的沿海勘测，1739年，他与卡西尼三世一同重新测量巴黎子午线的弧长。他花了两年的时间成功修正了卡西尼二世在1718年发表的结果。法国小镇奥尔日河畔的瑞维西颁给他一个金字塔形的奖杯，他也因此进入学术界，在马萨林学院担任数学教授。在那里，他还盖了一座小天文台，让自己可以随时观测星象。

拉卡伊心胸宽阔，当他得知英国天文学家布拉德雷发表地球章动的论文后，便依此修正自己的天文记录，此举让他的法国同行不以为然。他最著名的功绩是曾在1750年前往好望角，观测月球和太阳的位差（以火星作为中介）、1万颗南天恒星，以及测量南非子午线的弧长。他记录的质与量都超越了哈雷[①]。1754年，他返回马萨林学院继续教书，同时还编纂星表。化学家拉瓦锡是巴伊在马萨林学院的同

[①] 哈雷在1678年发表的南天星表只有341颗南天恒星。

学，虽然拉瓦锡比巴伊年轻7岁，但是拉瓦锡11岁就入学了，两人都受教于拉卡伊。

1758年，哈雷彗星按照埃德蒙·哈雷的预测出现时，巴伊不仅跟着大家争睹彗星的风采，也开始他生平第一次的天文计算。彗星的如期回归，是牛顿天体物理学最早成功实现的预测。把这颗彗星命名为"哈雷彗星"的正是巴伊的恩师拉卡伊。巴伊的表现相当出色，1763年，仅27岁的他成了法兰西科学院的成员。

接下来让巴伊埋头苦算的对象是木星的4颗卫星。其实木星有67颗卫星，但当时人们只知道1610年伽利略发现的那4颗伽利略卫星[①]。研究木星卫星在当时可是相当热门的课题，因为人们用低倍率望远镜就可以观测到这4颗卫星，甚至可以用肉眼勉强看到木卫三和木卫四。所以如果能够精确预测它们的行动，特别是将它们发生食（也就是被木星挡住看不到的时候）的时间制作成表，水手们就可以通过观察这些现象来确定经度。怎么做呢？只要比较当地的时间，再对照木星卫星的表（这些表以特定时区的时间来编排，如格林尼治时间或巴黎时间），就可以得知自己所在地区与表上时区的经度差了。

巴伊利用牛顿万有引力定律研究木星卫星的轨道，并于1766年将他的研究成果出版成《木卫理论论文集》。1771年，他进一步完成《论木卫光度的不规则性》，这是最早关于卫星的天体力学的计算书。

之后巴伊的兴趣逐渐由科学转到历史。1775年，他出版了《古代天文学史》，7年后他再接再厉出版了《现代天文学史》。之前他已经陆陆续续写了法国国王查理五世、剧作家莫里哀及高乃依、哲学家莱布尼茨、恩师拉卡伊等人的传记。这些成就使他在1784年成为法

[①] 木卫一和木卫二、木卫三保持着轨道共振关系：木卫三每公转1周，木卫二即公转2周，木卫一公转4周。它们的轨道十分接近正圆，离心率相当小。

兰西学术院院士（仅有40个名额），第二年又成为法兰西文学院的院士。这是自1757年丰特内勒过世后再一次出现"三重院士"。巴伊并没有因此自满，他在1787年又出版了《古印度与古中国的天文学》。但是他没想到，他当学者的日子已经屈指可数了。

拉普拉斯定理与拉普拉斯方程

当巴伊逐渐将重心由天体运动的计算转移到科学史的写作上时，新一代的天体力学大师拉普拉斯（1749—1827）慢慢登上舞台。拉普拉斯年轻时就显示出卓越的数学才能，他18岁时决定从事数学工作，于是离家远赴巴黎去找当时法国著名的学者达朗贝尔，但遭到白眼冷遇。拉普拉斯不放弃，又寄了一篇力学方面的论文给达朗贝尔，这篇极为出色的论文让达朗贝尔对他刮目相看，甚至推荐他到军事学校教书。

这个故事还有另一个版本：达朗贝尔给了拉普拉斯一本很厚的数学书，要他读完再来，没过几天拉普拉斯就说读完了，一开始达朗贝尔很不高兴，以为拉普拉斯在骗他，提了几个问题后才发现拉普拉斯真的完全读懂了这本厚厚的数学书。不管哪个版本是对的，总之，达朗贝尔帮拉普拉斯找到教职是不争的事实。

拉普拉斯终其一生都将精力集中在太阳系天体摄动以及太阳系的普遍稳定性问题上。他把牛顿的万有引力定律应用到整个太阳系，并于1773年解决了一个当时著名的难题：木星轨道为什么在不断地收缩，而同时土星的轨道又在不断地膨胀。拉普拉斯的计算展开到离心率和倾角的3次幂，他证明了行星平均运动的不变性，这就是著名的"拉普拉斯定理"。

1784—1785年，他发现天体对其外任一质点的引力分量可以用一个势函数来表示，这个势函数满足一个偏微分方程，即著名的"拉普拉斯方程"。

1786年，他又证明行星轨道的离心率和倾角总是保持恒定，而且还能自动调整，即摄动效应是守恒和周期性的，不会积累，也不会消解。1787年，他发现月球的加速度同地球轨道的离心率有关。

这些成果都结集在他的著作《宇宙体系论》中，但书中没有提供计算的细节。然而他优雅的文笔仍使他成为法兰西学院的院士，这本书甚至还被视为法国天文学巨著。在这部著作中，他独立于康德，提出第一个科学的太阳系起源理论——星云说。康德的星云说是从哲学角度提出的，而拉普拉斯则是从数学、力学角度充实了星云说，因此，人们常常把他们两人的星云说合称为"康德－拉普拉斯星云说"。

大卫的画作《网球厅宣誓》

1789年春天，巴伊参加选举成为巴黎第三阶级的领袖之一。6月20日，巴黎代表们来议会开会时居然吃了闭门羹，原来会场被国王派人封了。怒不可遏的代表们推选巴伊为主席，就在会场附近的室内网球厅集会，一同发誓将继续开会，不制定宪法绝不解散。就这样巴伊被革命的浪潮推到了最前线。

巴伊带头宣誓，全场577位代表，除了一位来自卡斯泰尔诺达里的代表外，全都签署了这个誓言。这石破天惊的一幕后来被大画家雅克－路易·大卫画成素描和油画。画中巴伊站在中央的高台上，右手高举，左手拿着誓词，其他人纷纷伸出右臂向他致敬。无疑，这是巴伊一生荣耀的顶点。

但是巴伊缺乏在不同阵营折冲樽俎的能耐，心力交瘁之余，他在7月2日辞去国民议会主席一职。但是革命的风暴还是在12天后爆发了，被视为旧政权象征的巴士底监狱被愤怒的民众攻破。这一天（7月14日）后来成为法国国庆节。隔天巴伊就被新成立的巴黎市政府任命为市长，而参加过美国独立战争的拉法耶特将军则被任命为巴黎国民自卫军的指挥官。7月17日，国王来到巴黎市政府厅，巴伊与拉法耶特将军一同接待国王，巴伊献上三色旗。当时的巴伊意气风发，但是谁能料到两年之后，他与拉法耶特两人都从云端掉到谷底呢！

练兵场惨案

短短的5个月后，政局急转直下，路易十六觉得局势岌岌可危，最后下定决心逃往奥地利。1791年6月20日，路易十六与其他王室成员乔装出逃失败，引发了轩然大波。国民制宪议会考虑欧洲各国可能做出的干预，便宣称路易十六是被挟持的，因而做出无罪的判决。这个可笑的说法激怒了群众，7月17日，激进的人权与公民权之友社组织群众到练兵场示威游行，约6000人在请愿书上签字，旁观者约有5万人。由于局势非常紧张，到了傍晚，市长巴伊宣布实施戒严。拉法耶特带领士兵来到练兵场。在双方剑拔弩张的态势下，自卫军没有等市长下令就向群众开枪，造成约50人死亡，史称"练兵场惨案"。巴伊与拉法耶特成了众矢之的，双双辞职。

第二年，拉法耶特逃离法国，而巴伊也退出政坛，搬到南特，专心撰写回忆录。然而激进派可不打算就此罢休，革命如火如荼地进行着。路易十六被处死后，巴伊带着妻子准备到默伦投奔老朋友拉普拉斯。然而敌人早在默伦等他上钩，情急之下拉普拉斯夫人寄了一封信给巴伊夫人，说为他们准备的房子出了问题，没法住人，暗示他们默伦也不安全了。但巴伊夫妇还是来到了默伦，拉普拉斯夫人以为他们没读出那封信的弦外之音，大为焦急。

巴伊只淡淡地说："我只是想在家中被捕，我不想被逮捕时连个地址都没有。"

巴伊最后被带到革命法庭，草草审讯后被判死刑。11月12日，一个寒冷的冬日，革命政府特地在练兵场里搭了一个断头台，让巴伊在天寒地冻的情况下被围观群众侮辱谩骂。一个家伙看到巴伊还故意大声地叫着："你在发抖啊，巴伊？"

巴伊不疾不徐地回答道："是的，不过这只是因为寒冷。"

然后他就走上断头台，钢刀落下，身首异处，台下却欢声雷动。

相较于巴伊，同样潜心研究科学的拉普拉斯就幸运多了。拉普拉斯在接下来诡谲多变的法国政局下幸存，最后还受封侯爵，与惨死刀下的巴伊有着天壤之别。

当拉普拉斯被拿破仑任命为内政部部长时，他的第一道命令就是发给巴伊的遗孀一笔丰厚的年金。拉普拉斯夫人亲自搭马车将年金送到巴伊遗孀的住处，而巴伊夫人早已在窗边等候。

法国大革命卷走多少英雄好汉，巴伊夫人与拉普拉斯夫妇的这段情谊，就像暗夜中的一盏小灯，微微的灯光提醒着我们，没有比友情更珍贵的东西了。

法国的牛顿

《天体力学》是拉普拉斯倾注了一生心血的巨著,由于这部巨著的出版,拉普拉斯被誉为"法国的牛顿"。

《天体力学》共 5 卷 16 册,于 1799—1825 年出版。第 1—2 卷出版于 1799 年,主要论述行星运动、行星形状和潮汐;第 3 卷出版于 1802 年,论摄动理论;第 4 卷出版于 1805 年,论木星 4 颗卫星的运动及三体问题的特殊解;第 5 卷出版于 1825 年,补充前几卷的内容。

在这部著作中,拉普拉斯第一次提出"天体力学"这一名词。他不仅将牛顿的引力理论以成熟的微积分来呈现,而且他还解决了连牛顿都无法解决的难题。虽然牛顿在考虑太阳与一颗行星的情况下,由万有引力定律推导出开普勒三大定律,然而若再考虑行星间的引力,则连牛顿都认为太阳系无法维持稳定的运动而需要神秘的"上帝的摄理"。然而拉普拉斯用他优异的数学能力证明了"上帝的摄理"完全没有必要。

据说,拿破仑看到《天体力学》这部著作时曾问拉普拉斯,为何他的书中没有提到上帝半句。

拉普拉斯明确地回答:"陛下,我不需要那个假设。"

拉普拉斯的助手说,拉普拉斯在写《天体力学》时,有时候论证太繁杂或拉普拉斯本人都搞不清楚细节时,就会写"这是显而易见的"来搪塞。但最终结果都是正确的。

英法千年恩仇录，谁先发现海王星

1781年天王星被发现后，第一个计算天王星轨道要素的人是芬兰（当时是瑞典王国的一部分）天文学家莱克塞尔，他是大数学家欧拉的密友。莱克塞尔发现天王星的轨道与通过牛顿万有引力定律计算的结果有所出入，当时他猜想天王星受到太阳系内某远方不知名星体的影响。不过当时人们还无法精确掌握行星之间的引力效应，所以莱克塞尔无法进一步探究。欧拉与莱克塞尔共进午餐，在讨论天王星轨道时欧拉突感不适，几个小时后就溘然长逝了，而莱克塞尔一年后也过世了。

天体力学在号称"法国的牛顿"的拉普拉斯手中臻于完备，40年后，曾担任拉普拉斯助手的法国天文学家布瓦尔在1821年将天王星轨道的计算结果做成完整的表，加以出版。可是天王星被观测到的位置与布瓦尔的计算结果依然不一致。当时布瓦尔不得不猜想，误差可能来自天王星后方某个未被人类发现的新星球的吸引。1822年，他成为巴黎天文台的台长，但是他一直到1843年过世为止，都没有展开搜索"未知新行星"的计划。

🪐 发现海王星

1845年，当时法国最擅长计算的勒威耶开始研究这个问题。勒威耶手脚奇快，第二年的 6 月 1 日就提出对"未知新行星"位置的第一次预测。

但令勒威耶万万没想到的是，就在一水之隔的英国，有一个他素未谋面的年轻科学家约翰·库奇·亚当斯也在研究同一个问题。亚当斯早在 1843 年就开始思考如何从天王星轨道的异常来反推"未知新行星"的质量与轨道。

由于巴黎天文台缺乏适当的仪器，所以勒威耶改进他的计算后，在 8 月 31 日提出第二次预测，并将结果寄给柏林天文台的天文学家约翰·格弗里恩·伽勒。勒威耶的信于 9 月 17 日从巴黎发出，六天后伽勒收到信，当夜凌晨就跟他的学生海因里希·路易斯·达雷斯特一起找到了新行星，位置与勒威耶预测的位置相差不到 1 度。伽勒马上回信告诉勒威耶："在你算出来的位置上真的有一颗行星！"

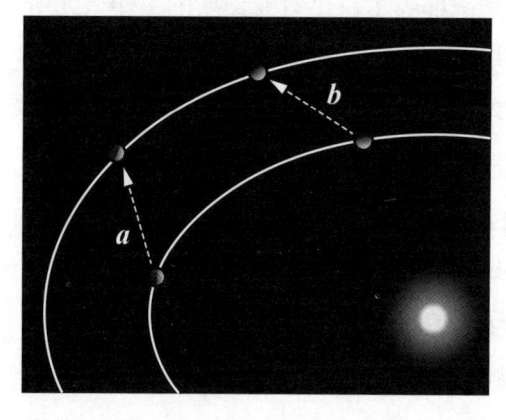

行星轨道

行星轨道会受到外侧行星的影响，在 a 处行星会因外侧行星的引力而加速，在 b 处则会减速。

大喜过望的勒威耶马上写信给各大天文台，并建议新行星取名为"尼普顿"（Neptune）[①]。10 月 15 日，他正式向法兰西科学院宣布这项

[①] 在罗马神话中，尼普顿（Neptune）等同于希腊神话的波塞冬（Poseidon），都是海神，因此中文翻译为海王星。

成果，举国为之欢腾。

当时的剑桥天文台台长詹姆斯·查利斯听到这个消息，才发现自己曾把8月4日与8月12日看到的"新行星"视为一般恒星，只能扼腕长叹。而皇家天文学家兼格林尼治天文台台长的艾里爵士正在欧洲度假，回到英国后才发现自己已经身陷风暴，一场争夺新行星的笔仗已经开打了。

艾里在欧洲的时候，天王星发现者威廉·赫歇尔的儿子约翰·赫歇尔在周刊杂志《雅典娜神殿》（*Athenaeum*）登出一篇文章，不仅提到柏林天文台发现新行星的消息，还提到亚当斯的计算和查利斯的观测，文中暗示勒威耶与亚当斯的工作是齐头并进的。约翰·赫歇尔是格林尼治天文台的访客委员会的成员，还是英国皇家天文学会的主席，身份不同于常人。所以当艾里爵士向勒威耶恭贺时，他只收到勒威耶怒气冲冲的回信，信中勒威耶表示自己对亚当斯的工作一无所知，而且还质疑为何亚当斯从来不曾发表任何相关的著作。

其实不只是约翰·赫歇尔，连查利斯与格林尼治天文台的詹姆斯·格莱舍也都对外投书陈述类似的内容。这让法国学术界相当不开心，甚至连"英国佬要偷咱们的新行星"这种话都说出来了。当时英法的报纸还出现讽刺画，一场寻找新行星的科学壮举变成两个"世仇"国家的口诛笔伐，称之为"海王星争霸战"毫不为过。

查利斯在10月15日投书给《雅典娜神殿》，他承认，在亚当斯给的预测范围内（有20度之多），他的确分别于8月4日与8月12日看到了新行星，但他疏于比较星表，没有立即反应过来看到的是行星，而非恒星。所以他认为英国还是第一个"发现"新行星的国家，有资格为新行星命名，他建议把新行星命名为"海洋之神"（Oceanus）。其实在10月5日法兰西科学院开会时，巴黎天文台台长阿拉果甚至主张把行星命名为"勒威耶"。而当事人勒威耶虽然之前建议采用"尼普顿"，但似乎也心中窃喜，想来有一颗星以自己的名字命名是难以推辞的殊荣吧。

阿拉果甚至称赞勒威耶为"用笔尖发现一颗行星的男人"。

加上原先真正的发现者伽勒主张的"雅努斯"（Janus）[①]，这颗新行星一共有四个提议的名字。最后巴黎的"法国经度局"决定采用"尼普顿"，而英国皇家学会也把该年度的科普利奖章颁给勒威耶，完全没提到亚当斯。不过，妙就妙在隔了两年，亚当斯还是得了科普利奖章，得奖的理由就是海王星！而原本表示勒威耶是无可置疑的新行星发现者的艾里爵士也改了口，他在11月的英国皇家天文学会会议上公然将亚当斯与勒威耶两人的成就相提并论。英国人果然不容易低头认输！

水星进动

八年之后，亚当斯又掀起另一场英法之争。当年为了解释月球的长期加速，拉普拉斯曾有过"引力的传播速度是有限的"的想法，不过当他把数字套进去计算时，却发现得到的速度居然是光速的700万倍。这当然不对。幸亏后来拉普拉斯在1786年发现月球绕地轨道的离心率会因摄动而改变，进而使月球的切线速度增加。他的计算解释了整体的效应，似乎解决了这个难题。

然而到了1854年，亚当斯重新检查拉普拉斯的计算时，发现其中有误：拉普拉斯以地球轨道离心率的变化为基础的说法，只能够解释约一半的月球加速。这个发现引发了英法天文学家持续数年的尖锐

[①] 罗马的双面门神，因为"新行星"守在太阳系的门口。

争论，勒威耶尤其反对亚当斯的说法。可是到了最后，包括夏尔-欧仁·德洛奈在内的大多数专家都接受了亚当斯的结论。

那么另一半的月球加速是怎么回事？后来德洛奈与美国天文学家威廉·费雷尔各自给出解答。地球自转由于潮汐作用而趋于缓慢，而月球运行速度的历史记录是以地球自转一周的"天"为单位来记录，所以造成所谓的"月球加速"。简单地说，其实是一天的实际长度变短了，所以相形之下，好像月球运行加速了一样。

亚当斯因为这项成就获颁英国皇家天文学会金质奖章。而两年后勒威耶也得到同样的奖章，颁奖人正是时任英国皇家天文学会主席的亚当斯。真有缘，不是吗？顺便一提，德洛奈是毕奥的学生，可以算是拉普拉斯的徒孙，而潮汐力理论也是拉普拉斯一手创立的。

勒威耶后来尝试以水星进动的异常为理由，主张有一颗更靠近太阳的行星，他连名字——瓦肯星（Vulcan，又译为火神星）——都取好了。《星际迷航》的编剧八成是学天文的。

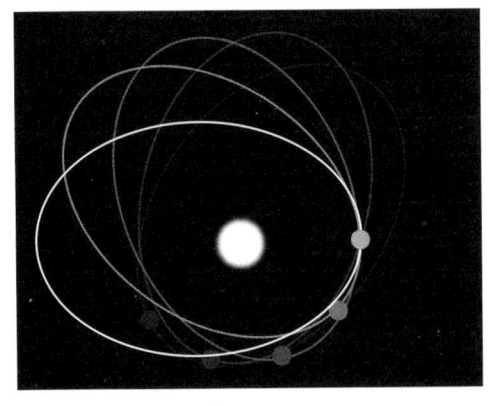

> 进动
>
> 行星轨道的近日点因为受到其他行星引力的影响，会逐渐改变其位置，这个现象被称为"进动"。

所谓行星的进动是指行星近日点的改变。如果只考虑太阳与行星的引力，那么行星轨道是完美的椭圆，其近日点应该是固定的。换句话说，其相对于恒星的位置是不变的。但由于太阳系中其他星体引力的影响，行星的轨道并非完美的椭圆，而行星的近日点也会逐年改变。

拉普拉斯是第一个计算这个效应的天文学家。虽然他对其他行星近日点进动的计算都符合观测的结果，但水星却差了一点儿，误差约为每世纪43角秒。这个问题被称为"水星近日点进动问题"。而勒威耶认为水星轨道受到更内侧不知名星体的影响，就像天王星轨道受到海王星影响一样。

到了1915年，水星近日点进动问题被广义相对论漂亮地解释了，勒威耶的瓦肯星自然成了明日黄花。

勒威耶在1854年接替阿拉果成为巴黎天文台台长，但是他人缘奇差，1870年台长一职改由德洛奈接手，但是两年后德洛奈不幸在一场船难中去世，所以他又"回锅"当上台长，直到1877年过世为止。他真是个幸运儿！

亚当斯则在1861年担任剑桥大学天文台台长，并于1851—1853年、1874—1876年担任英国皇家天文学会主席。

这场海王星争霸战似乎就此收场，然而1998年智利天文学家奥林·艾根过世，他的遗物中居然出现失踪的"海王星档案"。这些档案据说是艾根任职于格林尼治天文台时顺手牵羊、据为己有的。经研究后，英国记者尼古拉斯·科勒斯特罗姆宣称，当年亚当斯的计算根本不足以让查利斯找到新行星。是耶非耶，尚待考证。科勒斯特罗姆由于否认纳粹大屠杀，在英国早已声名狼藉，所以也许需要有人做更公正的研究。讽刺的是，后人发现约翰·赫歇尔早在1830年就看到海王星，甚至连伽利略在1612年的记录都可以找到海王星的踪迹。

只是无人识得这颗8星等的黯淡小星，居然是咱们地球的"手足"。直到1989年，美国航空航天局（NASA）发射的"旅行者2号"飞越海王星，我们才第一次近距离看到这颗外观是蓝色的美丽星球。相较于世间无谓的喧嚣争吵，海王星要美丽许多，您说是吗？

里斯本大地震，震出一页新文明史

生长在台湾的我对地震向来不陌生。历史上哪一次地震对人类文明影响最大呢？恐怕非1755年里斯本大地震莫属，那一次地震不仅差点震垮葡萄牙这个老牌殖民帝国，开启了最早的地震学研究，更让方兴未艾的启蒙运动得到一个施力点，撼动西欧宗教道德合一的传统。特别是这场大地震深深地吸引了一位普鲁士年轻学者的目光，在大地震的几十年后，我们依稀可以从他精心完成的哲学体系中听到这场大地震的余音。

1755年11月1日早上9点40分左右，一阵剧烈的摇晃持续了3—6分钟，许多房屋应声而倒。这天是天主教的诸圣日，所有的信徒必须到教会参加弥撒，所以当天教堂里挤满了信徒。这场大地震使里斯本市中心被震出一条约5米宽的巨大裂缝，但可怕的灾难并未结束。大地震发生约40分钟后，接续三波的大海啸席卷里斯本，摧毁了码头和市中心。祸不单行的是，地震引发的大火连续烧了5天才被扑灭。而整个南葡萄牙也遭到非常严重的破坏，连大西洋沿岸如北非、英格兰、爱尔兰都遭到海啸的袭击。光里斯本的死亡人数就可能高达9万人（当时里斯本人口约27万），里斯本85%的建筑物被毁，很多珍贵的资料也被大火焚毁，最可惜的莫过于达·伽马的详细航海记录。

国王若泽一世及其他皇室成员在日出举行弥撒后就离开了里斯本，逃过了一劫。被国王视为股肱之臣的梅洛（后来受封为庞巴尔侯爵）聘请了很多建筑师和工程师来重建里斯本，不到一年，里斯本就恢复了盎然生机，而这些新建筑特别注重防震的设计。现在里斯本的市中心庞巴尔下城是抗震建筑的最早实例之一，建筑的特征就是"庞巴尔笼"（Gaiola Pombalina）结构，它是一种对称的木结构框架，可以分散地震力量；此外还有高过屋顶的墙，可以遏止火灾蔓延。庞巴尔侯爵曾让军队在周围游行，模拟地震来测试建筑物的防震效果。里斯本市中心的广场现在还矗立着若泽一世的骑马铜像，注视着重建的里斯本城。

庞巴尔侯爵是个富有科学精神的人，除了进行城市重建外，他还照着顺序，一个一个教区地询问，他的问题包括：地震持续了多久？地震后出现了多少次余震？地震如何产生破坏？动物的表现是否正常？水井内有什么现象发生？有关这些问题的资料现在还存放于葡萄牙国家档案馆。凭借这些资料，现在的地震学家估计里斯本大地震的规模达到了里氏震级9级，震中位于圣维森特角之西南偏西约200千米的大西洋中。这算得上是现代地震学的滥觞了。

这场大地震影响的不只是葡萄牙，而是整个欧洲的知识界。对后世影响最大的，莫过于英国的约翰·米歇尔牧师在大地震之后所写的论文《论地震的成因和现象》。他在这篇论文中提到地震会扩散，就像水波在池塘的水面上扩散一般，是一种波动现象。而且他还主张地震的波动在遇到地层的断层时，波传播的方向会随之改变。

米歇尔甚至尝试寻找震中，他认定震中在大西洋，所以他怀疑地震后的海啸是由地震引起的。但是谈到地震的成因，他可就错得离谱了，他认为地震是地壳的水与地心的火相遇形成高压气体所造成的。

直到爱尔兰科学家罗伯特·马莱于1862年出版《1857年那不勒斯大地震：观测地震学第一原理》，现代地震学才算真正成为一门科学。

马莱根据实验结果及收集的数据推测，1857年发生在意大利那不勒斯的地震的震中在地表下9英里（约14.48千米）。地震学的英文"seismology"就是马莱创造的。

地震波与里氏震级

19世纪末，德国物理学家埃米尔·约翰·维舍特发现地球表面的岩石密度和地球平均密度之间存在着一定差异，随即得出地球有一个质量极大的铁核的结论。他也是史上首位地球物理学教授，而他的理论被他的学生本诺·古登堡发扬光大。古登堡在1914年提出地球有三个分层的结论。

维舍特的另一个学生佐伊普里兹提出的佐伊普里兹方程是联结P波（地震纵波，Primary wave）与S波（地震横波，Secondary wave）的关键。在所有地震波中，P波的传播速度最快，因此发生地震时，P波会最早抵达监测站并被地震仪记录下来，这也是P波又被称为初至波的原因。P波也代表压力波（Pressure wave），因为其震动传播类似声波，属于纵波（或疏密波）的一种，传播时介质的震动方向与震波能量的传播方向平行。

S波的速度仅次于P波。S波也可以代表剪切波（Shear wave），因为S波是一种横波，地球内部粒子的震动方向与震波能量的传播方向是垂直的。S波与P波不同的是，S波无法穿过外地核，所以S波的阴影区正对着地震的震源。

至于地震的成因，则是直到1906年旧金山大地震，美国科学家亨利·菲尔丁·里德提出弹性回跳理论后才有具体的答案。因为地壳为弹性体，受到应力作用时，会不断地变形并且累积应变能量，当应变能量累积到超过岩体弱面强度时，岩体就会沿着此弱面滑动，产生地震震波。

时刻 1　　　　　　　时刻 2　　　　　　　时刻 3

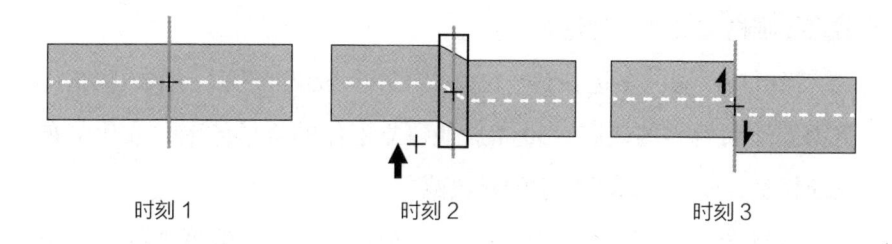

🔍 弹性回跳理论

岩体受到黑色箭头的力，开始在黑框区域内累积能量并且变形。累积的能量超过岩体强度，岩体沿着箭头方向做相对位移，释放累积的能量。

里氏震级最早是由两位来自美国加州理工学院的地震学家里克特和古登堡于 1935 年共同制定的。震级相差 1 级，振幅相差大约 10 倍，而释放出的能量则相差约 32 倍。人类对地震的了解随着物理学的发展而不断增加，但是直到今天，我们还是无法准确地预测地震。

🪐 日耳曼哲学的新典范

里斯本大地震不只让自然科学家开始思索地震的物理成因，更在历史上产生了广泛且深刻的影响，特别是在哲学思想层面上。自古以来，基督教就习惯将天灾，尤其是地震，视为神对罪人的惩罚。但很讽刺的是，在这一次地震中，妓院林立的红灯区损害不大，反倒是许多宏伟的大教堂被地震、海啸毁了，许多虔诚的信徒做弥撒时在倒塌的教堂中遇害。四年后，伏尔泰写的小说《赣第德》便大大地嘲弄了传统的宗教信仰，他对莱布尼茨及其乐观主义，特别是在著名的《神义论》中提到的"最好世界"理论，毫不留情地加以挖苦。而比伏尔泰更年轻也更激进的法国哲学家（如狄德罗等人）则借着编写百科全书宣扬唯物主义与无神论。

当时在法国的东边，有一位刚出道的年轻学者伊曼努尔·康德正努力地思索地震的成因，30年后他建立宏伟的哲学体系，取代莱布尼茨哲学，成为日耳曼哲学的新典范。

1724年，康德出生于东普鲁士的柯尼斯堡（今俄罗斯的加里宁格勒）。1740年，他进入柯尼斯堡大学就读，很快就对自然科学产生了浓厚的兴趣。他在逻辑学与形而上学教授马丁·克努岑的指导下，学习传统的莱布尼茨－沃尔夫哲学体系以及牛顿的力学体系。1746年，康德因父亲身故而中断学业，离开柯尼斯堡到乡村担任私人教师。

康德于1754年回到柯尼斯堡。当时他的创造力如同火山爆发，他首先发表一篇讨论"地球因受月球引力的影响而自转速度逐渐变慢"的精彩论文，接着又发表一篇"从牛顿力学来探讨地质现象"的文章。1755年3月，他出版巨著《自然通史和天体理论》。

康德在书中解释太阳系如何从一团气体云依照牛顿力学原理产生旋转，逐渐变成扁平状而最终形成行星。虽然这个构想最早是由瑞典科学家伊曼纽·斯威登堡在1734年提出的，却是由康德发展出条理清晰的学说。

1796年，伟大的数学家拉普拉斯也独立提出相同的学说，所以这个学说被称为"康德-拉普拉斯星云假说"。不过出版康德这本书的出版社倒闭了，印好的书被债主拿去抵债，最后大多被收进仓库然后付之一炬，康德成名的机会就这样沦为泡影。

1755年秋天，康德取得大学的讲师资格，旋即开始授课。他是编制之外的私募教师，其薪俸由愿意选课的学生负担，他在15年后才成为正式教授。所以当里斯本大地震发生时，满腔热血的新进讲师康德当然没有放过这个机会，1756年1月，他就在柯尼斯堡当地的周刊上发表了一篇文章；2月，又出版了一本篇幅更长的单行本，内容都是在讨论地震的成因。他采用的是莱布尼茨死后才发表的著作《原始盖娅》中的说法，认为地震是地下"空穴"中的可燃性气体与岩浆混合后燃烧、爆炸造成的。

康德比莱布尼茨更进一步推测这些空穴是"远古大洋"退潮留下的痕迹。同年4月，康德又写了一篇论文驳斥地震是由太阳或月球对地球的引力造成的说法。整体来看，当时的康德正醉心于用牛顿力学来解释物质世界的各种现象，上至星辰，下至地心，都统摄在牛顿的体系之下。所以他主张地震与神意无关，更不是上帝的惩罚，只是他是否却步，不敢回应里斯本大地震带来的关于道德与宗教的疑问呢？

当然不是！在经过数十年的苦思后，康德接连出版了《纯粹理性批判》（1781年）、《实践理性批判》（1788年）和《判断力批判》（1790年），标志着康德哲学体系的完成。在《实践理性批判》中，康德将道德的基础原则重新设定为"义务"。所以行为是否符合道德规范，并不取决于该行为的后果，而取决于该行为的动机。在《纯粹理性批判》中，康德论证了理性无法证明上帝的存在；但在《实践理性批判》中，康德将上帝存在当作三个道德"公设"之一，所谓"公设"指的是一个无法证明，但为了实践的缘故必须成立的假设。另两个公设分别是意志自由与灵魂不朽。我们可以看得出来，这正是康德，不，毋宁说这是日耳曼启蒙运动对30多年前里斯本大地震的回应啊！

笔者耳边不禁响起康德的名言："有两种东西，我对它们的思考越是深沉和持久，它们在我心灵中唤起的惊奇和敬畏就会日新月异，不断增长，这就是我头上的星空和心中的道德定律。"

热爱物理的法国总理阿拉果

多米尼克·弗朗索瓦·让·阿拉果（1786—1853）出生在法国东比利牛斯省佩皮尼昂市附近的小村庄埃斯塔热勒。阿拉果家向来主张自由主义，支持共和政体，所以阿拉果终其一生都是忠实的共和主义者，也是无神论者。

阿拉果自小立志投身军旅，尤其向往当一名炮兵。1803年底，阿拉果如愿进入巴黎综合理工学院，却发现那里的教授不但不会教书，甚至连上课秩序都无法维持，让他颇为失望。他在巴黎结识了大他5岁的西莫恩·德尼·泊松。

决定长度基本单位

1804年，阿拉果接下在巴黎天文台担任秘书的工作，在天文台他认识了天体力学大师拉普拉斯。经由泊松的推荐，他与毕奥一起去测量子午线弧长，确定长度基本单位"米"。

为什么决定长度基本单位需要测量子午线呢？1789年法国大革命后，法国科学院组织了一个委员会来制定标准的度量衡制度，委员会提议建立一套新的十进制度量衡制度，并建议将经过巴黎的子午线从地球赤道到北极点的距离的千万分之一作为标准单位。委员会将这项任务交给卡西尼四世、阿德里安-马里·勒让德和皮埃尔·梅尚。

这项任务从1792年开始,卡西尼四世奉命率领北方考察队,但身为一名保皇派,在得知路易十六出逃被捕后,他拒绝为革命政府服务。德朗布尔在1792年5月顶替卡西尼负责北方考察队,在法国南部测量敦刻尔克到罗德兹的子午线长度。而皮埃尔·梅尚则带领南方考察队测量从巴塞罗那到罗德兹的子午线长度,但1804年梅尚在西班牙染上黄热病过世,生性热爱冒险的阿拉果就接下这个艰巨的工作。

阿拉果和毕奥于1806年离开巴黎,沿着西班牙山脉行动。他们确定了福门特拉岛的纬度,这是他们进行测量工作的最南端。1808年5月,拿破仑任命自己的哥哥约瑟夫为西班牙国王,法国与西班牙爆发战争,他们的测量任务举步维艰。毕奥决定返回巴黎,而阿拉果却决定留下来,他乔装成西班牙人继续工作。毕奥离开之后,西班牙的反法浪潮也扩散到了巴利阿里群岛,当地居民开始怀疑阿拉果的测量工作,特别是他在加拉佐山山顶设置照明设施的举动被怀疑是为法军入侵做内应。

阿拉果在1808年6月被抓,被关进贝利韦尔城堡中。7月28日,他逃出城堡,跳上一艘渔船后逃离群岛,在海上冒险航行,于8月3日抵达阿尔及利亚。他从那里搭上一艘去往马赛的船,但当船只靠近马赛时,却落到一群西班牙海盗的手中。阿拉果与其余的船员被带到罗萨斯镇,该镇后来落入法军手中,阿拉果又被转移到帕拉莫斯。经过3个月的监禁,他和其他人因阿尔及利亚的迪伊[①]介入而得到释放。

[①] 迪伊是奥斯曼帝国阿尔及利亚省和的黎波里省代理统治者的头衔。

几经波折后，一行人幸运地在一位穆斯林宗教学者的带领下，在那一年的圣诞节回到阿尔及利亚。阿拉果在阿尔及利亚待了6个月后，法国领事伸出援手，让阿拉果在1809年6月21日第3次驶向马赛，这次总算顺利到达。但他还要在检疫站忍受单调又过时的检疫程序，之后才能回家。虽然回法国的过程一波三折，但是阿拉果居然成功地保存了他的调查记录。他回国后的第一件事就是将他的调查记录存放到巴黎的法国经度局。

1809年，阿拉果被选为法国科学院院士，这是为了奖励他历经千辛万苦投身测量子午线的任务，当时他年仅23岁。同年底，阿拉果又被母校的理事会选为解析几何部门的主任。同时，他也被任命为巴黎天文台的天文学家之一。后来巴黎天文台就成为他一辈子的住所，1812—1845年，他在此主持了一系列的通俗天文学讲座，都非常受欢迎。

关于光的本质的大乱斗

当时最热门的话题是光的本质之争。虽然英国的托马斯·杨在1801年做了干涉实验，强烈地暗示光的波动性，但是牛顿的粒子说依然深入人心，甚至托马斯·杨还遭到匿名信攻击，让他心寒而逐渐放弃物理。

阿拉果从1810年开始进行光学研究，当时他也是光粒子说的信徒。由于棱镜的折射率与光在玻璃内外的速度比有关，如果把棱镜放在望远镜的目镜之前，由于不同方位来的星光到达地球时，速度与地球公转速度的夹角不同，所以地表看到的光速应该不同，通过棱镜后的折射角也应该有所不同。

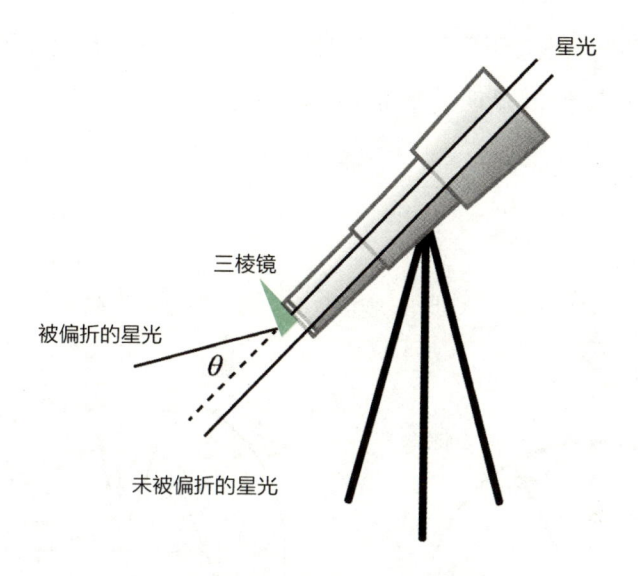

阿拉果的棱镜与星光实验

奇怪的是，阿拉果没发现任何不同。12月10日，他在科学院发表他的结果，并且尝试以人的视觉只能看到特定速度的"光粒子"来解释。

迷上光学的阿拉果开始探究光的偏振现象。1812年，他发明第一个偏振滤波器，并发现石英表现出旋光特性。这是因为线偏振光进入石英晶体后，分裂成左旋与右旋两组圆偏振光，并沿着光轴前进。到达光轴的另一端时，这两组圆偏振光又会组合成一道线偏振光离开。由于左旋光与右旋光在晶体内的速度不一样，出来的线偏振光与原先进入的线偏振光的偏振方向也有所差异。这就是所谓的"晶体的旋光特性"。1819年，他发现大彗星的尾部出现了偏振光。

当时还默默无闻的工程师菲涅耳从1814年起便致力于光的本性的研究，他重现了托马斯·杨在1801年做的光的双缝干涉实验，并用惠更斯原理对这一现象做出完美的解释。阿拉果极力支持菲涅耳的光学理论，两人一起对光的偏振进行了一系列的实验。他们认定以太[1] 的振动方向垂直于运动方向。1817年，他们发表了研究成果，可以归纳成三条定律，就叫"菲涅耳–阿拉果定律"。

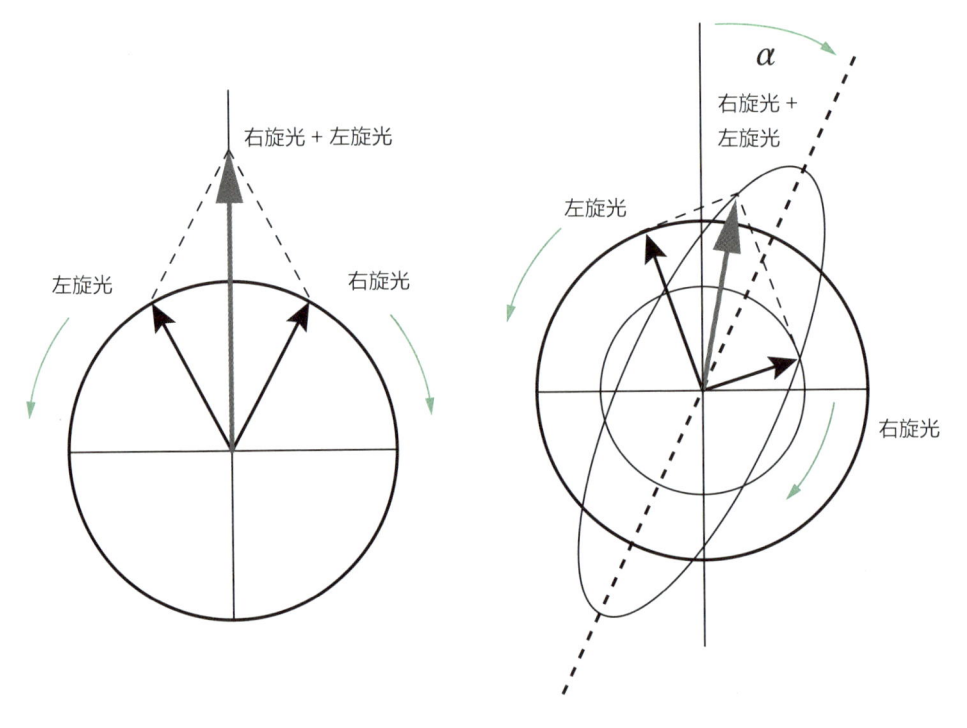

石英片旋光原理

🔍 **菲涅耳-阿拉果定律：总结偏振态之间的干涉性质的三个定律**

一、两个偏振方向正交且相干的线偏振光彼此无法干涉。

二、两个偏振方向平行且相干的线偏振光干涉方式与自然光相同。

三、组成自然光的两个正交线偏振光无法产生可观察的干涉图案，即使旋转一个偏振光对准另一个偏振态，结果也一样，因为两束光不相干。

当两个波彼此相互干涉时，因为相位的差异，会造成建设性干涉或破坏性干涉。假设两个正弦波的相位差为常数，则这两个波的频率必定相同，称这两个波"完全相干"。

---

[1] 以太是古希腊哲学家亚里士多德所设想的一种物质，是物理学史上一种假想的物质概念，其内涵随物理学发展而演变。19世纪的物理学家曾认为它是一种电磁波的传播媒质。——编辑注

泊松光斑

1817 年，法兰西学术院举办了关于光的本性的最佳论文竞赛，菲涅耳利用光的波动理论成功地解释光的直线传播规律，提出光的衍射理论，并于 1818 年提交论文。

法兰西科学院评委会的成员，包括阿拉果、泊松、毕奥、拉普拉斯，都极力反对光的波动理论，而给吕萨克则采取中立的态度。尽管不少成员不相信菲涅耳的观点，但最终还是被菲涅耳在数学上的巨大成就及其与实验结果的一致性折服，并授予他优胜奖。

但泊松还是不服气，他想推翻菲涅耳的观点，于是借助波动理论对衍射理论进行详细分析。他发现用一个圆片作为遮挡物时，光屏的中心应出现一个亮点；或者用圆孔做实验时，应该在光屏的中心出现一个暗斑。这令人难以相信，不过泊松把这个想法当作反对光的波动理论的铁证。没想到事情发展急转直下，经过严密的数学计算，菲涅耳发现只有当这个圆片的半径很小时，这个亮点才比较明显。也就是说，当圆孔很小时，暗斑就变得明显。菲涅耳和阿拉果精心设计了一

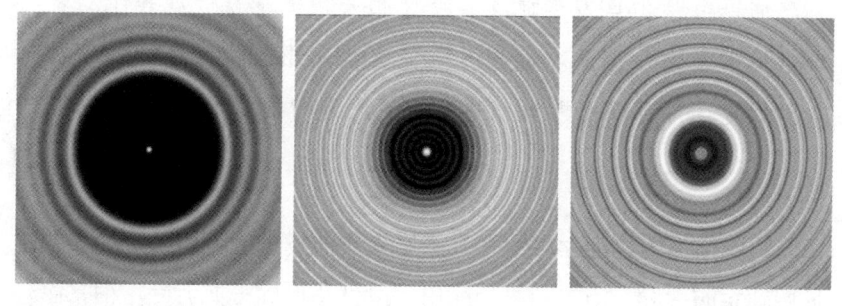

泊松光斑

在距离光盘 1 米处不同直径（从左到右分别为 4 毫米、2 毫米、1 毫米）的光盘的阴影中，光源的波长为 633 纳米（例如 He-Ne 激光），对应图像宽度为 16 毫米。

个实验，确认这一亮点（或暗斑）的存在，反而证明了光的波动理论的正确性。后来人们为了纪念这一极具戏剧性的事实，就把衍射光斑中央出现的亮点（或暗斑）称为"泊松光斑"。

涡电流

在 1818 年或 1819 年，阿拉果与毕奥一起在法国、英格兰和苏格兰的海岸进行大地测量。他们在各地测量了秒摆的长度。1821 年，他们将这些结果跟之前在西班牙的观测结果一起发表。论文发表后，阿拉果随即当选法国经度局成员。后来阿拉果年年为经度局的年鉴撰文，大概持续了 22 年，内容涵盖天文学、气象学、土木工程学的重要科学信息。阿拉果还为众多科学家立传，包括巴伊、拉普拉斯、菲涅耳、傅里叶、瓦特等人。

> 秒摆指的是摆长正好让单摆的周期为 2 秒的摆。由于摆的周期与当地重力加速度、摆长相关，测量摆长就等于测量当地的重力加速度。地球并非完美的球形，借由牛顿的万有引力定律，可以由重力加速度的值的改变来反推地球的形状。

阿拉果作为物理学家的名气主要来自他发现的涡电流。如果将磁针拨到东西方向，由于地磁的作用，磁针会摆回南北方向，但是磁针会摆过头，所以会来回摆动。1824 年，阿拉果发现如果在磁针下方放置不含铁的表面（如水、玻璃、铜等），摆动的磁针的振荡程度会

阿拉果圆盘

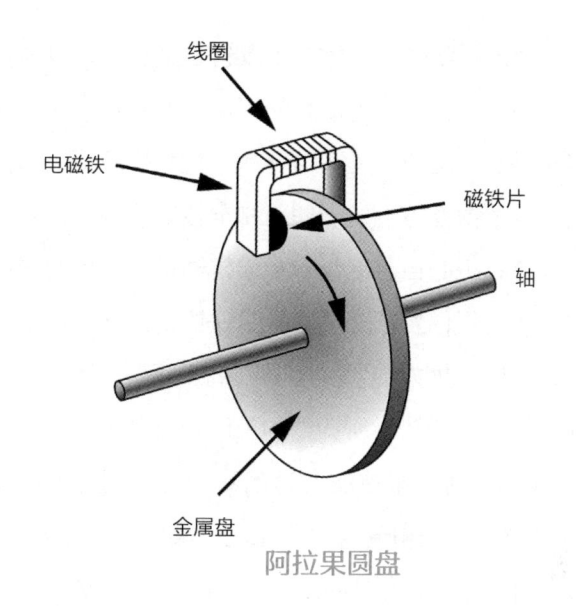

显著下降。

接着他还发现让铜盘在其自身的平面中旋转，并将磁针自由地悬挂在盘的枢轴上，则磁针将随着盘旋转。如果磁针被固定，则倾向于延迟盘的运动。阿拉果称之为"旋转磁性"，现在称"涡电流"；这个铜盘被称为"阿拉果圆盘"；这个现象被称为"阿拉果旋转"。这些发现后来可以用法拉第的电磁感应定律来解释。1825年，阿拉果因此得到英国皇家学会的科普利奖章。

1855年9月，莱昂·傅科发现：假如一个铜盘位于一个磁铁的两极之间，要使铜盘旋转，所需要的力必须加大，同时铜盘会由于金属内引导出来的涡电流而被加热。这个发现与阿拉果的发现其实是一回事，但许多资料把功劳只归给傅科，我在此说明一下。

1830年，阿拉果被选为法兰西科学院终身秘书，接替傅里叶。阿拉果凭着他的活力及外交手腕，积极投入这个职务，也为他赢得国际性声望。七月革命爆发后，他投身政坛，两个月后当选塞纳–马恩省的区议员，第二年当选为东比利牛斯省的国会议员。阿拉果运用他非凡的辩才及广博的科学知识，致力于改善公众教育，鼓励发展机械科学。由于他的倡导，许多值得信赖的国家企业从这个时期开始有所表示，例如奖赏路易·达盖尔发明摄影术、拨款出版费马和拉普拉斯的作品、收购克鲁尼博物馆、发展铁路和电报等。当时许多法国人对产业革命非常反感，担心自己的饭碗会被机器抢去，但眼光远大的阿拉果力排众议，大力提倡发展产业。他对法国的产业远远落后于英国感到忧心忡忡，所以他极力推崇改良蒸汽机的瓦特，还为瓦特立传。

阿拉果还用担任国会议员所获得的补助资金替巴黎天文台添置精良的仪器。1834年，阿拉果被任命为巴黎天文台的观测主任。他提出直接测量空气中、水中和玻璃中的光速的实验。依照光的粒子说，光的速度应该随介质密度的增加而增加；但要是依照波动说，光的速度则应该随介质密度的增加而减少。1838年，他向法兰西科学院报告他的构想并建造仪器，这个仪器由光源、反光镜、旋转的遮板和另一个固定在35千米外的反光镜组成。当光源发出的光线由转动的遮板空隙射至远方的反光镜并被反射回来时，只有在适当的转速下才能再穿过遮板被观测到。

这个构想源于1835年查尔斯·惠斯通运用中继镜来测量放电速度的实验。但这个实验费时费工，1848年爆发革命之后不得不中断。1850年春天正是万事俱备时，阿拉果的视力却突然衰退，使他无法从事实验研究。但后来斐索和傅科都分别成功证明了光真的在密度较高的介质中传播得比较慢。这让阿拉果开心极了。

1848年二月革命爆发，路易·菲利普国王被推翻后，阿拉果加入临时政府，并被授予了两个重要的职位。阿拉果大刀阔斧地进行改革，不仅改善海军口粮，还废除鞭刑和过去各种政治性的宣誓效忠，打击了一系列不合理的特权，成功地在法国殖民地废除奴隶制。5月10日，阿拉果当选法兰西共和国最高权力机构执行委员会的成员，被任命为行政权力委员会主席，并以政府首脑的身份任职，直到 6 月 24 日委员会成员集体向国民制宪会议辞职。1852 年 5 月初，路易·拿破仑政府要求所有公职人员宣誓效忠，阿拉果果断拒绝，并辞去经度局以及天文台的职务。

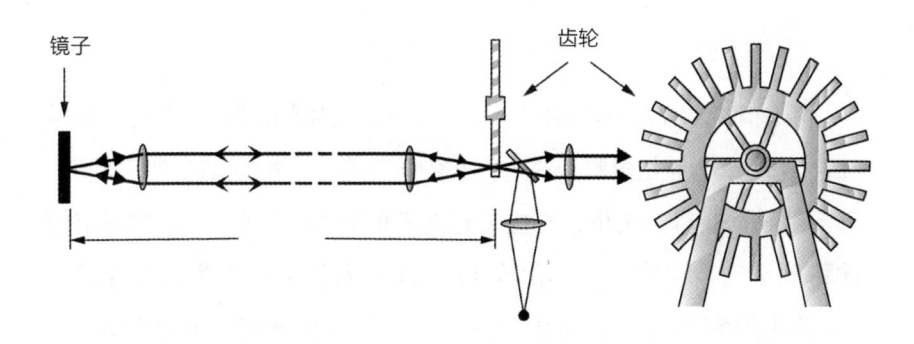

斐索和傅科测量光速的实验

1853 年的夏天，阿拉果打算回到东比利牛斯的家乡养病，但来不及出发就在巴黎过世了，享寿 67 岁。他身后留下大量的著作，陆续出版，共计 17 卷。阿拉果生于波旁王朝，终于法兰西第二帝国，见证了法国最动荡的时期。他一生热爱共和与科学，称得上千古风流人物吧！

丈量日本的伊能忠敬

伊能忠敬（1745—1818）出生于日本上总国山边郡小关村（今千叶县山武郡九十九里町小关），在家排行第三，所以幼名叫三治郎。三治郎6岁时母亲去世，外祖父母抚养他到10岁时，父亲神保贞恒才将他带回自己家。三治郎满18岁那年入赘下总国香取郡佐原村（今千叶县香取市佐原）的伊能家。因伊能家的亲戚平山曾雇用三治郎担任土地改良的监工，三治郎非常称职，平山非常欣赏他，所以先收他为养子，再让他娶了自己的外甥女。平山还特地央请当时幕府的大学头（即大学校长）林凤谷为三治郎取了"忠敬"这个名字。

伊能家经营酿酒、酿酱油生意，还发放高利贷，参与利根川的水路运输。忠敬刚到伊能家时，伊能家其实正面临家业衰退的危机，忠敬为了重振家业，除了经营造酒的本业之外，还在江户做买卖米谷的批发商，不过10年时间，他就使曾经濒临危机的伊能家再次站起来。忠敬的商业才能可见一斑。

忠敬在原配过世后续了弦，陆续生了两男一女。1790年，继配不幸过世，忠敬接着娶了仙台藩医桑原隆朝的女儿。1794年12月，忠敬50岁时，他把家督①的位置让给长子伊能景敬。第二年妻子因

---

① 家督指在日本传统制度下，家族中权力最大的领导者。

难产过世，忠敬在众人的惊叹下做了一个改变人生的决定：前往江户，拜幕府天文方的高桥至时为师，学习天文观测。

推步先生

当时年仅32岁的高桥至时已是日本天文界的第一人。在日本江户时代，受儒家文化的长幼有序观念的影响，一般人很难放下身段去拜比自己年少的人为师，更别说虚心学习了，由此可见，忠敬实在是相当特别的人物。

那时高桥至时刚接下改革历法的重任，直到1797年10月他完成历法新书8卷，改革历法的任务才算大功告成。高桥至时原先以为忠敬只是单纯为消磨退休后的时间，才来学习自己感兴趣的天文，但是后来见忠敬每天无论日夜都很用功学习，便开始以"推步先生"尊称他。忠敬不仅学习天文知识，而且热衷于天文观测，他还购买了不输幕府使用的观测仪器，如象限仪、圭表、垂球、子午仪等。到江户之后，他又娶了汉诗诗人大崎荣为妻。

宽政历的草稿完成后，高桥至时仍不满意，他最关心的是地球的直径，因为这与日本各地的经纬度有关。于是忠敬提出，在两个地点观测北极星的高度，比较两个仰角可以推算两地的纬度差，再测量两地距离，就可以推算出地球的圆周长。

这个想法并不新鲜，早在公元前3世纪，古希腊科学家埃拉托色尼就做过类似的测量，但不够好，所以需要做新的测量。当时忠敬从黑江町的自家住宅到位于浅草的天文方历局展开测量，只得到粗略的数值。然而距离越远，误差就会越少。忠敬想到：如果从江户到远方的虾夷地（今北海道）展开测量，不知会如何呢？当时，去虾夷地需要得到幕府的许可，高桥至时想到的理由就是"画地图"，外国的舰队如果来攻打日本，幕府在国防上不能没有正确的日本地图。

🪐 开始制作日本地图

1800年6月11日（农历宽政十二年闰四月十九），忠敬带着三名弟子（包括次子秀藏）与两名男仆出发去虾夷地。10月21日，他们完成任务回到江户，受到大家的热烈欢迎。他们这趟旅程花了180天，在虾夷地待了117天。11月上旬，忠敬开始制作地图，大崎荣也帮忙制图；12月21日，他们将地图呈给勘定所。这次估量的纬度1度对应的经线（子午线）长度约为27里（13,500米）。

由于虾夷地之行非常成功，忠敬在1801年4月2日展开第二次测量。这一次他们在伊豆以东的东日本海岸展开测量。他们从江户一路走到本州岛北部，12月7日回到江户。这一次估量的纬度1度对应的经线（子午线）长度为28.2里（14,100米）。忠敬制作大、中、小三种地图，大图和小图交给幕府，中图则交给幕府的若年寄[①]堀田正敦。

第三次测量则是堀田正敦的命令，忠敬在1802年6月3日出发，10月23日回到江户。这一次他估算的纬度1度对应的经线（子午线）长度还是28.2里（14,100米）。但高桥至时怀疑真实的值应该小一点，因而引发两人的争执，也让忠敬一度想放弃整个测量事业。幸好两人最终言归于好。1803年2月18日，忠敬展开第四次测量，这

---

① 若年寄是江户幕府的职务名称，直属于将军，是仅次于老中的重要职务。

一次测量的是骏河、远江、三河、尾张、越前、加贺、能登、越中、越后①等地的海岸。10月7日，任务一结束，他就回到江户着手计算地球的大小，得到的结果和法国天文学家拉朗德在1780年所著的《拉朗德历书》中的数值一致，大家都很高兴。

但是，高桥至时却因为工作负荷过重而病倒，1804年1月，39岁的高桥至时英年早逝，这对忠敬是一大打击。高桥至时的职务由他年仅19岁的儿子高桥景保继承。半年后，幕府发表东日本地图，第十一代将军德川家齐亲览，地图的精密度让在场的幕府官员们惊讶地屏住呼吸。幕府还正式命令忠敬继续完成包括九州、四国在内的西日本地图。从此绘制海岸线图不再是忠敬个人退休后的消遣，而是背负众人期待、正式的国家事业。因而忠敬也正式成为武士——小普请组十人扶持②。

1805年，忠敬再次从江户出发，这次的测量队超过100人。忠敬从大家那里得到这样的鼓励："西洋人在从事科学时，都说不是为了自己，而是为了人类，为了全天下拼命去做。我们向天祈求你能尽全力达成大业。"但是，对体力开始衰退的忠敬来说，西日本的测量实在过于艰辛。原本预计33个月内完成，但由于西日本的海岸比想象的还要曲折复杂，从1805年到1811年5月，忠敬分三次测量了近畿、中国③、四国、九州，还是无法完成整个地图。

1811年11月25日，忠敬再次出发前向儿子交代好后事，在写给女儿的信中提到，"十年也要继续走下去，大部分的牙齿都掉了，只剩一颗，已经没办法再吃奈良渍（一种他最爱吃的酱菜）"，大有壮

---

① 这几个地方都是日本古代令制国。令制国是旧时日本在律令制下所设置的地方行政区划，自奈良时代开始实施，直到明治初期的废藩置县为止。——编辑注

② 小普请组是直属幕府的低阶武士的编组。十人扶持是俸禄数量，一人扶持约实领750克的米。

③ 这里的中国指中国地方，是日本的一个区域概念。——编辑注

士一去兮不复还的悲壮情怀。不料，1814年6月，一直在忠敬身边打拼的副队长坂部贞兵卫因为伤寒而死去；8月，忠敬更接到儿子景敬的死讯，66岁的忠敬终于承受不住而大病一场，然而他还是坚持完成了任务。虽然他没有参加第九次测量的伊豆诸岛之行，但参加了最后一次在江户城内的任务。

4000万步

忠敬在绘制地图的旅途中，只要是晴天，晚上也一定会做天文观测。在测量的3754天中，他进行了1404天的天文观测。这些观测对确定绘图地点的经度、纬度非常重要。忠敬在江户时量好许多星的仰角，所以每到一个新的地点，只要能找到那些星，量它们的仰角，就能确定这个地点与江户的纬度差。为了减少误差，忠敬在深川黑江町的家中做了很多准备工作，有时同一颗星他会连续观测十几天。

但是经度就麻烦多了，当时西方发明的月距法还没有传入日本，所以忠敬是利用观测日食与月食的方法来确定经度的。

忠敬要求在观测日食、月食时尽量准确地记录时间，同时在江户的历局与大阪的间重富的家中观测月食并记录发生的时间，只要时间记录够准确，通过比较三个地方的月食发生时刻，就可以确定当地的经度。然而，观测日食和月食的机会很少，在调查期间，忠敬只有13次观测日食和月食的机会，所以后来他尝试用木星的卫星食来确定经度。由于木星卫星食的发生频率高于日食和月食，因此比较容易观测成功。然而在调查中，由于预先计算的卫星食发生的时间不够准确，对确定经度来讲几乎没有派上用场。

> 月距法：月球在天空中相对于背景的快速运动，只需要 27.3 天就可以完成一圈 360 度的移动。领航员可以精确地测量月球和其他天体的夹角，然后核对事前准备好的月球表和发生的时间，经过比较表单上的数值，领航员就可以算出观测时的格林尼治时间。知道格林尼治时间和当地时间，领航员就可以推算出当地的经度。这个方法称为月距法。

1815 年 2 月 19 日在东京八丁堀，忠敬 70 岁时终于完成了所有测量。他用 15 余年所走的距离竟有将近 4 万千米，他差不多走了 4000 万步，相当于绕地球赤道一周！之后，他将各地的地图连接，拼成一张。因为地球是球体，所以他对画平面地图时产生的误差也做了修正计算。这时年事已高的忠敬得了肺病，于 1818 年病逝，享年 73 岁。

忠敬留下了这样的遗言："我可以完成大事是托至时老师的福。希望我可以葬在老师的身边。"所以伊能忠敬和恩师高桥至时一起葬在上野的源空寺内。

大日本沿海舆地全图

之后，高桥景保和他的弟子们继续完成绘制地图的工作。1821 年 7 月 10 日，景保与忠敬之孙忠诲将完整的地图呈献给幕府，大图 214 张、中图 8 张、小图 3 张，称为《大日本沿海舆地全图》，也叫《伊能图》。但是世事难料，这些地图竟然为景保招来杀身之祸！

1828年，荷兰政府雇用的医生菲利普准备前往爪哇时，随身物品中被搜查出这份地图。当时外国人是被严格禁止拥有地图的。1829年，菲利普被驱逐出境，并不得再次进入日本。但是景保被逮捕后，关进了传马町监狱，1830年3月病死狱中，遗体还遭到斩首。后来景保也被安葬在源空寺，与父亲至时以及忠敬葬在一起。

1861年，英国测量舰队到日本访问，要强行测量日本沿岸的时候，幕府拿出了忠敬的地图。英国船长看到后非常吃惊地说："没有使用西洋的器具和技术，却画出了正确的地图！有了这个地图，就没有测量的必要了"，因此终止了无理的要求。

之后英国以忠敬的地图为基准完成了海洋地图，并写上"根据日本政府提供的地图所制"。英国制作的地图现在珍藏在格林尼治的国家海事博物馆中。

忠敬制作的《伊能图》，明治维新后由明治政府接收，却不幸在明治初期皇居大火时被烧毁了。伊能家又将珍藏在家中的副本献给皇室，后借给东京帝国大学（现东京大学）用于研究，不料又在关东大地震时被损毁。不过幸好早在庆应三年（1867年），幕府海军奉行胜海舟就已将《伊能图》公开，所以有复制品流传了下来。后来忠敬的故事被拍成电影、电视剧，甚至搬上舞台，这位毅力惊人的老翁真是不折不扣的日本国民英雄。

炮利之道，从腓特烈大帝到拿破仑

说起现代的炮术，应该从英国人本杰明·罗宾斯（1707—1751）在1742年出版的《炮术新原理》讲起。虽然1638年伽利略在《关于两门新科学的对话》中就用几何方法证明了抛体的轨迹是抛物线，却只字未提空气阻力对抛体的影响。当时要知道炮弹射出的速度，只能通过炮弹的射程来计算，这个算法当然不考虑空气阻力，直到罗宾斯在他的书中提出用弹道摆来测量炮弹的速度。

🪐 弹道摆

弹道摆的原理很简单，炮弹击中摆时，摆会向后荡到特定高度，从这个高度再利用力学中的守恒定律就可以推算出摆被击中时的瞬时速度，再利用动量守恒定律和事前就知道的炮弹重及摆重，就可推算炮弹离开炮管的速度。

借着这个发明，罗宾斯了解到一般大炮的射程受空气阻力的影响较大，而抛体的真正轨迹也不是抛物线。罗宾斯在书中还提到步枪弹丸的运动轨迹会因它的自旋而产生偏折，他利用一连串被弹丸穿透的纸幕，借着上面的弹孔来观察步枪弹丸的运动轨迹，由此发现这个现象。罗宾斯甚至做了一些表来估计子弹偏折的程度。这个现象现在被称为"马格努斯效应",归功于德国科学家海因里希·马格努斯的研究。其实早在1672年,牛顿在观看网球比赛时就发现了这个现象。

整本《炮术新原理》的风格是很务实的,罗宾斯用了许多实验结果来支持他的命题。罗宾斯出身于英国巴斯一个贫穷的贵格教派家庭,但他从小就显现出过人的数学才能,后来得到《自然哲学的数学原理》第三版的编者亨利·彭伯顿的赏识,到伦敦接受教育。罗宾斯在彭伯顿的指导下进步神速,20岁就写出与牛顿求积法相关的数学论文,因而被推举为英国皇家学会会员。

后来罗宾斯厌倦了教书,就凭着他的数学才能开始学习桥梁、要塞、港口等工程设计。除了在学界与人争辩,他在政界也相当活跃。当时英国在汉诺威王室的统治下,大权在握的首相罗伯特·沃波尔处心积虑地维持英国与欧陆强权的和平、维护自己满满的钱包,罗宾斯却站在在野的托利党的立场,一连写了三册言辞锋利的政论小册子攻击沃波尔。当沃波尔黯然下台时,罗宾斯还成了清算沃波尔的秘密委员会的秘书。但是当英国的伍尔维奇皇家军事学院(桑赫斯特皇家军事学院的前身之一)在1741年设立时,兴致勃勃的罗宾斯却没当上那里的数学教授,据说是刚下台的沃波尔杀了个回马枪。

罗宾斯写完《炮术新原理》后再接再厉,针对空气阻力对弹道的影响做了更广泛的实验,接连发表了《空气阻力与计算在介质中抛射的物体的运动的方法》以及《1746年在英国皇家学会前展示与空气阻力有关的实验》,所以1747年他得到了英国皇家学会颁发的最高荣誉科普利奖章。

1749年,罗宾斯当上英国东印度公司的总工程师,当时英国东印度公司已经变成一个武装集团,成了印度实际的统治者。经过一番惊险的旅程,罗宾斯在1750年7月抵达印度,他马上投入马德拉斯与古德洛尔的防御工事中,但是没多久他就病逝了,终年只有44岁。

将子弹射入木块以决定它的速度

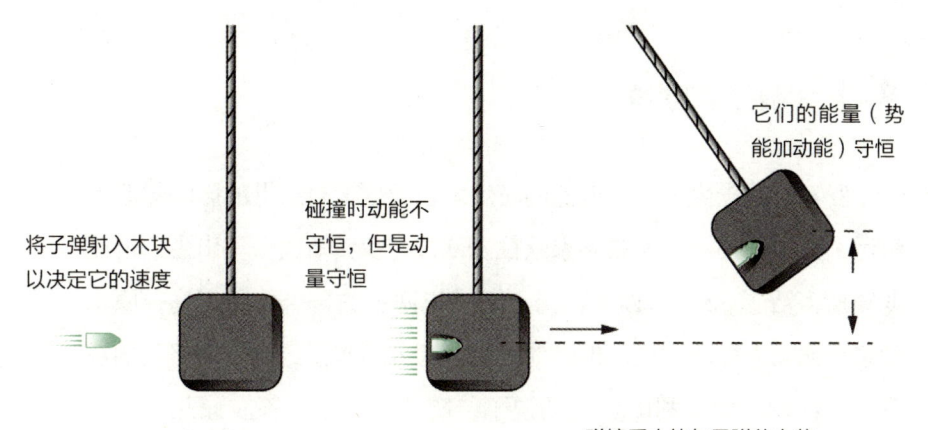

碰撞时动能不守恒，但是动量守恒

它们的能量（势能加动能）守恒

碰撞后木块与子弹往上荡

弹道摆

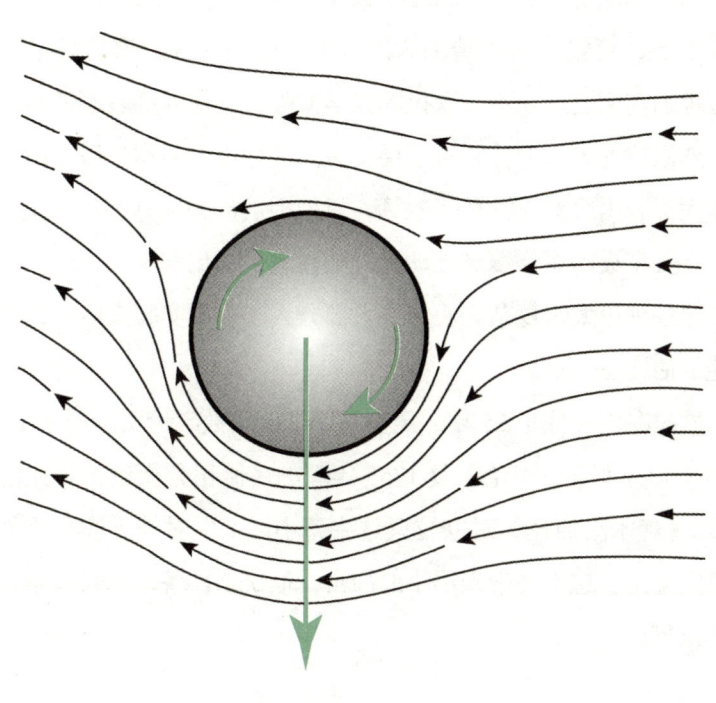

马格努斯效应

大数学家欧拉

罗宾斯的一生虽短，但他的《炮术新原理》对后世的影响却非常深远，其中的关键是大数学家欧拉。欧拉与罗宾斯同一年出生，但比罗宾斯多活了 32 年。欧拉出身于瑞士巴塞尔的一个牧师家庭，原本父亲要他成为神职人员，但是他的数学天分引起了约翰·伯努利的注意。在约翰·伯努利的苦心劝说下，欧拉的父亲才答应让儿子改习数学。1727—1741 年，欧拉在俄国科学院任职，当时俄国政情动荡。1741 年 6 月，他接受普鲁士国王腓特烈二世的邀请来到柏林科学院工作。

欧拉不仅将《炮术新原理》翻译成德文，而且使用微积分将它进一步发展，篇幅达到原著的 3 倍以上。这些内容应该是最早运用微分方程的实例之一。不过欧拉的数学太强，其他人都看不懂他写的东西，连欧拉的老师伯努利看了德文版的《炮术新原理》后，都回信说书中大部分内容都无法帮他验算，只能相信他的计算了。欧拉还针对罗宾斯关于火药燃烧爆炸推动弹丸的过程，提出犀利的批评，但是欧拉提出的理论太过复杂，使得绝大部分人宁愿做实验来估计，也不想学他的估计法。

欧拉在柏林住了 25 年，至少写了 380 篇数学论文。他在 1748 年写的《无穷小分析引论》及 1755 年写的《微积分概论》更让他名满全欧。《炮术新原理》对欧拉只是牛刀小试；但对处于连年战争的西欧各国来说，这本书带来不小的冲击，很快全欧各地都兴起学习新炮术的风气。

欧洲各国的炮术发展

最早将新炮术纳入军事院校的地方是意大利。1755年，萨伏依公爵兼撒丁王国国王的卡洛·埃马努埃莱三世任命亚历山德罗·帕帕西诺·德安东尼为炮术学校的校长。德安东尼年轻的时候就跟都灵的科学家杰罗拉莫·塔利亚祖基以及当时皇家炮术学校的校长伊尼亚齐奥·贝尔托拉学习，当让·安托万·诺莱从法国到都灵任教时，德安东尼也积极地听课。他还将自己的实战经验与科学知识融合，写成了《火药论》和《枪支论》，此外他还把欧拉《炮术新原理》中的流体力学写进他的教科书《物理力学要义》之中。

德安东尼开始在学校里开设结合数学、炮术及军事工程的课程，所以他们学校的军官在开发新方法来测量炮弹的速度、决定炮弹射程方面都走在时代前端。这个课程后来被普鲁士的军校采用，德安东尼还担任王储的老师，负责教导王储最新的军事知识。撒丁王国能在19世纪统一意大利，想来也不是偶然。

在英国继续发展炮术最重要的人是查尔斯·赫顿，他在1764年出版《校长指南：实用算术全集》，1770年出版《测量术的理论与应用》，1772年出版《桥梁原理》，这些著作让他得到数学界的重视。

1773年，他成为伍尔维奇皇家军事学院的数学教授（任职长达34年之久），1774年又成为英国皇家学会的会员。他在皇家军事学院负责许多实地炮击测试，证实欧拉对罗宾斯关于火药燃烧爆炸产生弹丸速度的估计的批判是对的。

1778年，他写了《火药的威力和炮弹的速度》总结他的炮术研究，并获颁科普利奖章。

1779年，赫顿利用他的好朋友内维尔·马斯基林在苏格兰希哈利恩山上的测量数据去估算地球的平均密度。赫顿对后世影响最大的是他写的教科书。1795年，他出版两卷本的《数学与哲学词典》，这本书成了英国学生人手一本的重要参考资料。1798—1801年，他又出版了《皇家军事学院学员数学课程》。这套写给伍尔维奇皇家军事学院的学生的书，后来成为美国西点军校的教材，一直沿用到1823年。

在法国，最早研究弹道的人是帕特里克·达西伯爵。达西伯爵在1766年发表的《炮术理论论文集》算是最早研究弹道学的法文著作。他也是第一个提出"角动量守恒"概念的人。

法国另一位对炮术发展饶有功绩的人是让-夏尔·德·博尔达。他出身于一个军事气氛浓厚的贵族家庭。1755年，他成为轻骑兵军团的附属数学家，就是在这段时间他开始研究炮术。1756年，他将论文《在空气中进行的抛体运动》送到法兰西科学院，取得准会员的资格。1762年，让-夏尔证明了"一颗球受到的空气阻力是相同直径的柱状物的一半"，而流体力学中的"博尔达-卡诺方程"①也是他的贡献之一。

法国还有一位响当当的人物，那就是拿破仑念军校时的老师让-路易斯·隆巴德。他出生于法国的斯特拉斯堡，原本要去梅斯开业当律师，但在那里他结识了炮兵学校的教授罗比拉德，结果他不仅娶了罗比拉德的女儿，还接替他成为炮兵学校的教授。这一年，隆巴德偶然读到欧拉的《炮术新原理》的德文版，他不仅苦读这本书，多年后还把它翻译成法文。1759年，法国在奥克松设立皇家炮兵学校，隆巴德被找去教授炮术与数学。学校还有一个射击场，让他有机会尝试各种各样的炮术实验。他的实验结果发表于1787年，直到1830年还

---

① 博尔达-卡诺方程是描述流体的机械能损失的经验公式。

有人引用。

拿破仑与隆巴德可谓惺惺相惜，隆巴德曾对人称赞拿破仑："这个年轻人前途远大。"而拿破仑则曾表示，隆巴德是整个学校里真正能教书的老师。隆巴德深受学生爱戴，学生成群跑去他家学习，他也常带学生实地运用几何知识和筑城术。法国大革命后的法国军队能与欧洲各国周旋，后来拿破仑能称霸欧洲，都与革命前炮校的训练息息相关。法国大革命时设立的巴黎综合理工学院，可以说是法国军事传统与学术传统结合的最好范例了。

欧洲还有一个重要的国家就是雄踞中欧的奥地利。说到奥地利炮术的发展，第一个要提的就是尤里·维加男爵。维加出身于扎戈里察一个穷苦的农民之家。毕业之后，维加凭着优异的数学成绩成了一名测量工程师，这份工作让他学到许多实用的数学与物理知识。

1780年，他到维也纳加入炮兵军队，很快被任命为维也纳炮术学校的数学讲师。但他发现没有适合的教科书，就把自己讲课的内容写成《数学讲座》第1卷并出版。

之后他又出版了《对数、三角及其他数学用表和公式》，内容是自然对数表与三角函数表。厉害的是，他的表可以精确到小数点后7位，范围是由1到100,000。有一个表是从1到1000，精确到小数点后8位。整本书都是相当有用的表，所以一问世就轰动全欧。

1789年，维加参加奥地利帝国围攻布达佩斯的战役，他带领一队炮兵。据说，在战场上，尽管炮弹从他头上飞过，但他还是在振笔计算轰击土耳其部队时发射炮弹的仰角。这一仗奥地利军大胜，多少要归功于这一位不要命的科学家吧。

当奥地利与法国的战争爆发后，维加多次参与激战，但在戎马倥偬之中，他仍笔耕不辍。1793年，他出版《对数函数与三角函数手册》的德文版与拉丁文版；1794年出版《对数全集》，这本书到1924

年已出到第90版。他教科书的第2卷、第3卷分别在1784年、1788年出版,但因为战争的关系,第4卷一直拖到1800年才终于问世。但是这一年对维加来说也是悲喜交加的一年,他受封为世袭的男爵,挚爱的妻子与女儿却在这一年过世。两年后他神秘失踪,他的遗体在多瑙河畔被人寻获,终年只有48岁。

18世纪西欧炮术的精进不过是整个西欧文明活力四射的一个特例,在从事炮术研究的同时,这些人还根据自己的兴趣同时从事许多科学研究,有的有实用价值,有的完全没有,但这些人都是全力以赴、凭着好奇心不断摸索的学者。对研究主题的狂热,才是他们成功的关键。

斯托克斯用数学描述森罗万象

乔治·加布里埃尔·斯托克斯（1819—1903）来自爱尔兰一个新教家庭。他 16 岁时进入英格兰的布里斯托大学就读，两年后进入剑桥大学彭布罗克学院。

在斯托克斯进剑桥大学的时候，最著名的老师是数学家兼地理学家威廉·霍普金斯。霍普金斯在训练学生的时候，喜欢用天文学或物理学的光学问题来磨炼学生的解题技巧，他认为这些问题最能让数学发挥它的威力，显明物质世界的结构之美。斯托克斯跟霍普金斯学习的成果是勇夺 1841 年数学毕业考的第一名，还获得史密斯奖[①]。而且彭布罗克学院马上让斯托克斯成为院士，从此斯托克斯在剑桥大学展开他漫长的学术生涯。

用数学解决实际的物理问题

霍普金斯鼓励斯托克斯往流体力学的方向发展，斯托克斯不负期望在毕业一年后就写了一篇论文《关于不可压缩流体的稳定运动》，

[①] 史密斯奖是剑桥大学自 1769 起每年颁给专攻数学或理论物理学专业表现杰出的研究生的奖项，1998 年分为史密斯 – 奈特奖和瑞利 – 奈特奖。

讨论不可压缩流体的性质。不妙的是，他写完后才发现法国巴黎综合理工学院的数学教授杜哈梅已经得到类似的结果。幸好斯托克斯发现他处理的条件与杜哈梅稍微有所不同，所以勉为其难地发表了。

接下来斯托克斯尝试研究运动中的流体受到摩擦会怎么样，虽然他也得到很不错的结果，却又发现有许多类似的结果被法国数学家克劳德-路易·纳维、西莫恩·德尼·泊松、巴雷·德·圣维南等人先发表了。可见当时剑桥与欧陆的数学界有多疏离。这些结果中最重要的是"纳维-斯托克斯方程"（Navier-Stokes equations），这是一组描述液体和空气的流体物质的方程。

这些方程建立了流体粒子动量的改变率和作用在液体内部的压力的变化、耗散黏滞力（类似摩擦力）以及重力之间的关系。斯托克斯在 1845 年发表《论运动中流体的内摩擦理论》，他在这篇文章中讨论弹性体的运动与平衡，并且利用连续性的论证，主张有黏滞性的流体与带有弹性的固体其实应该适应相同的方程。他还讨论音速在流体中衰减的现象，提出声音衰减的"斯托克斯定律"。同一年，他提出以太应该被介质"完全曳引"的主张，并提出在以太被完全曳引的前提下解释光行差的方法。但这个解释在 1886 年被洛伦兹证明是错误的。

我们可以看到斯托克斯利用他高超的数学技巧来解决实际的物理问题，特别是跟介质中的振动有关的现象，成为他一生研究的重心。

斯托克斯定律

斯托克斯工作勤奋的名声逐渐传播开来。1847 年，他解决了一个流体力学的难题，就是在求表面波的解时，解的边界条件却是解的一部分，无法事先知道边界条件自然无法求解，但斯托克斯将势流（potential flow）在平均地面高程做泰勒展开，如此边界条件变成已知，接着发展出"斯托克斯展开"（Stokes expansion）来求解。只要水深值比水波的波长值大，斯托克斯的这套方法就可以给出接近正确答案的解。

> 斯托克斯波是在恒定平均深度的非黏滞性流体层上的非线性和周期性表面波。斯托克斯使用斯托克斯展开，获得非线性波动的近似解，即斯托克斯波。

斯托克斯不只是待在象牙塔里的学究，1847年，他参与5月24日发生的"迪桥惨案"（Dee Bridge Disaster）的调查工作。这件意外事故是一辆火车通过铸铁造的桥时，铁轨断裂致使火车脱轨掉入河中，酿成五死九伤的惨剧。斯托克斯负责计算铸铁造的桥能否承担火车在桥梁上施加的力。事实上，斯托克斯让流体力学成为工业革命的一件利器，在各方面都发挥了巨大的作用。

斯托克斯孜孜不倦的努力让他逐渐成为学界的领袖，1849年，他成为第十三任卢卡斯讲座教授，这一年斯托克斯才刚而立之年。接着他发表了《关于地球表面重力的变化》；一篇讨论克莱罗定理的论文；还有一篇与衍射有关的长文，说明偏振平面必须与波的行进方向垂直。之后斯托克斯进入他研究的巅峰期，在流体力学与光学领域都取得很好的成果。

在流体力学方面，斯托克斯发表了钟摆受到空气摩擦力影响的结果，而且他坚持研究黏滞性流体。他得出的"斯托克斯定律"，就是在低雷诺数的条件下，圆粒在黏滞性流体中运动受到的阻力的公式。这个公式可以拿来设计测量黏滞性的仪器。而赫赫有名的"密立根油滴实验"也用了斯托克斯定律，使带电微粒受的电力与空气阻力达到平衡，由此确定带电微粒的电荷。

彩虹的计算

在光学方面，斯托克斯钻研艾里爵士关于彩虹的论文里出现了一个很难取值的积分，他将这个积分巧妙地展开，得到一个容易取值的近似值。后来斯托克斯沿这条线继续研究，发现所谓的"斯托克斯现象"，就是一个函数在复数平面的不同区域的渐近行为可能会有所不同。这个发现在量子力学的 WKB 近似[①]上有很漂亮的应用。

> 斯托克斯现象就是一种在渐近展开（也是一种极限）关于参数不连续的现象，可应用于彩虹的计算。

这些研究成果都在 1850 年完成，1851 年，才 32 岁的斯托克斯成为英国皇家学会的院士。1852 年，他发表了几篇论文，其中一篇论文描述萤石和铀玻璃的荧光现象，他认为这些物质可以将不可见的

---

① WKB 近似在量子力学里是一种半经典计算方法，可以用来解析薛定谔方程。——编辑注

紫外线转化为波长较长的可见光。描述相关物理现象的"斯托克斯位移"就是以他的名字命名的。

> 物质经某种波长的入射光照射，吸收光能后进入激发态，并且立即激发并发出出射光，通常波长比入射光的波长长，而且一旦停止照射入射光，发光现象也随之消失。具有这种性质的出射光就被称为"荧光"。

另一篇论文是讨论不同偏振光线的构成和分解，他提出所谓的"斯克托斯参数"（Stokes parameters）、"斯克托斯矢量"（Stokes vectors）与"斯克托斯算子"（Stokes operators）来描述光的偏振状态。这一年斯托克斯也得到光学的最高荣誉拉姆福德奖章。1853年，他通过研究非金属物质发出的具有金属性质的反射光来探讨光的偏振现象。

1854年，斯克托斯在尝试理解德国科学家夫琅和费发现的太阳光谱时，曾假设这一切是由太阳外围的原子吸收特定波长的光线所造成的，但德国科学家基尔霍夫也提出了类似的解释。斯托克斯当时没有发表他的想法，事后也没有挑战基尔霍夫的优先权，他还公开说明由于他没有发现发射光谱与吸收光谱的关系，所以功劳应该归给基尔霍夫，可见斯托克斯是器量很大的谦谦君子。

1857年，斯托克斯结婚了，由于学院的院士必须独身，所以他失去了院士的资格。幸好12年后剑桥大学改变规定，他又重新成为彭布罗克学院的院士。婚后斯托克斯育有五个小孩，但有两个死于襁褓，只有三个长大成人，其中老四因精神失常在30岁时自杀。

1862 年，斯托克斯特别为不列颠科学促进会撰写了一份关于双折射的报告，他指出结晶的不同轴有不同折射率的现象，包括冰洲石、透明方解石等都有这个现象。虽然他持续进行光学研究，但工作重心却渐渐由学术研究移向教学与行政。

数学是挖掘物理真理的工具

1880 年，斯托克斯出庭成为"泰桥惨案"[①]的专家证人，在法庭上针对风力对铁桥结构的影响提出他的看法。由于他的证词，英国政府成立了皇家委员会来加强桥梁的结构安全。

1883 年，他开始在阿伯丁大学担任布鲁涅讲师（Burnett Lecturer），演讲的主题是"光"。这些演讲内容后来付梓成书。1885 年，斯托克斯被选为英国皇家学会主席。1887 年到 1892 年，他还作为保守党议员代表剑桥大学进入英国下议院。此外他还兼任维多利亚研究所（Victoria Institute）的所长。看来英国的科学家与社会各界的互动相当频繁，这一点与欧陆学者是大相径庭。

在剑桥大学待了超过 60 年的斯托克斯，对下个时代的剑桥有很深的影响。他相当欣赏法国数学家拉格朗日、拉普拉斯、傅里叶、泊松和柯西的工作，对欧陆数学日益严谨的倾向也十分赞同，所以他主张将这些内容也放入剑桥大学数学毕业考之中。这让许多保守的同僚对他颇有微词。但是斯托克斯一直强调数学与其他科学的结合，也就是将数学当作挖掘物理真理的工具。

---

① 泰桥惨案（Tay Bridge Disaster），发生在 1879 年 12 月 28 日，火车通过铁桥时，桥竟然塌了，造成整列火车掉入河中，而全车的人都不幸罹难。

晚年的斯托克斯得到许多荣衔，1899年，他被维多利亚女王封为从男爵，这是世袭的头衔。这一年，他担任卢卡斯讲座教授满50年，剑桥大学为他举办了盛大的金禧年庆祝会，并颁发金牌给他。1893年，他得到英国皇家学会最高荣誉科普利奖章。1902年，他成为彭布罗克学院的院长。不过不满一年他就辞世了，享寿83岁。

斯托克斯的数学和物理论文共结集成五册出版，首三册（分别出版于1880年、1883年和1901年）由他亲自编辑，而另外两册（分别出版于1904年和1905年）则由英国数学家和物理学家约瑟夫·拉莫尔负责编辑。这五册书体现了斯托克斯一生的伟业，他用数学描述森罗万象，上至彩虹，下至波浪，真是令人叹为观止。

第二部分

电磁学

　　电磁单位大多以发现相关物理定律的物理学家的名字来命名，例如库仑、伏特、安培、法拉第、韦伯、高斯、特斯拉、亨利、欧姆等等，这些留名青史的大人物，各自有着精彩的人生故事。让我来好好地介绍这些构建电磁学的前辈的生涯故事，希望能让大家对这些名人有更鲜活的印象。

电量的单位：库仑

第一位登场的是发现"库仑定律"的库仑，他的全名是查利·奥古斯丁·库仑（1736—1806），出生于法国西南部的昂古莱姆。他的父亲是一个由陆军军官转业的税收员，出身于蒙彼利埃一个显赫的家庭。他的母亲也出身富有的家庭。库仑后来随家人搬到巴黎，曾在颇负盛名的马萨林学院学习各种学问，包括哲学、古典语言、数学、天文、化学等。在那里他受到数学家皮埃尔·查尔斯·勒莫尼耶的启发，对数学产生了浓厚的兴趣。

1757年到1759年，库仑在蒙彼利埃的学校工作，同时也向在那里教书的数学家奥古斯丁·丹尼兹学习。之后他又进入梅济耶尔皇家工程学院学习。1761年，库仑顺利毕业，官拜中尉，在工兵队开始了他的军旅生涯。

库仑一开始在布列塔尼半岛西端的布雷斯特服役，后来被派去参加地图测绘工作。1764年，库仑被派到西印度群岛的马提尼克岛，负责建造马提尼克岛首府法兰西堡的主要屏障波旁要塞。波旁要塞工程浩大，据说前后共花了600万里弗尔[①]，后来库仑不堪劳累还得了黄热病。他在这个加勒比海的小岛上待了8年之久，直到1772年晋

[①] 里弗尔是法国古代货币单位名称之一。1里弗尔相当于1磅白银。——编辑注

升为上尉，才被调回法国北方边境的布尚（Bouchain）。也就是在这个时候，库仑开始写科学论文。

静力学在建筑上的应用

各位可能会好奇：一个盖碉堡的工兵军官怎么会写起科学论文呢？文艺复兴以来，西欧就结合炮术与精巧的几何数学将碉堡要塞的设计变成一门科学。在路易十四的时代，伟大的军事天才沃邦元帅设计的棱堡在火炮逐渐盛行的欧洲有很大的影响力。他用一系列平行要塞的堑壕和伸向要塞的蛇形交通壕，打下了荷兰的马斯垂克要塞。直到20世纪，这仍然是攻击堡垒的标准方法。建造碉堡时需要运用许多机械，不可避免会牵涉到力学原理，而这些就成了库仑一开始进行科学研究的对象。

库仑的第一篇论文和静力学在建筑上的应用有关。其实在马提尼

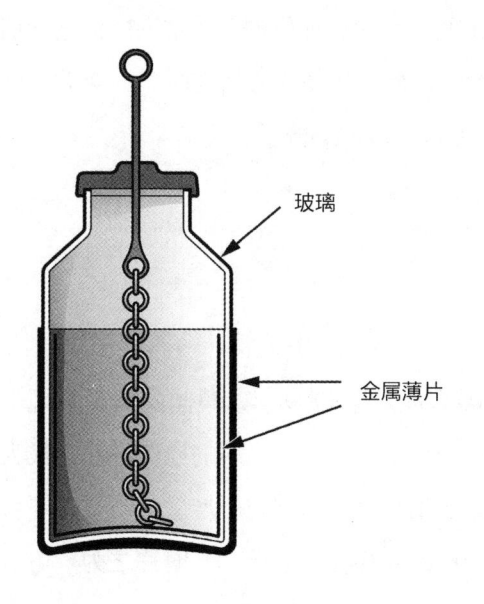

玻璃

金属薄片

莱顿瓶

一种用以储存静电的装置，曾被用来作为电学实验的供电来源，也是电学研究的重要基础。

101

克岛的时候，他就针对石造建筑的稳定性做过实验，此外他还潜心研究过莱顿瓶的发明者彼得·范·穆森布罗克关于摩擦力的理论。也许库仑对电学的兴趣是从那个时候开始的。

库仑调回法国之后曾在瑟堡-奥克特维尔、贝桑松等地任职。1779年他被派到罗什福尔，任务是修复艾克斯岛上的一座完全木造的要塞。他在那里做了许多与力学相关的实验，两年后他将这些实验的结果整理成《简单机械的理论》，文中详述了如何测定绳索的摩擦系数以及坚硬程度等。皇天不负苦心人，这篇精彩的论文得到法兰西科学院的大奖。库仑运用微积分处理力学问题的高超手法得到许多人的赞赏。这一年他被选为法兰西科学院的院士。

正当库仑逐渐受到学界重视时，一场风暴却席卷而来。库仑被要求去评估在布列塔尼地区修一条运河的计划，耿直的库仑觉得这个计划烂透了，花费不少却又毫无实利。直言不讳的库仑因此遭到隐身幕后的有力人士陷害，被关进修道院一个星期。库仑在盛怒之下丢出辞呈，却没有获准，还被迫再审一次相同的计划，他坚持原先的意见，还好最后另一个评审也给出相同的结论，还了他一个清白。但这一切已让库仑对仕途感到心灰意冷，从此之后便潜心研究科学，果然得到非常丰硕的成果，也算是失之东隅，收之桑榆了。

电学的发展

说到库仑之前的电学发展，首先是1729年，英国的格雷发现电荷可以从一个物质传导至另外一个物质，其中金属的电传导能力最为优良。从此，科学家不再认为产生电荷的物体与所产生的电荷是不可分离的，而开始认定电荷是一种独立存在的物质，当时称之为"电流体"。格雷是第一届及第二届科普利奖章的得主。

到了1733年，法国的夏尔·迪费主张将电分为玻璃电和树脂电两种。当玻璃与丝巾摩擦时，玻璃会生成玻璃电；当树脂与毛皮摩擦时，树脂会生成树脂电。使用一根带电丝线，就可以知道物质到底呈现玻璃电还是树脂电。具有玻璃电的物质会排斥带电丝线，具有树脂电的物质会吸引带电丝线，这两种电会相互抵消，这个理论被称为"电的双流体理论"。

十几年后，美洲殖民地的富兰克林在1747年提出"电的单流体理论"。富兰克林认为电流体由一些带电粒子构成，并且通常处于平衡状态，而摩擦动作会使电子从一个物体转移至另一个物体。例如，用丝巾摩擦玻璃使电子从丝巾转移至玻璃，电子的流动形成了电流。他称电量低于平衡的物体载有负的电量，电量高于平衡的物体载有正的电量。他任意地设定玻璃电为正电，具有多余的电；而树脂电为负电，缺乏足够的电。我们今天常说的"正电""负电"就由此而来。

1752年6月，富兰克林进行了一项著名的实验：在雷雨天气时放风筝，以证明"闪电"是由电力造成的。这是一项非常危险的实验。1753年8月，圣彼得堡的科学家格奥尔格·威廉·里奇曼在进行类似的实验时被闪电击中毙命。之后，富兰克林利用尖端放电原理，发明了避雷针。由于对电学的贡献，富兰克林在1753年获得科普利奖章。

> 避雷针让大气层雷云内的电荷及时地释放，避免其过分的积累而引发巨大的雷击事故。

摩擦起电机

18世纪时电学的主要研究工具是摩擦起电机。它的原理非常简单，就是利用摩擦来产生静电，然后用莱顿瓶储存电荷。虽然英国科学家普里斯特利曾臆测电荷之间的作用力应该也满足万有引力的平方反比定律，但当时还没有可以精密测量微小作用力的仪器，所以一直没有真正定量的研究。而这正是库仑的强项，他利用物体被扭转后产生回复力的性质设计了扭秤。使用这个仪器就可以研究带不同电量的电荷彼此之间的作用力大小。

经过一番苦心的研究，库仑在1784年发表关于扭秤的论文，第二年又发表有关静电力的论文《关于电力大小的第一份备忘录》，文中提到的就是大家耳熟能详的"库仑定律"：静电荷之间的力与电荷大小成正比，但与距离的平方成反比。

1785—1789年，库仑接连发表了七篇相关的论文。在第二篇论文中，他证实了同性电荷相斥而异性电荷相吸的现象。接下来他做了许多关于静电分布的观察，以及对物质介电性质的探讨。库仑甚至尝试用流体来解释静电现象。第七篇讨论的则是磁棒在磁场下的运动。库仑主张电的双流体理论，以此来说明电荷的相吸与相斥现象，他还试图以此来解释他所发现的平方反比定律。库仑还主张磁的双流体理论，以此来解释磁的相吸与相斥现象，并且主张磁针之间的作用力也是反平方力。但是库仑认为电流体与磁流体毫不相干。

库仑的研究让电学真正成为定量的科学，这项功绩大概是他当年在马提尼克岛盖要塞时连做梦都想不到的吧。其实除了静电学的成就，库仑还有许多其他较不为人知的贡献，如在土壤力学中讨论物质在正应力与剪应力的哪一种组合下会造成建筑物的损坏，就是所谓的

"摩尔-库仑破坏准则"。1787年,他还曾被法兰西科学院派去考察英国的医院运作模式呢。

1784年,库仑在昂吉维莱尔伯爵的推荐下就任水利委员会的监督官。1789年,法国大革命爆发时,当时在巴黎的库仑不像与他同龄的天文学家巴伊一样激昂地投入政坛,而是选择在罗亚尔河畔的布卢瓦过着隐居的生活,专心从事包括流体的黏滞性、旋转运动中心轴的摩擦力等在内的各项研究,从而安然地度过大革命最血腥的那段日子。

雅各布宾派上台后,法兰西科学院因为被视为王权的象征,在1793年与旧制度下建立的其他科学组织一起被解散了。不过之后上台的热月党人意识到了科学的重要性。1795年,国民公会将所有被取消的文化学术团体组织在一起,包括巴黎科学院在内,成立了"国立科学与艺术学院"。年迈的库仑又被召回巴黎,担任国立科学与艺术学院的院士,此外他还被赋予统一新度量衡的重大任务。1802年,当时的第一执政拿破仑任命库仑为"公共教育总监"。四年后,库仑以70岁高龄过世。

1881年,国际电气大会①将"库仑"定为电量的单位,同时也把"伏特"与"安培"分别定为电压与电流的单位。

---

① 国际电气大会(International Electrical Congress)是国际电工委员会(International Electrotechnical Commission)的前身。

电压的单位：伏特

电池是意大利科学家亚历山德罗·伏打（1745—1827）发明的，电压的单位"伏特"就是以他的名字来命名的。为什么伏打会变成伏特呢？1861年，英国科学家约西亚·拉蒂默·克拉克跟查尔斯·蒂尔斯顿·布赖特提议用前辈科学家的名字当作电磁学的单位时，因英语发音习惯把后面的元音省略，所以把Volta简化成Volt。1881年，国际电气大会正式采用"伏特"（Volt）作为电压的单位，一直沿用至今。

伏打出生于科莫，现今意大利北部靠近瑞士边境的一个小镇。科莫依山（阿尔卑斯山）傍水（科莫湖），景色非常美丽。当时科莫隶属于米兰公国。伏打的父亲菲利波早逝，母亲玛达莱娜来自伯爵世家因扎吉，她独自抚养9个小孩过得很辛苦。所幸后来伏打继承了一笔家族遗产，家中日子才宽裕起来。一开始他在耶稣会所办的学校读书，之后到班济皇家神学院继续深造，在那里他结识了一生的好友加托尼。迷上新兴科学的加托尼离开学校后，在自家建了一间设备不错的实验室，伏打就在这里开始他的科学研究。

伏打拥有非凡的语言才能，英语、法语、德语、西班牙语、俄语都难不倒他，这使得他在年少时就能写信给当时法国的电学权威诺莱神父、英国化学家普里斯特利以及静电实验物理学家乔瓦尼·贝卡里亚，向他们请教问题。诺莱神父最出名的事迹是他曾安排200位僧侣拿着莱顿瓶接龙，他从一端开始放电，想测量电的传播速度。当然用这种方法是测不出结果的。这也说明当时没有仪器能产生稳定的电流，要进行电学研究相当困难。普里斯特利则是因发现氧而闻名的，而贝卡里亚特别鼓励伏打要多做实验、学习物理知识。伏打于1769年发表的第一篇科学论文就献给了贝卡里亚。伏打在这些科学家前辈的鼓励下逐渐崭露头角，摆脱业余科学爱好者的身份，成了真正的科学家。

1774年，伏打被聘为科莫皇家学院的物理学教授。这期间他独立发明了起电盘（electrophorus）。兴奋的伏打写信给普里斯特利，结果普里斯特利却告诉他，早在1762年，瑞典的物理学家约翰·卡尔·维尔克就已经发明了起电盘。不过伏打的起电盘比维尔克的起电盘性能更好。伏打再接再厉，1776年，他首次成功分离出甲烷，还发现把甲烷放在罐子里，甲烷遇到电火花会剧烈燃烧。此外他又改良了常用的化学仪器量气管，以优异的性能压倒其他人使用的量气管。这些成就使伏打在1778年被任命为米兰公国一流学府帕维亚大学的实验物理学教授，他一直担任此职位直到1819年退休。

伏打定律

伏打到帕维亚后不久就发明了新型的电容，并依此研究电容中电压（V）和电荷（Q）之间的关系，发现它们之间成正比，这被称为电容的"伏打定律"。之后伏打展开欧陆之旅，结识了许多当时科学界的大人物，如拉普拉斯等人。1782年，他拜访位于伦敦的英国皇家学会，并在那里宣读有关他改良过的电容的论文。1790年，他测算出空气在温度增加时体积随之增加的比例常数。

动物电

1791年，博洛尼亚大学[①]的解剖学和生理学教授路易吉·伽伐尼寄给伏打一篇论文《关于电产生肌肉运动的评论》。伽伐尼在使用带电的解剖刀解剖青蛙时，偶然发现被肢解的青蛙居然做出踢腿的动作，就如同活的青蛙一般。吃惊之余，他继续实验，发现用两把不同金属的解剖刀触碰蛙腿时，蛙腿也会痉挛。伽伐尼认为这个现象是由生物体自行产生的电造成的，所以他造了一个新词"动物电"（animal electricity）。伽伐尼认定，让蛙腿动的动物电是由青蛙的肌肉产生的。

伽伐尼的发现公开后，引起了众多科学家对"动物电"的兴趣。最惊悚的一次公开示范发生在伦敦。1803年，一个把老婆小孩都推下河淹死的罪犯福斯特被处死后，他的尸体被移交给伽伐尼的科学家外甥乔瓦尼·阿尔迪尼。阿尔迪尼将尸体的头部通电，尸体的下巴居然开始喀喀作响，连眼睛都张开了。一位观众看到之后当场暴毙，大概是被吓死的。后来的《科学怪人》的灵感据说也是从这次实验而来。

发明第一个电池

伏打一开始成功地复制了伽伐尼的实验，也同意他的观点，称赞这一发现"在物理学和化学史上堪称划时代的伟大发现之一"。但随

[①] 博洛尼亚当时是教皇直辖的领土，博洛尼亚大学是公认的世界上第一所拥有完整大学体系并发展至今的大学，创立于1088年。

着研究的深入，伏打开始对伽伐尼的"动物电"说法产生怀疑，他不太认同伽伐尼说的动物电是生物独有的现象。伏打参照瑞士科学家苏尔泽写的一篇论文[①]，将一枚金币和一枚银币顶住舌头，再用导线将两枚硬币连接起来，他的舌头顿时感觉到了苦味。他又找来一根较长的导线将金币和银币连接起来，将导线的一端含在嘴里，另一端接触上眼皮。他惊讶地发现，在导线接触眼皮的瞬间，眼睛居然产生了光的感觉。

于是伏打推论，不仅金属是导体，而且不同金属接触还能产生电；电不仅能使蛙腿产生抽动，还能刺激人的视觉和味觉神经。所以电不是如伽伐尼所想的由动物肌肉产生，而是由不同金属接触而产生的。伏打还意识到青蛙的腿既是电的导体（就是我们现在所说的电解质），又是电流的检测器，就像人的舌头一样。所以他把青蛙的腿换成盐水浸泡过的纸，并用其他方法检测电流。

为此伏打自己设计了一个验电器，可以检验微小的电流，这就比看蛙腿抽动或用舌头感觉要准确得多。经过几番实验，他对自己的看法变得更加有信心。

1793年12月，伏打在一封信中公开提出反对伽伐尼"动物电"的观点，他一再强调电流本质上是由金属的接触产生，与金属板是否压在动物体上无关。伏打提倡用"金属电"代替"动物电"这个名称。

这一观点引起激烈的争论，有人支持，有人反对，但英国皇家学会还是肯定了伏打对生物电学的研究，在1794年将科普利奖章颁给

[①] 约翰·乔治·苏尔泽（1720—1779）发表过一篇论文，文中描述他把银片和铅片的一端靠在一起，另一端则夹住舌头，结果他的舌头感到一阵发麻，还感觉到一股奇怪的酸味，这股酸味既不是银片的味道也不是铅片的味道。苏尔泽猜想可能是两种金属接触时，金属中的微小粒子产生振动而刺激舌头产生了感觉。苏尔泽的论文只是公布了他的发现，但并没有解释原因，所以当时没有引起科学界的注意。

了他。

伏打知道要彻底击倒动物电理论，证明自己的理论才是对的，最好的方法就是制造出可以利用金属的特性产生电流又跟生物毫不相干的仪器。1799年，伏打将数对用盐水混合物浸泡过的布（或纸板）隔开的锌极与铜极（或银极）堆栈起来，当电池的顶端与底部以导线连接时，就有电流流经电池与导线。这就是人类发明的第一个化学电池——伏打电堆（Voltaic pile）。

伏打还设计了一种叫"杯冕"的装置，他将两种金属板分别插到盛有盐水或稀酸的杯子里，只要将两种金属板用导线接通，就会产生电流。多个这样的杯子串起来就成了电池组。

1800年3月20日，伏打写信给英国皇家学会主席班克斯爵士："无疑你们会感到惊讶，我所介绍的只是将一些不同的导体按一定的方式叠起来的装置，可以用30片、40片、60片甚至更多的铜片（最好是银片），将每一片与锡片（最好是锌片）接触，然后倒一层水或导电性能比纯水更好的食盐水、碱水等，或填上一层用这些液体浸透的纸皮、皮革等，这样就能产生相当多的电荷。"

伏打在得意之余仍然持续尝试用不同的金属做实验，他发现一种金属可以带正电，而与另一种金属结合时又可以带负电。经过反复多次的实验比较，伏打将金属排成了序列：锌、锡、铅、铜、银、金……只要将这个序列里前面的金属与后面的金属相接触，前者就带正电，后者就带负电。在序列中的距离越远，金属带的电就越多，产生的电流就越强。伏打做了一系列类似的实验后，发现了电池的电动势就是两个电极间电压的定律。这被称为电化学的"伏打定律"。

伏打电堆的发明，使人们第一次获得较强且稳定而持续的电流，科学家从此之后将对静电的研究逐渐转变成对电流的研究。电磁学的研究因此进入一个蓬勃发展的新时期。19世纪物理与化学的发展很

伏打电堆

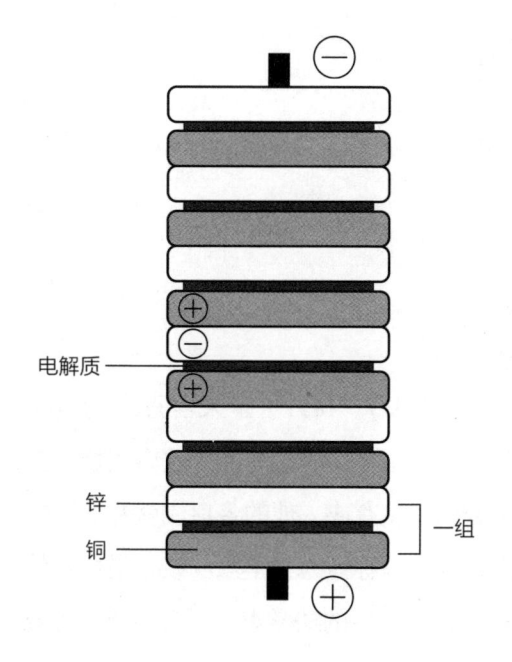

电池分别以锌棒与铜棒作电极，以硫酸液作电解液，其反应如下：

阳极反应：$Zn \rightarrow Zn^{2+}+2e^-$

阴极反应：$2H^++2e^- \rightarrow H_2$

由锌极释放出的电子，经由导线流入铜极，再吸引电解液中的氢离子，发生还原反应，产生氢气。如此的反应持续发生，导线上就产生了稳定的电流。

多也都受惠于伏打的研究，例如威廉·尼科尔森和安东尼·卡莱尔在研究电池的工作情况时发现了水的电解；汉弗莱·戴维更是利用电池做了许多电解实验，因而发现多种元素。

伏打的全部著作于1816年在佛罗伦萨出版，一共有五大卷。1819年，他退休后回到故乡科莫安享天年，后于1827年3月5日与世长辞。

伏打一生为人谦逊有礼，尤其对伽伐尼推崇备至，纵使意见不同也从未恶言相向。大家下次换电池时，不要忘了这位温和有礼的老绅士哟！

磁场的单位：奥斯特

汉斯·克里斯蒂安·奥斯特（1777—1851）是来自丹麦的哲学家，也是发现电生磁的科学家。他出生在朗厄兰岛的鲁兹克宾城，在物理、化学乃至教育、文学领域都卓然有成，他的各项成就并非随性为之，而是遵循着特定理念而成，所以称他为哲学家应该是最恰当的吧。他的弟弟安德斯是当时丹麦首屈一指的法学家，后来还当上丹麦的首相；而他们的侄子也叫安德斯，是著名的植物学家。

1793 年，鲁兹克宾城还没有正式的学校，兄弟俩一起到哥本哈根求学。两人不仅通过考试而且各科名列前茅，顺利成为当时丹麦唯一的大学哥本哈根大学的学生。汉斯主修医学、物理，而安德斯主攻法律。1797 年，汉斯参加探讨韵文与散文的分际的征文大赛，得到首奖。同一年他还通过了药学考试，考官对他娴熟的实验技巧大为惊叹。但兄弟俩最大的收获莫过于接触到康德的批判哲学。

1799 年，汉斯获得博士学位，论文标题是《大自然形而上学的知识架构》。毕业第二年，汉斯得到一笔为期三年的奖学金，开始出国游学，求知若渴的他造访了德国、法国与荷兰，结识了许多当时著名的人物。在德国，他结识了与他同年的约翰·威廉·里特，两人成为莫逆之交。汉斯经由里特接触到当时在日耳曼方兴未艾的新思潮，如年轻哲学家谢林提出的自然哲学（Naturphilosophie）。自然哲学是由试图克服康德的"现象与物自身"的二元论展开的。

这样的哲学刺激诗人赋予世界新的生命活力和精神内涵，给当时机械论占统治地位的思想界带来一股新思潮，因而受到浪漫主义诗人的推崇。但也由于缺乏明证，自然哲学往往被严谨的科学家视为歪门邪道，里特是少数的例外。

自然哲学暗示所有对立的物理现象都应涵盖在一个更基本的原理之中。这对里特意义重大，他隐约察觉到当时最热门的伽伐尼的动物电、伏打的电池以及各种的化学反应，与其他的物理现象如静电、静磁甚至光与热都相互关联。

可惜的是，里特的实验手法不够成熟，他宣称自己发现地球有类似地磁的电偶极，还曾利用磁铁成功地将水电解，但这些实验在当时无人能复制，今天来看也是子虚乌有，这使里特难以被大学接受，无法谋得教职，也使他失意早逝。但里特深信在电与磁的现象之间必定隐藏着一种关联，这一信念深深地影响着汉斯。

1806年，汉斯终于如愿以偿，成为哥本哈根大学的物理学教授。他非凡的文学与哲学素养，使得他的授课非常受欢迎，而且他对教育事业非常热心。在汉斯的努力指导与推行之下，哥本哈根大学发展出一套完整的物理和化学课程，并且建造了一系列崭新的实验室。这段时间，他的研究领域也扩展到声学。但他面对的最大挑战是如何将康德的哲学理念与当时日新月异的化学发展结合起来。可惜晚年的康德身心衰退，已无法响应从伏打以来新兴化学的进展。

1812年，汉斯为此在柏林发表《关于大自然的化学定律》，这篇文章虽然没有受到科学界的关注，却详细阐述了他当时的想法，他尝试用康德的引力与斥力的理论来解释各种化学反应以及电与磁的现象。

电生磁

早在 18 世纪就有人描述雷电能使箱中的刀、叉、钢针等物品磁化的现象。富兰克林在研究避雷针时，用钢针在莱顿瓶上放电，也发现钢针变成磁针。但是没有人对此做过系统的实验研究。汉斯曾推测电流会生磁，沿着这个思路，他做了许多实验，如在通电的导线旁放一根磁针，企图用通电的导线吸引磁针，尽管导线灼热，甚至烧红发光了，磁针还是毫无动静。汉斯也试过把磁针放在充有电荷的莱顿瓶旁边，但磁针一动也不动。这些实验都失败了！

直到 1820 年 4 月的一个晚上，汉斯在上电学课时，他在一个伏打电堆的两极之间接上一根很细的铂丝，在铂丝正下方放置一根磁针，当接通开关时，他发现小磁针向着垂直于导线的方向大幅度地转动。接着汉斯为了进一步弄清楚电流对磁针的作用，在三个月内做了 60 多个实验，如把磁针放在导线的上方、下方、前方、后方，画出电流对磁针作用的方向；或把磁针放在与导线不同距离的地方，观察电流对磁针作用的强弱；此外，他还把玻璃、金属、木头、石头、瓦片、松脂、水等物质放在磁针与导线之间，但发现没有任何影响。

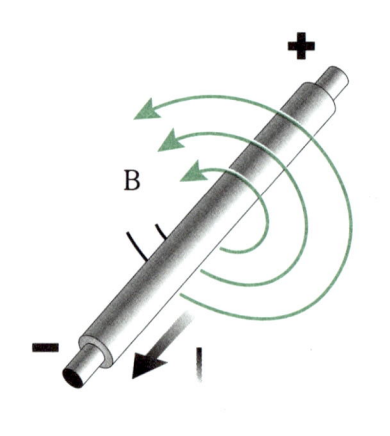

B 代表电流产生的磁场

电生磁

汉斯将这些实验结果整理之后，在7月21日发表了一篇拉丁文的报告。他的论文引起了整个欧洲物理学界的注意，法国的科学家们很快就掌握了电生磁的数学关系。长年的坚持终于有了回报，汉斯想必感慨万千吧！那一年英国皇家学会就将最高荣誉科普利奖章颁给了汉斯。1930年，国际电工委员会将"奥斯特"当作磁场（H）的单位来纪念汉斯·奥斯特。

虽然"磁场"这个词在历史上先被H场占有，而只能将B场称为"磁感应"，但是现在多数物理学家认为B场是更基本的物理量，因此他们称呼B场为"磁场"。B场和H场的习惯命名并不一致。为了避免歧义，在本文中，磁感应强度指的是B场，磁场强度指的是H场，而磁场则依上下文而定，通常指的是B场。在厘米–克–秒单位制（CGS制）里，H场的单位为奥斯特，B场的单位为高斯。

> 在各个学术领域里，磁场会被用来称呼两种不同的向量场，分别标记为H和B。
>
> $$H \stackrel{def}{=} \frac{B}{u_0} - M$$
>
> u_0是磁化率，M是磁化强度。
>
> H有时称为"磁场强度"（magnetic field intensity 或 magnetic field strength）、"附加磁场"（auxiliary magnetic field）或"H场"。
>
> 向量场B也时常称为"磁通量密度"（magnetic flux density）、"磁感应强度"（magnetic induction）或"B场"。

那么汉斯是不是第一个发现电生磁的人呢？其实早在1802年，

一位意大利法学教授兼业余物理爱好者罗马尼奥西，就曾在当地报纸上发表了有关类似发现的文章。不过后来学者仔细比较，发现罗马尼奥西的实验是把磁针放在伏打电堆之中产生偏折，不是电流产生的效应，而是静电效应。

铝元素的发现

汉斯并没有因功成名就而有所懈怠。1825 年，他首先分离出铝元素，虽然英国科学家戴维爵士那时已经炼出铝铁合金，但汉斯是第一个使用还原法将铝元素从氯化铝中分离出来的人。1827 年，德国化学家弗里德里希·维勒用金属钾还原熔融的无水氯化铝，得到更纯的铝。由于取之不易，当时铝的价格更甚于黄金。法国皇帝拿破仑三世曾在某次宴会上让贵宾使用铝制餐具，而让普通来宾使用金制餐具，铝的价值可见一斑。

汉斯是第一个使用"假想实验"（Gedankenexperiment）这个名词的科学家。假想实验是指运用想象力去进行的实验，所做的都是在现实中无法做到（或尚未做到）的实验。在物理学里，假想实验是很有用的理论工具。像麦克斯韦提出的"麦克斯韦妖"、薛定谔的"薛定谔的猫"以及拉普拉斯的"拉普拉斯妖"都属于假想实验。

在汉斯的推进下，丹麦于 1829 年成立了"先进技术学院"，这所学校是丹麦技术大学的前身，而汉斯担任首任校长，直到 1851 年过世为止。汉斯还资助过当时默默无闻的童话作家安徒生。

终其一生，汉斯都勤于写作，曾出版诗集《飞船》和散文集《自然之魂》，他在书中阐述的自己一生追求的目标，正是谢林所谓的"物质与精神的合一"。谁说物理学家没有诗意呢？

电流的单位：安培

丹麦科学家奥斯特发现电生磁的现象，但真正将这个现象成功地用数学公式表达出来的是两位法国数学教授跟一位法国军医。他们的人生也反映出大革命前后法国的变化，更准确地说，从启蒙运动那个理性乐观的时代转换到保守与激进摇摆不定的彷徨时代。而科学也不再是贵族沙龙茶余饭后的休闲娱乐，而变成才智出众之士的终身志业。

安德烈-马里·安培

安德烈-马里·安培（1775—1836）出生于法国的里昂，他的父亲让-雅克·安培家境富裕，受当时启蒙运动的影响，小安培的教育从不假他人之手，完全由他父亲主理。他的童年读物是当时由启蒙运动的旗手狄德罗主编的百科全书，而且他是从第一页按着字母顺序一页一页读下去的。

安培从13岁开始迷上数学，一开始读的是数学家达朗贝尔在百科全书中撰写的微积分的相关文章，接着熟读数学大师欧拉与伯努利兄弟的数学著作。安培后来回忆说，他所有的数学知识基本都在18岁前学完了。

1791年，安培的父亲接受政府的任命成为里昂的法官，不幸卷进了大革命的政治风暴中，导致1793年被得势的雅各布宾派送上断头台。悲痛不已的安培心神恍惚，几乎成为废人，幸亏后来他遇到一位活泼的少女朱莉·卡伦。两人坠入爱河，安培也得以重新振作起来，他们在1799年结为连理。为了养家糊口，安培开始当家庭教师，1802年，他获得布尔格中央学校的教职，为此不得不与年幼的儿子及生病的妻子分离，孤身到布尔格赴任。一年之后他搬到里昂，不幸的是，体弱的朱莉在7月溘然长逝。于是他带着幼子离开伤心地，搬到巴黎，在巴黎综合理工学院担任讲师。1809年，安培升为教授，与柯西一起教授数学分析课程。由于安培用的是传统直观的教学方法，而非柯西严谨的新式教学方法，所以大受学生欢迎。

1814年，安培被选为法兰西科学院的院士。这个时期他的研究兴趣很广，主要是化学，尤其是元素的分类。他对光学也颇有涉猎，他支持光的波动说，与同为波动说支持者的菲涅耳成为好友。菲涅耳从1826年起就住在安培家，一直住到1827年过世。

真正让安培跃上国际舞台的是1820年奥斯特的大发现。这年9月4日，阿拉果在法兰西学术院公开展示电生磁实验，让安培大吃一惊。一星期后，安培在法兰西学术院展示另一个令人吃惊的现象：两条通电的导线会彼此吸引或排斥，而且取决于电流的方向。安培在11月6日向法兰西科学院提交了一篇有关电生磁的论文，并将论文发表在《化学与物理年鉴》上。可是早在10月的时候，毕奥与萨伐尔就向法兰西科学院提交了报告。报告的内容是今天学生为之头痛的"毕奥－萨伐尔定律"。那么毕奥与萨伐尔是何许人呢？

让-巴蒂斯特·毕奥

让-巴蒂斯特·毕奥（1774—1862）出生于巴黎，他的父亲是财政部的官员。他在巴黎综合理工学院就读时，学院的创办人、数学家加斯帕尔·蒙日很欣赏他。毕业后，毕奥成为博韦瓦兹中央学校的数学教授。没过多久，毕奥娶了同学年仅16岁的妹妹加布里埃尔·布里松。毕奥教自己的太太物理与数学，加布里埃尔颇有语言天赋，精通德文。当有人请毕奥将德国的科学著作翻译成法文时，毕奥就让太太操刀翻译，挂的却是自己的名。

毕奥后来主动请缨，要帮拉普拉斯的巨著《天体力学》做校对的工作，由于这部巨著的出版，拉普拉斯被誉为"法国的牛顿"。在拉普拉斯的支持下，毕奥于1800年成为法兰西学院的数学教授，1803年成为法兰西科学院的院士。

1804年，毕奥和给吕萨克制造了一个热气球，并使之上升到5000米的高度，目的是研究地球的大气层。毕奥还参与过测量法国子午线的工作，也曾在波尔多、敦刻尔克等地做重力加速度的精密测量，研究地球的形状。

毕奥为了证明光的粒子说，从1812年起开始研究光的偏振现象。他发现光通过特定的有机溶剂时会有特定的偏振方向，并试图用这个现象说明光是由粒子构成的。不过不久后其他人就发现光的波动说也能解释这个现象。此外毕奥还广泛地研究过陨石，并且确认流星就是陨石通过大气层时的燃烧现象，但他最出名的贡献还是关于电生磁的"毕奥-萨伐尔定律"。

菲利克斯·萨伐尔

菲利克斯·萨伐尔（1791—1841）是毕奥的助手，比毕奥小17岁。萨伐尔的父亲是一位事业有成的工程师，并且热心公益，与乡亲共同在梅斯市创办了一所工程学校。萨伐尔有一个大一岁的哥哥。1808年，萨伐尔开始在梅斯的一所医院学习医术，两年后结束训练，成为拿破仑军队的军医。滑铁卢战役中法军被联军击溃后，萨伐尔的军医生涯也宣告终止。退役后，萨伐尔进入斯特拉斯堡的一所大学继续学医，毕业后自己开了一家私人诊所。这时候他开始对物理产生兴趣，渐渐地沉迷于研究声学。他为此建造了一个设备优良的实验室，专门用来研究声波。

1819年，萨伐尔将诊所关闭，去巴黎找在法兰西学院担任教授的毕奥。毕奥觉得萨伐尔在弦琴乐器方面的研究成果非常有趣，也很欣赏萨伐尔的才能，所以他帮萨伐尔发表了几篇论文。那时候，毕奥正在研究电学。两位志同道合的科学家决定在这个领域合作。

没过多久，奥斯特的发现让他们两人找到一个绝佳的主题，很快他们发表了描述电流产生磁力的数学公式，也就是"毕奥－萨伐尔定律"。他们的论文《关于伏打堆的磁现象》很快刊登在《化学与物理年鉴》上。

萨伐尔在毕奥的帮助下，先是在某所私人学校教书，1827年又被遴选为法兰西科学院的院士。第二年他接替安培到法兰西公学院担任教授。

声学一直是萨伐尔的最爱，他发明出一种声学仪器——萨伐尔音轮（Savart wheel）。这种音轮可以利用齿轮来控制旋转的角速度，发出各种不同的特定频率的声音。以前音乐学中用到的音程度量单位

"萨伐尔"（Savart），就是以他的名字命名的，虽然真正发明这个度量单位的人是法国数学家约瑟夫·索弗尔。现在人们通常使用"音分"（cent）来计算音程距离。1 萨伐尔等于 3.9863 音分。

电学中的牛顿

虽然安培好像晚了一步，但是安培的手法略胜一筹。他在几周内就提出"安培定则"，即"右手螺旋定则"。随后几个月之内，他连续发表了 3 篇论文，并设计了 9 个著名的实验，总结出载流回路中电流元在电磁场中的运动规律，也就是名列电磁学中最重要的四条定律之一的"安培定律"。这也是后来人们把"安培"选作电流单位的原因。

1954 年第十届国际计量大会决定，这个国际性的单位制应以 6 个基本单位为基础，用于测量温度、可见光辐射、机械及电磁物理量。建议中的 6 个基本单位分别为：米、千克、秒、安培、开尔文和坎德拉。

1960 年第十一届国际计量大会正式将这一单位制命名为"国际单位制"（Le Système International d'Unités，简称 SI）。安培是其中唯一的电磁单位。换句话说，所有的电磁单位都可由安培和其他与电磁学无关的基本单位组合而成。

安培将他的电磁理论建立在"电流"的基本概念上，1821年，他进一步提出分子电流假说，他认为存在带着特定电荷的微小粒子，而它们的运动会产生电流，从而产生磁场，所以电与磁都可以用这种粒子的运动来解释。安培对电磁作用的研究使电磁学从电、磁分离研究阶段飞跃到电、磁统一研究阶段，他的分子电流假说揭示了磁现象的电本质，为此后电磁学的发展打下基础。

当时许多人对安培的理论是不信服的，毕奥就曾写文章抨击安培。奥斯特也完全不信服安培的理论，他认为推动磁针的是导线外的电流体运动（螺旋前进运动），他称之为"电冲突"（electric conflict）。此外，毕奥和萨伐尔还认为电线被流经它的电流给磁化了，磁针与被磁化的电线相互作用。他们以此来解释奥斯特的实验，并且认为安培发现的安培力是磁化的电线之间的磁力。

安培为了驳斥他们，花了6年时间设计并进行许多实验，终于在1827年出版了巨著《电动力学现象的数学理论》，还创造了"电动力学"（electrodynamics）这个名词。

电磁学的集大成者麦克斯韦对安培的工作赞誉有加，称安培的研究是"科学史上最辉煌的成就之一"。后人甚至称安培是"电学中的牛顿"。电子的发现是19世纪末的事，人类对磁性的真正了解更是到20世纪才成熟，只能说安培的洞察力实在令人佩服。安培在1824年被选为法兰西公学院物理部门的主任，一直到1828年。1836年，安培在马赛因病逝世，客死异乡。

电生磁固然推动了电磁学的诞生，但是反过来，磁能否生电？电与磁到底是什么关系？这些都还有待下一个时代的科学家来回答。

电容的单位：法拉

迈克尔·法拉第（1791—1867）出生于英国伦敦附近的纽因顿巴茨，全家都信奉桑地马尼安教派。法拉第的父亲是一名铁匠，但因身体不好而无法经常工作，为了维持生计，法拉第14岁时就开始在书本装订商乔治·里鲍的书店当学徒。在7年的学徒生涯中，他读了许多启迪他的好书，如神学家、逻辑学家艾萨克·沃茨的《思维的进步》，还有简·马塞特的《化学谈话》，这是第一本写给一般读者看的化学入门书，法拉第不但熟读书中内容，还将书中的实验一个接着一个地试做过。

当然，法拉第绝不是英国唯一一个向往科学的学徒，但是幸运之神似乎特别眷顾他。里鲍的老主顾威廉·丹斯是一位音乐老师，他在1812年送给法拉第4张汉弗莱·戴维在英国皇家研究院[①]举办的演讲会的入场券。

分离出钾元素

1801年，戴维成为英国皇家研究院的化学演讲助手兼实验主任，

[①] 英国皇家研究院是1799年由在美国出生的科学家拉姆福德伯爵创办的，目的是借由科学的演讲和实验，教导人们将科学应用在日常生活中。

一开始他做电学的公开演讲。由于他的科学实验表演十分巧妙，他的外表又英俊挺拔、风度翩翩，因此引起不小的轰动，吸引了很多女性听众。于是戴维很快就升为英国皇家研究院的教授。1807—1808年，他利用伏打电堆发展出所谓熔盐电解的实验手法，借此成功分离出钾等6种元素。

> 熔盐电解是指利用电将某些金属的盐类熔融，并作为电解质进行电解，以提取和提纯金属的冶金过程。

法拉第兴冲冲地在台下听了4次演讲，连同实验装置的素描都完整记录，并用他拿手的装订技术将笔记做成一本精美的书。后来戴维在做实验的时候发生爆炸而伤及眼睛，急需一位研究助理帮他做实验记录，就这样，法拉第当了几天戴维的研究助理。没多久，戴维就推荐法拉第担任英国皇家研究院的研究助理。半年之后戴维要到欧洲旅行，还让法拉第随行。

这趟旅行虽然让法拉第大开眼界，但回国后他却失业了。幸好后来英国皇家研究院以比之前稍高的薪水再次聘用法拉第。英国皇家研究院向来重视用科学来改善穷人的生活，最好的例子莫过于安全灯的改良。戴维就曾亲自进到矿坑内测试安全灯的效果，而且不申请专利。他的做事态度对法拉第产生了莫大的影响。但两人的关系随着戴维在1819年接受从男爵的爵位，第二年又成为英国皇家学会主席之后便渐行渐远。法拉第在1821年升为助理总监。两人间的裂痕不久后也显现出来。

在奥斯特发现电生磁现象后，戴维和沃拉斯顿尝试设计一部电动机，但没有成功。沃拉斯顿认为电流在导线内以螺旋方式前进，所以他预测一条悬挂的导线会受到附近磁铁的影响而以自身为轴旋转。法拉第与他们讨论过这个问题后，把导线接上化学电池使其导电，再将导线放入另一个内有磁铁的汞池之中，他发现导线绕着磁铁旋转。这个装置现在称为"单极马达"。

> 单极马达的原理：垂直于磁场方向的载流导线，会受到一个垂直于磁感线和导线的磁场力。此力产生一个力矩。由于旋转轴与磁场平行，且对应的磁场方向不变，故电流不需要改换方向就可以持续旋转。

在未告知沃拉斯顿的情况下，法拉第将这项发现的报告发表在《科学季刊》上。虽然沃拉斯顿的预测和法拉第的实验并不相同，但沃拉斯顿和他的朋友仍认为这是剽窃，为此法拉第受到相当严厉的责难。1823年3月，戴维以主席的身份在英国皇家学会演讲，他居然将电磁转动的发现归功于沃拉斯顿，这对法拉第来说是格外难堪之事。之后有人提名法拉第成为英国皇家学会院士的候选人，戴维不但反对，还试图阻止法拉第当选，但法拉第还是在1824年1月8日当选为英国皇家学会的院士。这件事让两人师徒情分尽失。而从1825年起，法拉第更获聘为英国皇家研究院的实验室主任。他担任这个职务一直到退休。

以磁生电

奥斯特发现电生磁现象之后,科学家发现越来越多与电磁相关的现象。法国科学家阿拉果发现把电线卷成线圈,再把不带磁性的金属棒放进去,金属棒会被磁化。此外,若我们将圆形磁铁和不带磁性的圆形金属板相互靠近并排在一起,当磁铁转动时,金属板也会朝同样的方向转动,这就是"阿拉果圆盘"。

1823年,英国科学家斯特金发现,若将铁棒放入用铁丝缠绕而成的螺线管内,铁棒的磁场会变强。但这些基本上都是以电生磁,那到底能不能以磁生电呢?虽然大家普遍相信有可能,可是没有人做出来,直到1831年,法拉第才终于做到以磁生电!

法拉第把两条导线环绕在一个大铁环上,一条导线连上电池,另外一条导线只连上电流计,他发现第一条导线通电跟断电时,连上第二条导线的电流计的指针都会动一下。法拉第接着把磁铁通过导线线圈,线圈中也有瞬时电流产生。移动线圈通过静止的磁铁上方时也一样,之前众人都期待"以磁生电"会产生稳定电流,但只有法拉第注意到磁场变化产生的电流都是瞬时电流。

1831年11月下旬,法拉第在英国皇家科学院的聚会上做口头发表,接着又以《与电相关实验之研究》为题投稿到《自然科学会报》。第二年法拉第就获得他的第一枚科普利奖章。

磁感线

法拉第研究电磁感应后提出一个非常重要的新概念:磁感线。根据法拉第的看法，磁感线占据磁铁内部与其周围的空间。虽然磁感线是肉眼不可见的，但只要我们将铁粉撒在磁铁上方的纸张上，马上就可以看到图形。磁感线在磁力最强的两极附近分布得最稠密；离两极越远，磁力越弱，磁感线分布的密度越低。有了磁感线的概念，法拉第认为切断线路上的磁铁或其他电流周围的磁感线，是引起电磁感应的原因。法拉第的磁感线概念后来被麦克斯韦发扬光大。

证明"所有的电"是相同的

法拉第下一个重要贡献是证明"所有的电"基本上是同一种东西。在19世纪初，电因不同来源而有不同的名称，如由伏打电堆（或一般化学电池）所得的电称为"伏打电"；经由摩擦而得的静电称为"摩擦电"；电磁感应产生的电称为"磁电"；温度不同的两个金属产生的电称为"热电"；电鳐、电鳗之类的动物产生的电则称为"动物电"等等。法拉第认为这些不同名称的"电"拥有相同的性质，但他如何证明呢？

1833年，法拉第设计出一种测量电流的仪器，可以根据电解过程中释放的气体体积来测量流过的电流量，也就是后来的电压表（voltmeter）。他用这种仪器计算，在电解过程中，每产生1克氢气所通过的电量与在电解槽中所沉积出的各种物质量的关系，最后归纳出无论电从何而来，一定量的电都会引起一定的效果。就这样，法拉第证明了各种名称的电其实都是相同的。

法拉第笼

三年后，法拉第又做了一个惊人的实验，他建造了一个被细密金属网包覆的庞大木笼，高达 3.5 米。进行实验时，大量的电荷会从发电机送到笼子表面的金属网，甚至有火花从金属网中飞出来，但是法拉第进到笼子里，不但点燃蜡烛，还一副悠闲的模样，他用电表确认了笼子里完全没有电荷，这就是"法拉第笼"。被导体包围的法拉第笼内部的电势完全相同，所以一旦将电荷带进笼子内部，电荷就会往法拉第笼移动并分布在笼子的表面。这就是为什么飞机、汽车等金属制的交通工具就算被雷打中，坐在里面的乘客也不会受到影响。

1838 年，法拉第与德国的数学王子高斯一起获得科普利奖章，这是他第二次获奖。接下来他的兴趣由电磁现象转到光磁现象，并且得到非常丰硕的成果。

法拉第效应

法拉第认为光跟电磁现象有密不可分的关系，一开始他尝试让光通过强电场，想要观察偏振光是否产生变化，但是徒劳无功。后来法拉第把电场换成磁场，即在偏振光的附近放置磁极，并且让偏振光通过不同种类的透明物质。他虽然改变了磁铁的强度、位置、通过物质的种类，却一直无法得到预想的结果。

1845 年 9 月 13 日，法拉第终于发现电磁铁能让光的偏振面旋转的神奇现象，即偏振光与磁感线平行地通过重玻璃时，会产生最大的旋转。这个实验首次证明光和磁力有所关联，也开启麦克斯韦后来的工作。电场其实也有类似的现象，但法拉第当时所用的仪器还测不出这个效应，要等到 1878 年苏格兰科学家约翰·克尔才能办到。

当时人类只知道磁铁等特殊物质有磁性，但法拉第相信所有物质或多或少都有内含的磁性。虽然早在 1778 年，布鲁格曼就发现金属铋和金属锑在磁场中存在某些抗磁性现象，但直到 1845 年 9 月，法拉第发现在外加磁场中，所有天然物质都拥有不同程度的抗磁性，"抗磁性"（diamagnetism）这个词才正式被使用在文献中。

法拉第不仅相信光与电磁现象有关，他还相信重力与电磁现象也有关。1849 年 4 月，法拉第开始做实验证明电与重力的关系。他尝试将用铜之类的非磁性物质所做成的球，从直立的金属制螺旋梯中落

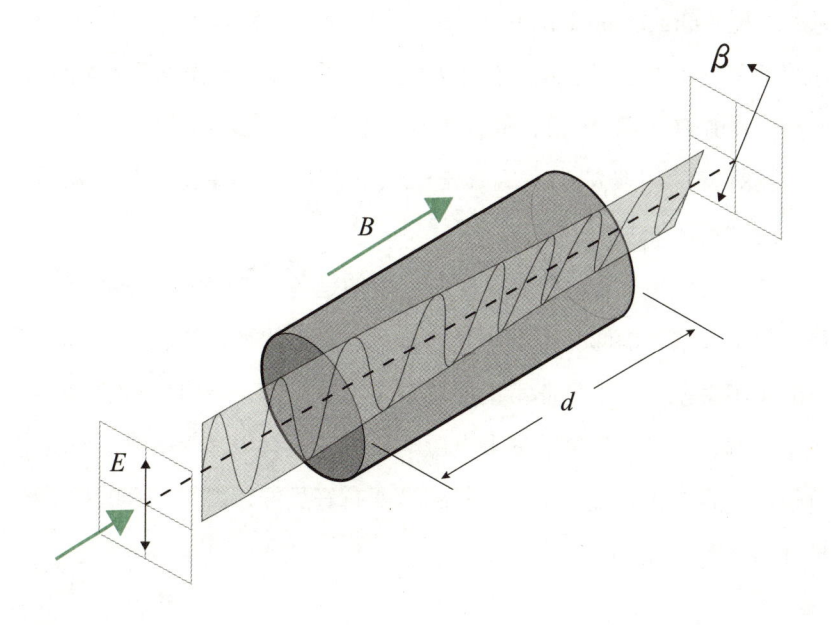

法拉第效应

磁场改变光的偏振方向。
E 是原先的光的电场方向。B 是通过磁性物质时施加的强大磁场。
$β$ 是光经过磁性物质产生的极化方向改变量。d 是光通过磁性物质的长度。

下，但没有得到任何特殊发现。法拉第不得不承认他无法证明电和重力的关系。他非常失望，因为他连"重力电"这个专有名词都准备好了。法拉第将他的研究结果投稿到《自然科学会报》，英国皇家学会的秘书斯托克斯认为他的实验没有成果，便将他的稿件退回了。这是法拉第投稿的最后一篇论文。

法拉第最后的实验又回到光与磁的关系上。1862年3月12日，他观察强磁场是否会改变钠的D线（焰色反应中的黄色光）的频率与谱线线宽。结果是一场空。然而，法拉第的想法并没有错，问题出在他当时使用的仪器上，当时的仪器尚不足以观测到这个效应[①]。

1858年，法拉第夫妇接受英国国王的安排，住到汉普顿宫中的恩典之屋（Grace and Favour House）。1862年，法拉第觉得连自己举办的圣诞节演讲会都已经没有体力应对，于是向英国皇家研究院提交辞呈。1867年8月25日，他在喜欢的书房椅子上寿终正寝。

1881年，巴黎第一届国际电气大会将电容的单位取作"法拉"（Farad）来纪念法拉第。

综观法拉第一生的研究，他所追求的是各种物理现象的合一。这跟他的个人宗教信仰有密不可分的关系。有趣的是，法拉第工作一辈子的英国皇家研究院是非常重视科学应用的机构，与传统的学术单位大相径庭，但是法拉第的许多电磁学研究在他有生之年是看不出应用价值的。到头来，做科学最要紧的是要有好品位，得做出好的科学成果才行啊！

[①] 1896年，荷兰物理学家塞曼（1865—1943）利用分光能力更好的光栅分光器观测到今日我们称之为"塞曼效应"的光谱线分裂。塞曼后来和用理论解释此效应的洛伦兹一起获得1902年的诺贝尔物理学奖。

磁通量的单位：韦伯

威廉·爱德华·韦伯（1804—1891）出生于萨克森选侯国的维腾贝格，那里正是 500 年前马丁·路德跟罗马教廷决裂，爆发宗教改革的地方。威廉的父亲迈克尔·韦伯是维腾贝格大学的神学教授，威廉在家排行第二，他的哥哥恩斯特·海因里希·韦伯与弟弟爱德华·弗里德里希·韦伯两个人后来都成为生理学家。他们在维腾贝格时的房东朗古特教授是博物学教授，而另一位房客是因研究振动与声波而颇负盛名的恩斯特·克拉尼教授，所以韦伯兄弟在耳濡目染下都走上科学的道路。拿破仑在莱比锡战役中大败后，普鲁士军开始攻击维腾贝格，韦伯全家就搬到哈勒。

搬到哈勒之后，威廉在当地的中学就读。当时他的哥哥恩斯特为了研究人体的循环系统，特别是动脉的力学性质，就开始做波的运动实验，威廉也参与其中，他们将液体倒入管壁有弹性的管子中观察流体行为。1825 年，两兄弟在莱比锡出版长达 500 多页的《基于实验的波的理论》，并特地将书献给他们的物理启蒙老师克拉尼教授。

威廉从 1822 年起在哈勒大学学习数学，在那里他亲炙于物理学家约翰·施魏格尔与数学家约翰·弗里德里希·普法夫，并在前者的指导下研究管风琴发声理论。他于 1826 年获得博士学位，1827 年获得大学任教资格，并留校任教，1828 年升为副教授，这样快的晋升速度让人吃惊，也显示他受器重的程度。很快地，机会降临到他身上，让他跃上更耀眼的舞台。

和数学大师高斯合作

1828年,威廉和哥哥恩斯特一起参加由著名博物学家亚历山大·冯·洪堡组织的德国自然科学学者和医生协会的第十七次大会,韦伯关于管风琴琴管的演讲,不仅得到洪堡的赞赏,还令德国著名数学家高斯对他青睐有加。1831年,高斯邀请威廉前往哥廷根大学,威廉二话不说就接受了邀请,从此开始了他与高斯长达六年的合作。

哥廷根大学因自由的科学探索精神和氛围而居于德国大学的中心地位,但让哥廷根大学声名大噪的是数学家高斯,他是哥廷根大学的教授和当地天文台的台长。数学王子高斯当时正一心一意地研究地磁,寻找适当的方法来制定出地磁的绝对单位。威廉一到哥廷根就开始与高斯合作研究地磁学和电磁学,特别是电磁现象的绝对单位问题。

当时的电磁学测量都还只是相对的,换言之,之前的电磁实验虽然可以验证,如安培定律中电流与磁场的比例关系,但是电流与磁场都还没有绝对的单位。反过来看,牛顿力学中所有物理量都可以用长度(L)、时间(T)与质量(M)来做因次分析。

牛顿是力的单位,因次是 MLT^{-2}。

1 牛顿 =1 千克 x 米/秒^2,只要给定长度、时间与质量所组成的绝对单位,所有力学的物理量都可以得出它们的绝对单位。

换言之，设定电磁相关的绝对单位等于是把电磁力纳入牛顿力学的堂皇大厦中，这比我们想象的要难。举例来说，磁针在地磁影响下会产生偏转，我们可以巧妙地设计一个扭摆让磁针产生类似简谐振动的扭动，这个扭动的频率（ω）和磁针的磁矩与磁场的乘积有关，由此我们可以决定磁矩与磁场的乘积的单位。但问题是如何分别决定磁矩的单位跟磁场的单位呢？

威廉与高斯想出一个好方法，他们拿出一块磁铁与原先的磁场相距 R，当两者达到力学平衡时，两者夹角 θ 与磁场跟磁针的磁矩的比值有关。他把磁针的磁矩用 ω、R、θ 以及扭摆的转动惯量 J 来表示，这样地磁的绝对单位也可以设定了。1832 年，他们发表了第一篇关于磁场绝对单位的文章。后来威廉把电力与电磁力也包括进来。

第一个电话电报系统

威廉与高斯的合作并不限于一般的理论工作。1833 年，威廉在哥廷根市上空搭建两条铜线，然后把一个线圈放在上下两个水平放置的电磁铁棒之间上下移动，产生的感应电流的方向会因线圈运动方向改变而改变，把两个电流方向看成 0 和 1，再把每个字母写成由两个字节组成的一组代号，就可以传送信号了。

高斯在给洪堡的信中写道："韦伯独自一人架设了电报线……表现出惊人的耐心。"

威廉在复活节当天完成了物理研究所到天文台之间距离约 1.5 千米的电报通信。这可是世界上第一个电话电报系统。这个系统比英国查尔斯·惠斯通和威廉·库克发明的指针式电报机，以及美国人塞缪

133

尔·摩斯利用摩斯电码传送电报的发明都要早4年呢！

1836年，威廉、高斯和洪堡共同建立哥廷根磁学协会。除了广泛的电磁学实验外，威廉还进行物理生理学实验，并和弟弟爱德华一起出版《人类腿部力学》。

但政治风暴让威廉与高斯的合作在1837年戛然而止。1837年11月1日，刚刚即位的恩斯特·奥古斯特一世[1]宣布，废弃汉诺威王国由前任国王威廉四世钦定的、相当符合自由主义精神的宪法。于是，哥廷根七君子[2]便在同年11月18日公开提交一封抗议信。11月底，大学副校长及四位学院长在未经大学授权的情况下，以大学名义向国王提交一份声明，宣告大学与此七人断绝一切关系。12月12日，恩斯特·奥古斯特一世将这七位教授解职，甚至将其中三人——达尔曼、雅各布·格林以及格维努斯——驱逐出境。七君子的行动引发各地民众巨大的反响，民众甚至捐钱资助被驱逐出境的三人。各种高举自由主义旗帜的抗议活动、抗议信在全德意志地区如雨后春笋般出现。哥廷根大学的名誉则在放逐七君子后受到相当长时间的伤害。韦伯是七君子中唯一的自然科学家。

第一张地球磁场图

韦伯失去哥廷根的教职后，先后到柏林、伦敦和巴黎工作，之后

---

[1] 英国维多利亚女王即位成为英国女王时，汉诺威王国与大不列颠王国的"同君联合"也宣告结束。汉诺威王国在1837年迎来了自己的君主恩斯特·奥古斯特一世，他是英国国王乔治三世的五子。

[2] 七位都是哥廷根大学的教授。除了威廉·韦伯以外，还有法学家阿尔布雷希特、历史学家达尔曼、神学家与东方学学者埃瓦尔德、文学与史学者格维努斯以及著名的格林兄弟。

又回到哥廷根，在哥廷根磁学协会工作。1840年，威廉和高斯画出世界上第一张地球磁场图，并且定出地球磁南极和磁北极的位置。到了1843年，威廉被莱比锡大学聘为物理学教授，他的两位兄弟也都在莱比锡大学担任教授。

19世纪初，新发现的各种电磁光热现象都还没办法用牛顿力学体系来描述，所以如何用经典力学将新发现的电磁现象收纳进来，是非常重要的工作。威廉试图将库仑的静电力与安培发现的电流之间的力统一起来，他终于在1846年做到了！

威廉写出了一个方程来描述两个电荷之间的作用力，由三个项组合而成，如果两个电荷相对静止，就会变成库仑力；但是如果电荷的相对速度不为0，就会产生安培所发现的电流之间的力。基本上，威廉把电磁作用当作是电荷间的超距作用。后来威廉和弗朗茨·恩斯特·诺伊曼继续发展出一套完整把电磁力当作超距力的电动力学理论。这套理论后来成了电动力学理论的主流，一直到麦克斯韦的电磁理论提出后才被取代。

诺伊曼在1845年提交给柏林科学院的两篇论文《感应电流的一般定律》和《关于感应电流数学理论的一般原理》是最早用矢量势（vector potential）来描述电磁现象的文章。

矢量势后来在麦克斯韦的电磁理论中扮演非常重要的角色，由此衍生的"规范不变性"更是20世纪基本粒子理论最重要的基本原则。虽说电磁超距力的理论许多课本都略而不提，但在科学发展的进程上，也是很重要的一环呢！

真空中的光速值

威廉在莱比锡只待了6年，因为1848年德国爆发革命后，政治气候不变。恩斯特·奥古斯特一世被迫颁布比先前更为先进的宪法。1849年，威廉被允许返回哥廷根，当时担任他原先教授岗位的是约翰·利斯廷，在威廉的坚持下，利斯廷保住了他的教职，而哥廷根大学物理系破天荒有了两名教授。后来波恩与弗兰克同时在哥廷根大学担任物理教授，就是拜双教授制所赐。威廉担任这个职务直到1870年退休为止。1855年，高斯过世后，威廉接任哥廷根天文台台长。

威廉一生发明了许多电磁仪器，如既可测量地磁强度又可测量电流强度的双线电流表，既可测量电流强度又可测量交流电的功率的电功率表，以及测量地磁强度垂直分量的地磁传感器等等。利用这些仪器，威廉与科尔劳施一起完成了确定电量的电动单位与静电单位之间关系的测量，得到的比值即是真空中的光速值。为什么呢？因为静电单位是用库仑定律中的静电力来定义电荷，而电动单位则是利用安培定律中电流之间的作用力来定义电荷，它们的比值是 $(\varepsilon_0\mu_0)^{-1/2}$。这个比值也出现在韦伯力方程式的第二项与第三项，威廉称其为"c"。这一测量后来给了麦克斯韦的光学电磁理论重要的支持，而麦克斯韦也跟着威廉用"c"代表光速。

ε_0 与 μ_0 分别是真空介电常数（vacuum permittivity）和真空磁导率（vacuum permeability）。

他们怎么得出这两个单位的比值呢？他们先让两个电容器带相同的静电荷，并且用它们的静电作用力决定它们的电量大小，再放电让电荷通过两条导线，然后再测量导线间的吸引力。他们的测量结果是 3.1074×10^8 米/秒，与1849年法国科学家斐索测量到的光速 3.133×10^8 米/秒非常接近，但威廉与科尔劳施都没注意到这件事，因而在1856年才发表他们的结果。

磁通量的正式单位

1858年科尔劳施去世后，威廉继续与莱比锡的物理学家和天文学家约翰·卡尔·弗里德里希·佐尔纳合作研究物质的导电性质。1859年，威廉荣获英国皇家学会的最高荣誉科普利奖章。佐尔纳不幸于1882年去世，但他的电荷原子概念却成为威廉晚年研究的重心。

佐尔纳把物质想成是由带电粒子构成的，这些带电粒子彼此以威廉的电磁力相互作用，如同在牛顿力学中粒子之间以引力相互作用一般。威廉以此解释物质的电、磁、热等性质，得到不错的结果，这就是现代原子论的滥觞。

1881年，威廉和高斯提出的单位制在巴黎国际会议被确认，但是德国代表团团长亥姆霍兹建议用"安培"（Ampère）取代早已广泛使用的"韦伯"（Weber）作为电流强度的单位。听说亥姆霍兹与威廉时常意见相左，他大概是不太想让自己对头的名字家喻户晓吧？"韦伯"后来还是成为磁通量的正式单位。只是磁通量跟电流比起来还是差一截，倒是"高斯"成了磁场的单位。

1891年6月23日，威廉在哥廷根去世。他与普朗克、波恩葬于同一墓地。读者们若有机会到哥廷根，不妨去这位不畏强权的前辈坟前献花致意吧！

电感的单位：亨利

> 电感的单位：亨利，如果电路中电流每秒变化 1 安培，则会产生 1 伏特的感应电动势，此时电路的电感就定义为 1 亨利。

约瑟夫·亨利（1797—1878）出生于美国纽约州的奥尔巴尼，父母都是来自苏格兰的移民。当时欧洲许多企图翻身的穷人都选择移民美国。他的父亲在哈德逊河的船只上工作，但因身体状况不佳，无法抚育孩子，就把当时年仅 7 岁的小亨利送去纽约州加尔威跟祖母同住。两年后亨利的父亲病逝，但他继续待在加尔威读书。后来亨利就读的学校为了纪念他，改名为约瑟夫·亨利小学。

亨利 13 岁时回到奥尔巴尼跟母亲同住，在钟表铺当学徒，不过两年后那家钟表铺就收摊不干了。亨利的母亲只好把房子变成寄宿之家，并供应三餐来维持生计。此时的亨利爱上戏剧，不只爱看还爱演，不过他最后没变成演员，转而走上学术的道路，起因是在他 16 岁时，一位寄宿在他家的人借给他一本《专为年轻人而写的实验哲学、天文学以及化学的演讲稿》。亨利读了之后爱不释手，大为感动，立志要成为科学家，而他也的确做到了！

1819 年，他已经 22 岁，才得以进入奥尔巴尼学院念书。毕业后他留在学校的实验室当助手，之后他成为助理工程师，参与勘查兴建中的哈德逊河与伊利湖之间的国道，这引发了他对工程的兴趣。1826年，他成为奥尔巴尼学院的数学和自然哲学教授。就在这个默默无闻的地方，亨利开始了他精彩的学术生涯。

耶鲁磁铁

当时电磁学正在起步的阶段，而亨利也对这个新兴学科有着高度兴趣。1825年，英国科学家斯特金将通有电流的金属线缠绕在绝缘的棒上，棒里头又装着铁棒，做成了全世界第一个电磁铁。这是因为当直流电通过导体时会产生磁场，而通过做成螺线管的导体时则会产生类似棒状磁铁的磁场。在螺线管的中心加入一个磁性物质后，这个磁性物质会被磁化，而达到加强磁场的效果。亨利得知这个发现后，在软铁芯上缠绕用绝缘电线做成的密集线圈，使用电流不大的电池通电后，电磁铁的磁场变得比斯特金的电磁铁强上许多。这是因为电磁铁产生的磁场强度与直流电大小、线圈圈数及中心的导磁物质有关。

亨利不断地改良电磁铁，1830年，亨利的奥尔巴尼磁铁已经可以吸上750磅（约340千克）的铁块。第二年，他再接再厉，他的"耶鲁磁铁"居然可以吸起2000磅（约907千克）的铁块，这已经是接近1吨重的铁块！

最早的电磁驱动器

亨利是一个颇具巧思的科学家，当他在摸索如何改良电磁铁的时候，发现使用高电压可以将电流传得比以前更远而且不致衰减，所以他让学生聚集在一座钟前，然后他利用高电压，从1000英尺（304.8米）外传送电流到电磁铁，让电磁铁吸引一个铁片，使铁片敲响钟。学生们自然乐不可支，喜欢演戏的亨利也是得意万分。这是1830年发生的事，比韦伯在哥廷根研发的电报还早呢！当然，这离商业用的电报还有一段距离，最大的困难是很难将电流传到1英里（约1609米）以外的地方，即使使用高电压也不行。这个问题直到1836年亨利发明强力电池才被解决。他的另一个相关重要发明是继电器（relay）。

> 继电器的原理很简单，它的输入部分为一组电磁铁，电磁铁通过电流时会产生磁性，就吸引着输出接点闭合或断开。电流消失后，输出接点又恢复到原始状态。这样电流信号就可以自动地重复并再传送一次。

亨利还有一个大发明，他在1831年创造了史上最早的电磁驱动器之一。这种电磁驱动器不做圆形旋转运动，而是一个磁铁摇杆来回摇摆。摇杆两端接着引线，当摇杆倒向一边时，引线会碰到旁边放着的电池，形成封闭电路而改变电磁铁的磁场方向，让摇杆往另一边倒，直到另一边引线碰到另一边的电池为止。这个算是现代直流马达的始祖[①]。

电磁感应

真正让亨利在科学史上占据一席之地的是电磁感应。1830年，他发现法拉第电磁感应定律，而且比法拉第还早，可惜没有公开。1832年，亨利发现当电流有变化时，线圈会产生一个反抗电流变化的电压，这是电流变化引起线圈中磁通量变化所造成的。他更进一步把两个线圈放在一起，甲线圈上电流的变化会诱发乙线圈上产生与电流变化反向的电压，这被称为"互感"。可惜的是，法拉第比亨利早几个月发现了互感现象。亨利于1832年7月在《美国科学杂志》上发表了有关自感现象的研究成果。由于亨利并不常将他的实验结果写成论文公开，所以吃亏不少。

继电器与电报的发明

1832年，亨利离开奥尔巴尼学院，成为新泽西学院的教授，这所学校是普林斯顿大学的前身。差不多同一时间，有一位画家居然也开始从事电报的研究，他就是发明莫尔斯电码的莫尔斯。说来奇怪，一位专业画家怎么会对电报产生兴趣呢？莫尔斯从欧洲回美国时在客

[①] 1834年托马斯·达文波特受这个发明的启发，发明了一个会做圆形旋转运动的直流马达。弗兰克·斯普拉格更据此发明了第一辆可以在街上跑的电动汽车，但因当时电池太贵无法与一般汽车竞争而遭到淘汰。

141

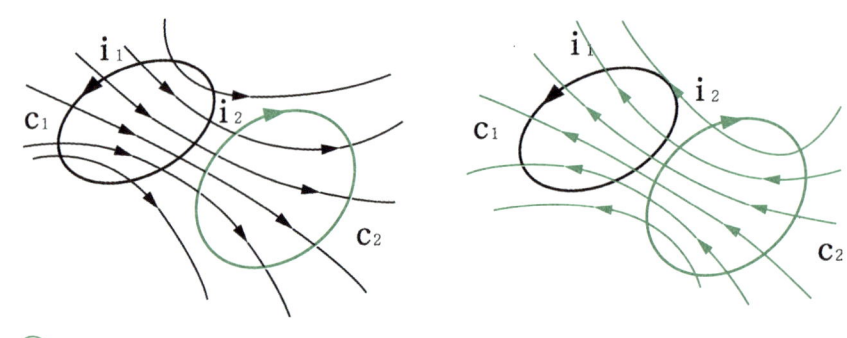

🔍 互感现象的原理

通过电路的电流改变时，会出现电动势来抵抗电流的改变。
如果这种现象出现在自身回路中，这种电感称为"自感"（self-inductance）。
假设一个电路的电流改变，由于感应作用在另外一个电路中产生电动势，这种电感称为"互感"（mutual inductance）。
C_1 闭合回路 1，上面载有电流 i_1。
C_2 闭合回路 2，上面载有电流 i_2。

轮上听到查尔斯·托马斯·杰克逊的演讲，杰克逊还当场示范电磁铁电流开关吸放铁钉的实验。莫尔斯看出这是一个了不得的远距离传播信号的方式，所以专心投入电报的研究。

然而莫尔斯很快就陷入瓶颈，电流难以远距离传输的问题马上浮出水面。这时伦纳德·盖尔告诉莫尔斯，亨利发明了继电器，再加上 1836 年亨利发明的强力电池，莫尔斯成功地在 1836 年将信号传送至 10 英里（约 16 千米）远的地方！

莫尔斯与盖尔找阿尔弗莱德·维尔一起继续发展电报技术，莫尔斯发明了中继器（repeater）也算有功劳。1843 年，他们在政府的资助下沿着铁路建了一条连接华盛顿与巴尔的摩的电缆，结果意外地大出风头！当时辉格党在巴尔的摩召开党员大会，提名参议员亨利·克莱竞选美国总统。他们利用新发明的电报探询克莱的意愿，克莱婉拒的决定凭借电报马上又传回巴尔的摩。这结果让社会大众对电报刮目相看。后来莫尔斯就申请专利，成立公司，成了富翁。但亨利因为向来不申请专利，结果分文未得。真正令亨利恼火的是，莫尔斯从未公开承认或赞扬亨利的贡献。

虽然没成为富翁，亨利还是备受尊重，他被认为是美国科学界的"领头羊"。所以当史密森学会在1846年成立时，亨利众望所归地成为第一任会长。亨利的后半生完全投入史密森学会的经营上，他离开普林斯顿，搬到华盛顿，并积极推动与学会精神相符的各种科学研究活动。亨利在1848年曾与天文学教授斯蒂芬·亚历山大共同计算太阳在不同区块的相对温度。他们还使用热电堆确定太阳黑子的温度比周围地区的还低。

亨利后来认识了撒迪厄斯·洛，洛对他的研究展现了极大的兴趣，也提供了许多援助。洛是个气球狂，曾使用热气球来研究大气层，特别是今天我们所说的高速气流。洛还试图利用一个巨大航空器来横渡大西洋。1860年6月，洛将他制造且试飞成功的气球命名为"纽约市号"，后来更名为"大西部号"。南北战争爆发后，洛放弃横渡大西洋的计划，在亨利的推荐下组成了北军的气球部队，从事侦察的工作。亨利在南北战争时担任林肯总统的科学顾问，史密森学会也致力于提升当时野战医院的医疗水平，贡献良多。

亨利身为史密森学会的会长，接待过许多征求意见的科学家和发明家，他个性和蔼又有耐心，还时常展现幽默感。亚历山大·贝尔在1875年3月1日带着介绍信来拜访亨利。亨利看到贝尔的实验装置后赞不绝口，他劝告贝尔在他的发明完成前，千万不要公布他的构想。亨利大概是想起自己在发明电报时吃的闷亏吧！1876年6月25日，贝尔的实验电话在费城展出时，亨利刚好是电气展的评审之一，他大力称赞贝尔的发明令人惊艳，也非常有价值。当时巴西的皇帝佩德罗二世（Pedro Ⅱ）也在会场呢。据说贝尔曾跟亨利表达对自己缺乏必要科学知识的担心，亨利只回答了两个字"get it"，这算是扬基精神的最佳写照吧！

　　亨利除了担任史密森学会的会长外，也是美国国家科学院第二任院长。1878年，亨利在华盛顿过世。后来国际单位制导出单位中将电感的单位定为"亨利"来纪念他。由于亨利是个很常见的名字，所以很多人不知道单位"亨利"指的是谁，希望本文能让更多人认识这位精力充沛的美国科学先驱。

电阻的单位：欧姆

乔治·西蒙·欧姆（1789—1854）出身于德国埃尔朗根的一个新教家庭，父亲是一名锁匠，母亲是裁缝师之女，她在欧姆10岁的时候就去世了。欧姆的一些兄弟姐妹都在年幼时就去世了，只有他和姐姐伊丽莎白·芭芭拉以及后来成为著名数学家的弟弟马丁·欧姆三个人存活下来。

乔治和马丁小时候都没有上学，教育完全由他们的父亲来负责。虽然乔治的父母从未受过正规教育，但他的父亲是广受尊敬的奇人，通过自学就拥有相当高水平的学识，乔治与马丁学到的许多高深的数学、物理、化学和哲学知识，全是由他们的父亲所授。乔治在15岁时接受埃尔朗根大学教授卡尔·克利斯坦·凡·兰格斯多弗的测试，兰格斯多弗注意到乔治在数学领域有异于常人的出众天赋，他甚至在结论上写道，从锁匠之家将诞生出另一对伯努利兄弟[①]。可见兰格斯多弗有多看重欧姆兄弟。

乔治16岁时进入埃尔朗根大学学习数学、物理和哲学。1806年9月，他在瑞士的戈斯塔特的一所学校当数学教师，就在那里待了下来。

---

① 伯努利家族是欧洲最出名的天才家族，出了许多科学家。

当时欧洲正处于拿破仑战争的高潮，1806年埃尔朗根被法军占领，1810年埃尔朗根成了巴伐利亚王国的一部分。所以乔治就留在瑞士直到形势稳定，1811年才回到故乡。

乔治22岁时回到埃尔朗根，并以论文《光和颜色》获得博士学位，毕业后在埃尔朗根大学做了3个学期的数学讲师，但大学讲师的薪水实在微薄，乔治只好另谋出路。最后巴伐利亚政府让他到班贝格的一所中学担任数学与物理的老师。他在那里觉得很绝望，为了另谋出路，他写了一本关于如何教基础几何的书《几何学指导的高等教育备课材料》。可惜他的伯乐还没出现，学校就在1816年2月倒了。巴伐利亚政府把他调到班贝格的学校帮忙。

1817年，他离开班贝格前去科隆一家耶稣会办的中学任教，这间中学不仅声誉卓著，而且还有一间设备不错的物理实验室。在这里，他继续钻研拉格朗日、拉普拉斯、毕奥和泊松的数学著作，还更进一步将触角伸到新时代的法国数学家傅里叶以及光学家菲涅耳的著作。这些数学著作对他影响非常大。1820年，他得知奥斯特的电生磁实验后，也开始利用学校的实验室做起跟电学相关的实验。

欧姆定律

乔治从傅里叶对热传递规律的研究中受到启发，傅里叶发现导热杆中两点间的热流与这两点间的温度差成正比，欧姆认为电流现象与热传递类似，也设想导线中两点之间的电流与这两点间的某种驱动力（即现在所称的电动势）成正比。乔治用伏打电堆作为电源，但因电流不稳定，后来改用铋和铜的温差电池使电流稳定。为了解决测量电流大小的难题，他先是利用电流的热效应，即利用热胀冷缩的方法来测量电流大小。但是这种测量方法不够精确，后来他把奥斯特发现的电流磁效应和库仑扭秤巧妙地结合起来，设计出电流扭秤：将导线和连接的磁针平行放置，当导线中通过电流时，磁针的偏转角与导线中的电流成正比，由此来确定电流的大小。一开始的数据有点奇怪，直到乔治采纳《化学与物理年鉴》的总编辑约翰·波根多夫的建议，改用热电偶为电源，将实验又重做一遍，终于得到今天大家熟知的"欧姆定律"。

乔治在1825年发表的第一篇论文中，研究当电线长度增加时，电磁力随之减小的现象。论文完全是从实验结果推导出两者之间的数学关系。他接着在1826年的两篇重要论文中，建立电传导的数学模型和表达形式。他由先前根据实验结果推导出的结果，进而提出法则，解释直流电研究的结果。这成为他在接下来几年发表完整理论前重要的第一步。这年8月他开始一年的休假，但只支领半薪。他到柏林找他的弟弟马丁，并且专注于他的电学研究，打算凭借自己的电学研究来找大学教职。

他著名的"欧姆定律"发表在1827年的《直流电路的数学研究》一书里。在书中他完整阐述了自己的电学理论，给出了理解全书所需的数学背景知识，提出了电路分析中电流、电压及电阻之间的基本关系。虽然他的这本书对电路理论研究和应用影响重大，但在当时却受到冷落，所以他想借着电学的研究找到大学教职的希望完全破灭，这对他是沉重的打击。当时他已经38岁，不但与名声、财富、婚姻都无缘，甚至连温饱都出问题了。

一年休假结束后，仍旧没有大学愿意给乔治一个教职，第二年3月他毅然决然辞去在科隆的工作，留在柏林当私人家教维生。马丁也是四处兼课维生。直到5年之后，乔治才终于在纽伦堡应用技术大学[①]担任非正式的大学教授。1839年,他成为这所学校的校长。因为公务繁忙,这段时间他在研究方面上是空白的。

为什么欧姆定律这个伟大的成就在当时不受青睐呢?这可能与乔治的研究风格有关。乔治的论文中利用了傅里叶新发展的方法,他可以决定一个有限、材质均匀的物体的电阻。他的这种高度结合数学与实验的研究手法虽然在法国已经相当普遍,但在德国还是很罕见。甚至在1831年,莱比锡的物理学家费希纳严谨地证实了欧姆定律之后,乔治的知名度还是没有提升。不过德语圈的物理学家们多多少少都用到乔治的发现,像圣彼得堡的楞次、哥廷根的韦伯与高斯都用到他发表的结果,著名的物理学家莫里茨·冯·雅可比也在第一部著作中用到欧姆定律,但在德语圈之外,乔治还是默默无闻。直到1842年,已经52岁的乔治终于成为英国皇家学会的外国会员,1845年成为巴伐利亚科学学会的正式成员。

1843年,乔治提出一项与听觉生理机制有关的基本原则,他认为音高是由声音的谐波振幅来决定的,与谐波之间的相位是无关的。1841年,物理学家奥古斯特·塞贝克发现,当我们将基频的强度以人为的方式调整为0时,被调整过后的声音音高仍旧不变。这两个论点引起一场争辩。1863年,亥姆霍兹认为乔治原则上是对的,而塞贝克的发现可能是耳朵产生的非线性效应,但此时双方都墓木已拱。而后来有学者发现亥姆霍兹所说的非线性效应也无法解释塞贝克的发现。

1849年,乔治在巴伐利亚学术院任职,并在慕尼黑大学授课,直到1852年他才终于成为慕尼黑大学的实验物理学讲座教授。但2

[①] 纽伦堡应用技术大学的全称为纽伦堡乔治·西蒙·欧姆应用技术大学,校徽是代表电阻的 Ω。

年后，乔治就与世长辞，终年65岁。他的弟弟马丁则在1839年成为柏林大学的数学教授，培养了许多英才，才在1872年以80岁高龄过世。

乔治过世9年后，不列颠科学协会提议将他的姓"欧姆"（Ohm）作为电阻的单位，1864年正式采用，一开始称为Ohmad，1867年简称为Ohm，一直沿用到今日。

磁通量的单位：麦克斯韦

> 麦克斯韦（Maxwell）是厘米－克－秒单位制（CGS制）的磁通量单位，缩写为"Mx"。
>
> 1麦克斯韦 = 1高斯 × 厘米^2 = 10^{-8}韦伯

电磁学发展到19世纪的中叶，来到关键的时刻，电与磁的现象虽然彼此关联，乍看之下错综复杂，然而在众多科学家的努力下逐渐柳暗花明，而将这全景整个描绘出来之人，正是詹姆斯·克拉克·麦克斯韦（1831—1879）。他生于苏格兰的首府爱丁堡。1847年，他自爱丁堡公学毕业后，又进入爱丁堡大学就读。1850年10月，麦克斯韦前往剑桥大学就读，4年后自三一学院数学系毕业。不久后，麦克斯韦向剑桥哲学学会宣读他的论文《论曲面的弯曲变换》。

1855年10月10日，麦克斯韦成为三一学院的院士。同一年，麦克斯韦向剑桥哲学学会提交《论法拉第力线》，这是他在电磁学领域初露锋芒之作。在这篇论文中，他尝试给"法拉第力线"一个明确的数学定义。首先他将力线延伸为装满不可压缩流体的"力管"，这根力管的方向代表力场（电场或磁场）的方向，力管的截面面积与力管内的流体速度成反比,而流体速度可以比拟为电场或磁场。既然把电场或磁场看成是流体速度,那么借用流体力学的一些数学框架,即可推导出一系列电磁学的现象。值得一提的是,麦克斯韦在这里提出了流体没有质量。他提出的模型只是几何模型,还不是物理模型。就这样,他成功解释了许多静电与静磁现象的成因。

不过当麦克斯韦开始尝试处理电紧张态(electrotonic state)时,第一道难关出现了。"电紧张态"是法拉第最先提出的概念,但是,这个概念显得相当模糊,法拉第的解说也是相当晦涩。在麦克斯韦设计的模型中,流体都是稳定的,任何位置上流体的流动方向和速率都和时间无关。但是法拉第提出的电紧张态只能在系统改变时才会显现。所以,麦克斯韦在先前的流体模型中找不到任何对应的量来模拟电紧张态。

> 电紧张态:在研究电磁感应理论时,法拉第发现将物体放在磁铁或电流附近时,物体会进入一种状态。假如不打扰这个系统,则处于此状态的物体不会自发地显示出任何现象;但是,系统一有所变化,比如磁铁被移动,或电流被增大,则状态也会改变,因而产生电流或趋向于产生电流。法拉第把这个状态称为"电紧张态"。

此外,麦克斯韦的流体模型虽然可以模拟各种电场和磁场的现象,但都是孤立的现象,换言之,麦克斯韦的流体模型尚无法解释一般的电磁感应现象。不过他注意到一个关键信息,威廉·汤姆森曾于

1851年引入矢量势的概念[①]。矢量势的旋度即是磁场。在这篇论文中，麦克斯韦将法拉第的电紧张态认定为矢量势，并且指出电场等于矢量势随着时间的变化率。对此定义两端做"旋度"就可以得到法拉第的电磁感应定律！这是麦克斯韦对电磁学的第一个实质贡献。但是对于如何以流体模型来解释电磁感应的这个问题，则尚待进一步的研究。

1856年11月，麦克斯韦接受马歇尔大学的教授职位，离开了剑桥大学。当时麦克斯韦年仅25岁，比其他的教授至少年轻15岁。他担任系主任，对撰写教学大纲以及准备相关课程的工作尽职尽责。1857年，麦克斯韦与当时马歇尔大学的校长丹尼尔·杜瓦牧师成为好朋友，后来还和他的女儿凯瑟琳·玛丽·杜瓦结婚，虽然两人并无子嗣，但比麦克斯韦大7岁的凯瑟琳是一位贤内助。

1860年，麦克斯韦成为伦敦国王学院的自然哲学教授。麦克斯韦搬到伦敦后不久，他就获得光学领域的最高荣誉拉姆福德奖章。其实他在爱丁堡大学时就对颜色的性质以及人体如何感知颜色等问题有着浓厚的兴趣，也在光学领域和色觉的研究上持续做出好成绩，最后因为《色觉理论》得到肯定。1861年，他在英国皇家研究院演讲时，展示经由三色叠加原理所拍摄的世界上第一张彩色照片。这张照片的内容是一条花呢格纹的缎带。

当时麦克斯韦面临的挑战是建立一个不仅可以表现电学与磁学现象，还能解释电磁感应现象的具体模型。那时已经有人提出一些试着解释电磁现象的物理模型。麦克斯韦特别提到物理大师威廉·汤姆森在1847年提出的"弹性固体模型"。

在这个模型里，固体的每一颗粒子在磁场力的作用下会产生角位

---

① 其实最早这么做的是德国物理学家弗朗茨·诺伊曼。

移（angular displacement），其转动轴与磁场方向相同，位移大小则与磁场力的大小成正比；而电场力则会使固体粒子产生绝对位移，位移方向是电场力的方向，位移大小则与电场力大小成正比。电流通过时，粒子还会产生相对于周遭粒子的位移，方向与电流方向相同，大小与电流的大小成正比。粒子具有弹性所以可以解释电场和磁场的传播，而且固体粒子会因磁场的作用而产生角位移，所以也可以解释法拉第效应。但是，汤姆森并没有解释电场力和磁场力是如何产生的。显然，这样的模型离麦克斯韦心目中完美的模型还有一段距离。

安培定律

1861年，麦克斯韦终于发表了他的第二篇电磁学论文《论物理力线》，文中提出了"分子涡流模型"。通过分子涡流模型及复杂的运算，麦克斯韦能够推导出安培定律、法拉第电磁感应定律等等，并合理地解释各种电磁场现象及其伴随的作用力。

这么神奇的模型到底是什么样子的呢？且让笔者不用方程来加以描述一番。首先麦克斯韦认为磁场是一种旋转现象，他设计的分子涡流模型将磁感线延伸为"涡流管"。想象涡流管由许多"涡胞"构成。在涡胞内，不可压缩的流体绕着旋转轴以均匀的角速度旋转。涡流内流体的角速度被麦克斯韦当成磁场，在涡胞内部的每一小块都会感受到来自不同方向不同的压力，由压力的分布就可以计算出每一小块感受到的力。麦克斯韦认为这个就是磁力的来源。

麦克斯韦接着假设邻近两条磁感线的涡胞旋转方向相同，且涡胞之间会发生摩擦，则涡胞的旋转会越来越慢，最后会停止旋转；但如果这些涡胞之间是平滑的，那么磁场就无法传播了。为了避免这个困难，麦克斯韦想出一个绝妙的解决方法：他假设有一排小圆珠隔离两个相邻的涡胞，这些圆珠只能滚动，不能滑动；圆珠旋转的方向与这两个涡胞的旋转方向相反，这样就不会引起摩擦。圆珠的平移速度是两个涡胞周边速度的平均值。这是一种运动学的关系，而不是动力学的关系，因为这些圆珠都没有质量。麦克斯韦用这些圆珠的运动模拟电流。通过简单的几何关系，麦克斯韦发现了圆珠的速度与涡胞角速度的关系，也就是所谓的安培定律！

接下来，麦克斯韦赋予这些涡胞弹性的性质。假设施加某种外力于圆珠，则这些圆珠会转而施加切力于涡胞，使涡胞变形。这代表一种静电状态，这个切力就是电场。如果外力与时间有关，则涡胞的变形也会与时间有关，这样就形成了电流。由于涡胞内部流体的流动，涡胞具有流动能量密度，麦克斯韦把它比拟为磁能量密度；而因圆珠的切力所产生的变形而储存的弹性能量密度，则被比拟为电能量密度。所以切力所做的总功率应该等于涡胞总能量的增加，由此麦克斯韦得出法拉第电磁感应定律。

麦克斯韦修正项

设想一个原本为电中性的电介质，束缚在其中的电荷由于感受到电场的作用，正束缚电荷会朝着电场的方向移动，负束缚电荷会朝着电场的反方向移动。电介质内部正负电荷的相对位移会产生电偶极，这个现象被称为电极化。静电状况中，这些束缚电荷不会造成电流，因为它们的移动范围被限制住了。但假设电场随时间变化，则电荷的移动也会与时间有关，因而形成随着时间改变的电流。如果涡胞的介质是这种电介质，则会因为随时变化的位移产生额外的电流，麦克斯韦称它为"位移电流"。所以麦克斯韦在安培定律中增加了一个有关位移电流的项，称其为"麦克斯韦修正项"。

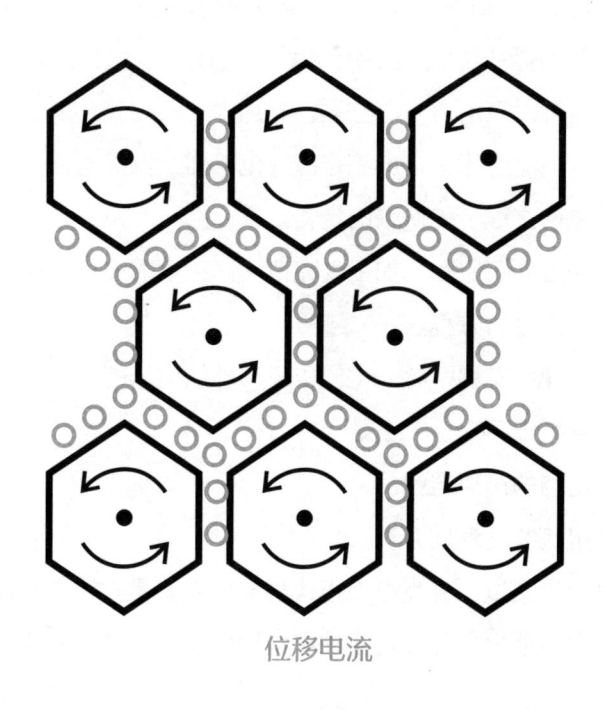

位移电流

电磁理论的诞生

麦克斯韦很快地想到，既然弹性物质会以波动形式在空间中传递能量，那么，模型所比拟的电磁场应该也会以波动形式来传递能量。麦克斯韦计算出电磁波的传播速度，发现数值非常接近先前法国科学家测量到的光速。因此，麦克斯韦大胆猜测光波就是一种电磁波。

1864年，麦克斯韦完成论文《电磁场的动力学理论》，但第二年才刊登在期刊上，在这篇论文中，他不再依赖具体的模型，而是将电磁场遵守的数学关系整理出来。这篇论文第三节的标题为"电磁场的一般方程",麦克斯韦写出了含有 20 个未知量的 20 个方程。其中,有 18 个方程可以用 6 个向量方程集中表示(每 1 个直角坐标轴都对应 1 个方程),另外 2 个是纯量方程。所以,以现代向量标记,麦克斯韦方程组可以表示为 8 个方程,分别为:

(1)全电流定律:全电流是传导电流加上位移电流。

(2)磁场方程:矢量势的定义。

(3)安培环路定律:加上麦克斯韦修正项的安培定律。

(4)洛伦兹力方程。

(5)电弹性方程:感应电偶极子与外加电场的关系。

(6)欧姆定律。

(7)电场的高斯定律。

(8)电流的连续性方程。

在这篇论文里,麦克斯韦正式推导出光波是一种电磁波。在推导过程中,之前他提出的安培定律中新增的"麦克斯韦修正项"扮演了一个关键的角色。令后人惊讶的是,在此他并没有用法拉第电磁感应定律,而是用洛伦兹力方程来解释电磁感应作用。这篇论文阐明能量储存于电磁场内,也宣告了电磁理论的诞生。

除了电磁学,麦克斯韦还对统计力学有着不可磨灭的功绩。1856 年至 1866 年,他建立了气体分子速度分布的理论。后来由玻尔兹曼进一步将其推广为麦克斯韦 - 玻尔兹曼分布,它给出特定温度下在特定速度区间运动的气体分子数占总数的比例。

麦克斯韦又进行了一个可以诘难热力学第二定律的思想实验。他设想热力学系统内部存在这样一个机制:其可以辨识分子运动速度,并令运动速度在不同区间上的分子向系统不同部分集中(这一机制一般被称为"幽灵");那么一个孤立系统的熵可能会因为这一机制的存在而减少，而这样就违反了热力学第二定律。

1865年，年仅34岁的麦克斯韦正处于其学术生涯的高峰时期，却决定辞去伦敦国王学院的职位，带着妻子回到故乡，专注于研究与写书。1871年，麦克斯韦从热力学势（thermodynamic potential）对两种热力学状态量的二阶偏导与求偏导的先后顺序无关出发，给出一系列热力学状态量偏导数间的等式关系，即"麦克斯韦关系"，这对热力学发展有莫大的影响。而麦克斯韦方程组较为完善的形式最早出现在1873年出版的《电磁通论》中，他以四元数的代数运算表述电磁场理论，并将电磁场的势作为其电磁场理论的核心。

1874年，素有诺贝尔奖摇篮美名的卡文迪许实验室建成，这间实验室是当时的剑桥大学校长威廉·卡文迪许在1868年底私人捐资兴建的，麦克斯韦受邀担任首任卡文迪许教授，负责卡文迪许实验室的发展与构置。这里的物理教学不仅更系统化，而且还在讲授知识的同时进行演示实验，甚至学生也能动手做实验。

正当麦克斯韦要在卡文迪许实验室大展身手时，却不幸病魔缠身，在1879年11月5日因胃癌在剑桥逝世，终年只有48岁。麦克斯韦虽然英年早逝，但是他开创的电磁学在他身后仍继续发展。下一回我们要回到欧陆，看看麦克斯韦的理论如何在那里结出丰硕的果实。

频率的单位：赫兹

> 符号：Hz，表示每一秒周期性事件发生的次数。1930年，国际电工委员会提出将频率的单位以海因里希·赫兹的名字命名为"赫兹"。

1865年，麦克斯韦推导出电磁波的波动方程，但是这个方程在欧陆的名气并不响亮，因为欧陆学者对"场论"仍有所疑虑，韦伯等人的超距力理论比麦克斯韦的电磁场论更受学者青睐。现在常见的麦克斯韦方程组，其实是赫维赛德于1884年修改编排而成的。同时期，美国的吉布斯和德国的赫兹分别研究出类似的结果。有很长一段时间，这些方程被总称为"赫兹－赫维赛德方程组""麦克斯韦－赫兹方程组"或"麦克斯韦－赫维赛德方程组"。让麦克斯韦的电磁理论名声大噪的关键是，1888年赫兹利用振荡电流产生电磁波。

赫维赛德的电报员方程

奥利弗·赫维赛德（1850—1925）是推广麦克斯韦理论的第一功

臣。他并非学者出身，而是自学有成的电报员。他出生于现在伦敦的郊区，年幼时得了猩红热，造成他听力终身受损。中学毕业后因家境不好，他没有继续升学，而是被他的舅舅查尔斯·惠斯通[①]送去电报公司工作，两年后赫维赛德成了丹麦大北电报公司的电报员。当时这家公司牵了海底电缆从英格兰的纽卡斯尔连到丹麦。1872年，赫维赛德初露锋芒，在著名的期刊《哲学杂志》上发表了他的第一篇科学论文，内容是如何最佳地利用惠斯通电桥来测量电阻。第二年他申请加入电报工程师协会，却因"我们不需要电报员"这样的理由而吃了闭门羹，后来他求助于物理学家威廉·汤姆森才得以加入该组织。

真正改变赫维赛德一生的事是，他在1873年看到了麦克斯韦的《电磁通论》，赫维赛德直到晚年依然清晰地记得他看到这本书时的激动心情。1874年，赫维赛德毅然从电报公司辞职，开始他孤独而贫穷的学术生涯。赫维赛德消化麦克斯韦理论的精髓之后，开始发挥他的一身好本领。首先他提出电报员方程（telegrapher's equations），他通过方程指出，若将电感平均分布于传输线，可以减少信号衰减和噪声，而且当电感够大、电阻够小，所有频率的电流都会等比例地衰减，就不会产生噪声了。这对电报的发展帮助非常大。

1880年，赫维赛德研究电报传输上的集肤效应，简单而言就是电流集中在导体的"皮肤"部分，产生这种效应的原因主要是随时变化的电磁场会在导体内部产生涡旋电场，与原来的电流互相抵消。

1884年，他将麦克斯韦方程组重新表述，把四元数改为向量，将原来20条方程减到4条微分方程。赫维赛德和麦克斯韦还有一个很大的不同点，麦克斯韦认为电势和矢量势是他方程组的中心概念。

---

① 查尔斯·惠斯通是商用电报的发明人。

但是赫维赛德对此相当不以为然，他认为只有电场和磁场才是最基础、最实际的物理量，并试着除去方程组内的位势变量。但赫维赛德大概没想到，当量子物理登场后，他眼中没有物理意义的电势与矢量势却扮演着非常重要的角色，特别是它们引入了规范不变性的概念，这是今天粒子物理的基石。也许麦克斯韦真的是天赋异禀吧！

到了 1888 年，赫兹利用振荡电流产生电磁波，这则来自德国的新闻让赫维赛德大为振奋。三年后，赫维赛德这样说："3 年前，电磁波到处都不存在，很快地，它们却无所不在。"的确，这不仅是麦克斯韦的胜利，更开启了通信的新纪元！

赫兹证明了电磁波的存在

海因里希·鲁道夫·赫兹（1857—1894）出身于德国汉堡一个改信路德派的犹太家庭，有三个弟弟和一个妹妹，父亲是一位律师，后来成为参议员。赫兹小时候被送到当时汉堡著名的教育家维夏德·兰格开设的新型学校上学，这所学校的教学内容着重在科学与工程，不教希腊文与拉丁文，也不带任何宗教色彩。

上大学时，赫兹先去法兰克福当建筑师，后来到德累斯顿攻读工程学，但没毕业就被征召去当兵。退伍一年后，他到柏林大学继续念书，在物理大师亥姆霍兹手下学习和工作，亥姆霍兹对他未来的事业有着重大的影响。

当时亥姆霍兹正与哥廷根的韦伯展开一场漫长的论战，亥姆霍兹对韦伯的超距力理论不以为然，尤其不喜欢韦伯的带电粒子基础理论。相反地，他相当欣赏麦克斯韦的理论，但他不太满意麦克斯韦的理论架构，所以他努力"改良"麦克斯韦的理论来符合自己的想法。

亥姆霍兹很快就看出赫兹是匹千里马，就让他研究"电流到底有没有惯性"这个大问题。换言之，亥姆霍兹想要知道电流有没有动能。赫兹通过估计它对线圈自感的影响，得到电流动能的上限，这项工作让亥姆霍兹大为惊艳。

1879 年，亥姆霍兹以"实验证明绝缘体电介质极化和电磁力之间的关系"为题，设置柏林科学院奖。赫兹提出三个可能的方法给亥姆霍兹：第一个方法是，将绝缘体塞到 LC 电路的线圈里看频率的变化，所谓 LC 电路是指连接一个电感与一个电容的电路；第二个方法是，将绝缘体放在持续放电或充电的电容器中，研究它对磁棒磁力的反应；第三个方法是，将电介质做成球在磁场上旋转，观察它受到的感应电动势。但是赫兹评估这些实验都太难完成了。

1880 年，赫兹获得博士学位，但继续跟随亥姆霍兹学习。这段时间他一共写了 15 篇文章，可以说是当时物理界的新秀。

1883 年，他接受基尔大学的邀请担任讲师。赫兹搬到基尔后，潜心研究电磁理论。他认为磁通量变化产生的电力与静电力的本源应该要相同，由麦克斯韦的矢量势与电势写成的公式中，矢量势相对时间的改变量与电势梯度的组合正是单位电荷所受的电力，所以他开始倾心于麦克斯韦的理论。

1885 年，赫兹获得卡尔斯鲁厄理工学院正教授资格，让他能一展身手，设计实验来证实麦克斯韦的电磁理论。之后两年，他花许多心血设计仪器，特别是会放出火花的高频放电器。到了 1887 年，赫兹在物理实验室中解决了 1879 柏林科学院悬赏的问题，同时证明了电磁波的存在。

赫兹的实验装置是将一对金属棒点对点，中间隔一条小缝隙用来产生放电火花，当金属棒被给予的正负电荷强到足以产生放电火花时，电流会沿着金属棒移动并跨越缝隙而前后振荡。这种振荡器会产生频率极高的振荡电流，足以使接收回路的次级线圈缝隙产生火花，使附近的绝缘体介质极化。就这样，赫兹证明了麦克斯韦的位移电流假说，回答了柏林科学院在1879年提出的问题，同时也制造出第一个可以操控的电磁波，真是一石二鸟，令人佩服。

电磁波的速度等于光速

接下来赫兹更证明了电磁波的速度等于光速，并最后证明了电磁波和光波的同一性。其实赫兹测量到的速度是200,000km/s，比实际光速小。直到1889年7月，英国科学家奥利弗·洛奇发现赫兹在计算电流频率时少一个根号二的因子。修正之后，赫兹得到的电磁波波速就与光速一致了。

在赫兹的实验成功时，他的学生很想知道这个神奇的现象是否可以做任何应用，赫兹却只是淡淡地说："没什么用，只是个实验，它验证麦克斯韦是正确的，我们确实拥有这些肉眼看不到的电磁波，它们的确存在。"

后来赫兹持续解决电磁波的反射、折射、极化、干扰及速度的问题，他的发现很快就激发了无线电和无线电报的相关发明，比如洛奇发明了无线电用的检波器。

赫兹研究电磁波时偶然发现了光电效应，他发现紫外线打到带电的金属板上时，金属板上的电荷似乎会减少，但他把结果写成论文投稿到《物理年鉴》之后，就没有再深究了。接着是1886—1889年，赫兹发表了两篇有关接触力学的论文，概述当两个轴对称的物体接触时会如何表现，他利用古典弹性理论和连续力学得到答案。

然而就在赫兹准备在学界大显身手之时，却开始怪病缠身，在

1894年的元旦不敌病魔，因为败血症在德国波恩离世，只活了36年。他死后被安葬在汉堡的犹太墓地。

洛伦兹-赫维赛德单位制

赫兹过世后，赫维赛德仍持续对电磁学有所贡献。1888—1889年，他计算出电场和磁场受移动中的电荷作用而产生的改变，以及电荷进入更密的介质时的影响，这跟后来的契伦科夫辐射和洛伦兹-菲茨杰拉德收缩理论有关。1902年，为了解释无线电波的反射，赫维赛德猜想大气有一层导电物质，但这个大气层的存在直到1923年才得到证实，这层大气现在称为"肯涅利-赫维赛德层"（Kennelly-Heaviside layer）。

赫维赛德穷困潦倒一辈子，晚年才开始受到肯定。1891年，他成为英国皇家学会会员。1905年，哥廷根大学授予他一个名誉博士的头衔，但他却变得越来越古怪，离群索居，与世隔绝，最后在德文郡托基逝世，享年75岁。

比较赫兹与赫维赛德两人，很难找到更不一样的人生了，将他们联系起来的只有对麦克斯韦理论的狂热而已。

相对于国际单位制，电磁学中的洛伦兹-赫维赛德单位制可以被视作调整麦克斯韦方程组，将ε_0与μ_0合一，转而在麦克斯韦方程组中使用光速c的结果。由于在洛伦兹-赫维赛德单位制中，电学单位与磁学单位是分离的，那么当电学量与磁学量出现于同一方程，就需要引入一个常数来构建两者之间的联系。在洛伦兹-赫维赛德单位制中，这个常数就是电磁场的传播速度c。说到底，赫维赛德与麦克斯韦方程就是分不开的。

磁感应强度的单位：特斯拉

尼古拉·特斯拉（1856—1943）出生于史密里安（当时属于奥地利帝国，现属于克罗地亚的戈斯皮奇市）的一个村庄，父母都是塞尔维亚裔。父亲米卢廷是东正教的神父。母亲则是一位塞尔维亚裔的东正教神父的女儿，她非常擅长制作家庭手工工具，虽不识字但能背诵许多塞尔维亚的史诗。特斯拉自认自己的发明天赋遗传自母亲。1862年，因为他父亲工作的缘故，全家移居到戈斯皮奇教区。

1870年，特斯拉到卡尔洛瓦茨上中学，老师上课讲的是德语。1875年，他进入奥地利的格拉茨技术大学攻读电气工程。一开始特斯拉表现得非常出色，但第二年他跟老师发生争吵，失去奖学金，还迷上赌博，只好离开格拉茨到斯洛文尼亚的马里博尔，在这段时间内他患上了神经衰弱。他父亲过世后，几经波折，他于1880年在两位长辈的资助下到布拉格查理大学就读。1881年，他在布达佩斯的一家电报公司工作。第二年，他又到法国巴黎在新开张的欧陆爱迪生公司当工程师。后来他被公司派到斯特拉斯堡[①]修护德铁的直流电照明系统。但是爱流浪的天性让他无法安定下来。1884年，特斯拉踏上新大陆，来到纽约，在爱迪生公司工作，负责直流发电机的重新设

[①] 当时斯特拉斯堡属于德意志帝国，普法战争后法国将它割让给德国。

计，但是没多久特斯拉就悻悻然离开了，发生了什么事呢？

特斯拉曾说："如果我完成马达和发电机的改进工作，爱迪生将提供给我惊人的5万美元（相当于今天的100万美元，也就是人民币700万左右）。"特斯拉说他的工作持续了将近一年，几乎将整个发电机改头换面，公司从中获得巨大的利润。但当特斯拉向爱迪生索取5万美元时，爱迪生回答他："特斯拉，你不懂我们美国人的幽默。"

爱迪生的说法则是，当时特斯拉要求加薪至每周25美元，遭到拒绝后就辞职了。其实特斯拉与爱迪生注定是要翻脸的，因为特斯拉钟情于交流电的运用，跟爱迪生的立场格格不入。

电流之战

电流之战是爱迪生推广的直流输电系统与西屋电气公司的老板乔治·威斯汀豪斯，以及几家欧洲公司所倡导的交流输电系统之间的一场商业大战。电流之战涉及很多美国和欧洲的公司，这些公司都在电力分配系统中有巨额投资，他们都希望自己的电力分配系统能占得更大的市场份额。对于当时主要使用电力的设施来说，如白炽灯和电动机，直流电很好；直流电可以直接连接到蓄电池上，当发电机停电时还能作为备用电源。直流发电机还可以轻松地并联，当电能需求变小时，人们可以关掉一些发电机来节约能源。

爱迪生还发明了电度表，让用户可以根据消耗电能的多少来付费，但是这种电度表只能在直流电下工作。最重要的是，当时还没有能够实用的交流电动机，所以一开始爱迪生的直流输电系统可以说是占尽优势。

在北美推广交流电的人主要是西屋电气公司的老板威斯汀豪斯，

他雇小威廉·斯坦利来研发新型的升压和降压变压器，并将其使用交流电输电系统中。斯坦利离开西屋电气公司后，沙伦伯格接管交流电项目。

当年的开式核心双极变压器的效率非常低。早期的交流电系统使用串联的电流分配系统，使关掉或断开线路上的单一负载会造成回路中其他设备电压的变化。直流输电系统则没有这些缺点。两者之间却开始产生意料不到的此消彼长。

1884年秋天，匈牙利的Z.B.D团队，包括齐佩诺夫斯基（Károly Zipernowsky）、布拉堤（Ottó Bláthy）和德利（Miksa Déri）发明了一种效率很高的闭式变压器，这种新变压器的效率比路森·戈拉尔和约翰·吉布斯发明的单相开式变压器的效率提高了3.4倍。今天我们使用的变压器与当年三位发明家发明的变压器基本原理是一样的。他们的专利还有一个很大的革新：在输电系统中使用并联代替串联。特斯拉就在这个节骨眼跳上了这场电流之战的舞台。

离开爱迪生的公司后，特斯拉于1886年创建了自己的公司"特斯拉电灯与电气制造公司"，但没多久投资商不同意特斯拉关于交流电发电机的计划，就炒了他鱿鱼。1886年到1887年，特斯拉在纽约只能打零工维持生计。幸亏后来他找到两个金主——阿尔弗雷德·S·布朗与查尔斯·F·佩克，让他又回到工程界。

1887年，特斯拉组装最早的无电刷交流电感应马达，并在1888年为美国电力工程师协会（美国电气与电子工程师协会的前身）做了演示。同年，他发展特斯拉线圈，并且开始为威斯汀豪斯工作。1888年7月，威斯汀豪斯得到特斯拉的多相交流感应电机和变压器的专利许可，他聘请特斯拉为顾问，让他在西屋电气公司的匹兹堡实验室工作了一年。威斯汀豪斯还另外购买路森·戈拉尔和约翰·吉布斯的交流变压器专利，同时取得意大利物理学家和电气工程师费拉里斯[①]发明的异步电动机在美国的专利，这样就解决了机器不能使用交流电的问题。

这时爱迪生慌了！据说为了打击对手发明的交流电系统，爱迪生用交流电电死狗，让大众对交流电产生危险的印象，最后爱迪生甚至参与使用交流电的电椅的研发，一时让社会大众对西屋电气公司推动的交流电印象大坏。爱迪生真是个狠角色！

虽然爱迪生费尽心机地打压西屋电气公司，但事实证明，交流电才是社会所需的供电系统。因为直流电在长途传输下会不断地损失能量，所以每隔一段距离就要增设发电站；而交流电则可以通过变压器升到非常高的电压，用细导线输送，再于目的地降低电压给电力用户。

1889年，匈牙利工程师奥托·布拉蒂发明交流电的电表，解决了用电度数的计算问题。而爱迪生公司在1889年爱迪生离开后，也开始发展交流电。1893年的芝加哥世界博览会第一次为电子展品开设展区，特斯拉与威斯汀豪斯用交流电照亮了整个博览会，并借此向参观者介绍交流电。电流之战终于以交流电大胜落幕。

衣锦还乡

电流之战告一段落后，特斯拉从1890年起又迷上无线输送电力以及无线电通信。1891年，特斯拉拿到美国国籍，同年在纽约第五大道建立自己的实验室。1892年起，特斯拉在伦敦、巴黎等地演讲推

[①] 费拉里斯相信，他提出的旋转磁场理论以及他开发的新产品，在科学上的价值远远超过物质上的价值，因此他不为自己的发明申请专利，而是在实验室向公众演示这些最新成果。

广交流电，他甚至受邀到塞尔维亚王国的首都贝尔格莱德演讲，造成轰动，塞尔维亚国王亚历山大一世颁发圣萨瓦勋章给他。他母亲临终前对他说："你终于回来了，尼古拉，我的骄傲。"这个辍学生可以说是光宗耀祖了。

1894年，特斯拉被选为塞尔维亚皇家学术院的通讯会员。但第二年3月，特斯拉的实验室在一场火灾中付之一炬，年底他又在格林尼治村附近重建了一个新的实验室。特斯拉在他41岁时申请了第一个无线电专利。

1898年，他在麦迪逊广场花园的电学博览会上向公众演示无线电遥控船只，特斯拉称船只为"远程自动操作装置"（teleautomaton），引起一阵轰动。特斯拉甚至尝试把无线电遥控鱼雷的构想卖给美国军方，可惜没有成功。

1899年，特斯拉搬到科罗拉多州的科罗拉多泉市，并开始在那里进行高频高压实验的研究。他在自己的实验与发现的基础之上，通过计算得出地球的共振频率接近8赫兹。直到20世纪50年代，研究人员才证实电离层的空腔谐振频率的确在此范围之内，后来称之为"舒曼共振"。

舒曼共振：1954年，德国物理学家舒曼认为距离地面约100英里（约161千米）的天空有一层环电离层，它会随着日光强弱发生变化，与地球表面刚好形成一个类似空腔谐振器的空间。

1900年1月7日，特斯拉离开科罗拉多泉市，他的实验室被拆除，里面的东西也都被卖掉来抵债。接着特斯拉接受金融家约翰·皮尔庞特·摩根的投资，用 15 万美元开始建造沃登克里弗塔，最终完成一座高 187 英尺（约 57 米）的铁塔，铁塔顶部有一个直径 68 英尺（约 21 米）的半球形圆顶。可是在 1901 年 12 月 12 日，马可尼在特斯拉之前完成跨大西洋的无线电传送实验，摩根就停止对特斯拉实验的资助。

第二年 7 月，特斯拉的研究从休斯敦街移到沃登克里弗塔，但特斯拉开始陷入财政危机。火上浇油的是，1904 年美国专利及商标局撤销原本的判决，并发给马可尼无线电的专利权。然而不管特斯拉多么恼火，马可尼在无线电方面的商业成就的确举世瞩目，而且他精明地使马可尼无线电报公司一直在无线电行业占据领先地位。马可尼在 1909 年拿到诺贝尔物理学奖。

虽然特斯拉是个科学天才，但他对于财务法律完全不在行，所以吃了不少亏。1912 年，特斯拉被判罚 2.35 万美元，用来偿还他的债务，同时实验工地的设备被法院没收充当抵押，沃登克里弗塔后来也于 1917 年被拆除。特斯拉晚年变得深居简出，独居在纽约市的一间旅馆里，偶尔才向新闻界发表一些不同寻常的声明。1943 年 1 月 7 日，特斯拉因心脏衰竭在旅馆中辞世，他的骨灰在 1957 年被安置于塞尔维亚贝尔格莱德的尼古拉·特斯拉博物馆中。

讽刺的是特斯拉去世后不久，美国最高法院在 1943 年 6 月 21 日推翻了承认马可尼发明权的原判，而裁定特斯拉提出的基本无线电专利早于其他竞争者，因此无线电专利发明人是尼古拉·特斯拉。

特斯拉生前根本没当过塞尔维亚的国民，他死后却成了塞尔维亚的国民英雄，塞尔维亚首都有一座以他名字命名的国际机场，塞尔维亚的纸币上有他的头像。不过我想特斯拉最得意的是，国际单位制中用来衡量磁感应强度（也作磁通量密度）的单位是以他的名字命名的，符号 T，这是国际计量大会在 1960 年确立的。

第三部分

热力学

19世纪被纳入经典物理的现象是热。19世纪初，科学家们普遍把热想象成物质，法国的年轻工程师卡诺在热质说的前提下，开始思索热机效率极限的问题，开启了热力学的大门。20年后，英国的焦耳以实验证明，热不是物质，而是一种能量。

开启热力学大门的卡诺父子

1832年夏天，一位仕途失意的退役军官染上霍乱，几天之后，孤零零地死在医院，终年只有36岁。在简单的葬礼之后，他被草草地埋在公墓的一角，他就是被称为"热力学之父"的尼古拉·莱昂纳尔·萨迪·卡诺（1796—1832）。萨迪没有料到他不仅将在历史留名，他的想法也深刻改变了这个让他饱感苦涩的无情世界。

虎父无犬子

萨迪·卡诺出生于法国巴黎的小卢森堡宫，他的父亲是带领法国打败多国联军、保障法国独立不屈、人称"胜利的组织者"的拉扎尔·尼古拉·玛格丽特·卡诺。萨迪出生这一年，拉扎尔成了督政府的五人执政团的成员，住进小卢森堡宫的官邸。几番宦海浮沉，拉扎尔在1802年卸下公职，全心投入数学与工程的研究中。

拉扎尔的数学造诣非同小可，他的《论无穷小计算的形而上学》一文，为论证无穷小计算结果的正确性做出尝试。他对数学分析论据的各种方法，如穷举法、除不尽法、极限法的技巧选择及其对拉格朗日解析函数论的评价，为19世纪初数学分析的改革奠定基础。

卸下公职后，拉扎尔更是佳作不断，接连发表《关于几何图形的相互关系》《位置几何学》《横截面理论的研究》等论文。他在《横截面理论的研究》文中推广梅涅劳斯定理（Menelaus' theorem），分析研究四点的交比和四直线的交比，及其在射影和横截面情况下的不变性。另外，他对流体力学也有所研究，即流体截面突然变大或变小时，流体所损失的动能的"博尔达－卡诺方程"。

拉扎尔亲自教导两个儿子的数学、科学、语言与音乐。1812年，萨迪顺利考进巴黎综合理工学院，当时学院的豪华师资令人瞠目结舌，许多赫赫有名的数学家、化学家、物理学家都齐聚一堂，如安培、阿拉果、给吕萨克、瑟纳德、泊松等，年轻的萨迪在这里受到最精良的数学与科学训练。然而这段时间拿破仑在俄罗斯丢盔弃甲，接着又在莱比锡会战中一败涂地，巴黎综合理工学院的学生因此被派去防卫温森要塞，这是萨迪一生唯一的战斗经验。

1814年，萨迪毕业，同年底进入位于梅斯专门培养工程人才的应用炮兵学校。1819年，萨迪到索尔本大学以及法兰西公学院上课旁听，此外他对当时方兴未艾的工业产品产生兴趣，常去参观工坊与工厂。两年后萨迪获准前去马德堡，探望流亡在外的父亲与弟弟伊波利特。

工程老手拉扎尔对1818年才在马德堡出现的蒸汽机大感兴趣，启发萨迪试图针对蒸汽机建立一个抽象理论。卡诺父子在马德堡的时候，正是全欧洲最优秀的工程师都在苦思如何提高蒸汽机效率以及安全性的高潮阶段。萨迪不仅对技术上的细节及困难了如指掌，还因为之前所受的训练而独具慧眼，想到了别人没有想到的一面。不夸张地说，热力学就是在他的脑袋瓜里萌芽的，他所做的研究与当年伽利略对运动学及动力学的贡献相比，毫不逊色。

卡诺循环与卡诺定理

萨迪回到巴黎后，开始进行相关的研究。1823 年夏天，拉扎尔在马德堡以 70 岁高龄过世，伊波利特也回到巴黎，帮助萨迪整理手稿。在 1824 年 6 月 12 日，萨迪的杰作《谈谈火的动力和能发动这种动力的机器》终于问世，长达 118 页，仅有 5 幅插图。整本书风格简洁优美，没有太多算式，更没有复杂的方程，然而时人却莫能识其慧。

全书分成四个部分：第一部分，萨迪首先讨论许多自然现象，如风、洋流等，来支持他的主张，即热是许多运动的根源。比起这些现象，蒸汽机产生的动力可谓小巫见大巫。接着，萨迪指出一个核心的观念：只要有温差，就可能产生动力。萨迪很可能是从水利学得到的灵感。也就是说，要推动水车就需要水道流经有高度差的地方。

第二部分，萨迪定义了"理想引擎"（现在称为"卡诺热机"）以及相应的"理想循环"（现在称为"卡诺循环"）。令人意外的是，我们熟知的卡诺循环的压力–容积图根本就没有出现在这本书中。

在书中，萨迪将实际的蒸汽机彻底地简化：一个封闭的柱体里有气体（或液体）以及一个活塞在上下来回运动；柱体的一边有一个温度较高的物体，另一边则有温度较低的物体。萨迪完全不考虑摩擦、漏气等实际的问题，他只关心一个终极的问题：在这样理想的状况下，热机的效率要如何才能达到最大呢？萨迪认为关键在于，柱体内的气体不可以与柱体旁的高低温物体以外的更高（或更低）温物体有所接触，否则会发生无法做功的热传导。这与拉扎尔决定利用水力的机械效率是一样的，显然拉扎尔许多想法都被萨迪承袭下来。

卡诺循环是首先让柱体与高温物体接触，让柱中气体自由扩散以推动活塞，这时柱体与高温物体温度相同，然后将高温物体移开，活塞在没有外加热源的情况下持续上升，等到气体温度下降到与低温物体相同时，再推回活塞让气体体积缩小，等到气体体积恢复到原来的体积时再移开低温物体，活塞持续下降直到气体温度与高温物体相同。

这是一个完整的循环。首先是等温膨胀，然后是绝热膨胀，再然后是等温收缩，最后是绝热收缩。整个过程的净效应（net effect）是热从高温物体传到柱体中的气体再传到低温物体，而且活塞对外做功。但是气体回到原来的状态，所以完全没有浪费任何的热，这正是卡诺循环让效率达到最大值的理由。

更关键的是，卡诺还指出整个过程都是由"可逆的"过程组成的，如果把整个循环倒过来，等于把热由低温物体传到高温物体，但是气体不对外做功，而是由外力对活塞做功。这是由于卡诺讨论的是理想化的热机，没有摩擦或漏气这些不可逆的额外热损失，所以卡诺主张"可逆机"的效率高于"不可逆机"，这个定理后来被称为"卡诺定理"。

书中的第三部分，卡诺进一步主张所有的可逆机的效率只与高温物体与低温物体的温度有关；换句话说，与柱体中气体的性质无关。但是他并没有得到我们今天熟知的理想热机的效率公式，只说它是高温与低温的函数。他只提到当高温与低温的温差维持定值时，这个效率在较低温时较大。

现在我们都知道效率=（高温－低温）/低温，但必须用"绝对温度"来计算，而绝对温度是几十年后才被提出来的概念。其实萨迪在一个批注中有建议利用理想热机来当作温度的绝对标准，可惜当时的人都忽略了这个批注。

最后在第四部分，萨迪回到现实，认可使用高压的气体可以提高效率，因为高压气体收缩时温度下降得比较快。他也评论了水蒸气的优缺点，优点是水蒸气能在很小的温度范围内膨胀得很快；但缺点是，同样的质量，烧煤产生的热远高于烧水，所以未来的热机应该朝这个方向发展。

萨迪的著作出版一个月后，是数学家也是工程师的皮埃尔-西蒙·吉拉尔[①]在法兰西科学院介绍了这篇著作，当时在座的有拉普拉斯、给吕萨克、安培、泊松等多位大师，但是并没有引起太多注意。萨迪个性孤冷，不善与人交际，更不擅长为自己的工作做宣传，而且萨迪著作的风格对工程师来说太抽象，对数学家来说又太具体，所以没有引起任何反响。1828年，萨迪辞职后全心投入科学研究。杜隆在1831年出版的两篇论文让萨迪又燃起对气体性质研究的热忱，然而不久后他就病倒了，之后他的身体一直没有完全康复，最后在霍乱的浪潮中撒手人寰。

事实上萨迪的遗稿显示，他曾尝试将功与热联系起来。在先前的著作中，萨迪还采用当时流行的热质说，也就是将热视为物质，然而他发现热质说与他的学说其实是扞格的。遗憾的是，这份遗稿在1878年才被出版，而热力学第一定律早已被提出。在遗稿中，萨迪甚至提出类似后来焦耳所做的关于热功当量的实验！这些原该属于他的荣耀都仿佛随着他的早逝而如露水般消失了。

克拉佩龙图

然而萨迪并没有被历史遗忘，他过世两年后，他在巴黎综合理工学院的学弟埃米尔·克拉佩龙在法兰西学术院出版的杂志上发表了

[①] 吉拉尔对水利工程相当在行，也曾参加拿破仑远征埃及的探险。1830年，他成为法兰西科学院的主席。

《论热的驱动能力》，让萨迪的想法得到应有的重视。

克拉佩龙使用更为简单易懂的图解法，表达出卡诺循环在 P-V 图上是一条封闭的曲线，曲线所围的面积等于热机所做的功。凡是学过普通物理的人都学过这张被称为"克拉佩龙"的图。

十年后，英国青年物理学家威廉·汤姆森发表的《建立在卡诺热动力理论基础上的绝对温标》一文，就是根据克拉佩龙介绍的卡诺理论来写的。又过了十余年，德国物理学家克劳修斯也一直没看过卡诺的原著，而是通过克拉佩龙和汤姆森的论文来学习卡诺的理论。而热力学发展的接力棒就交到了威廉·汤姆森与克劳修斯两人的手上。

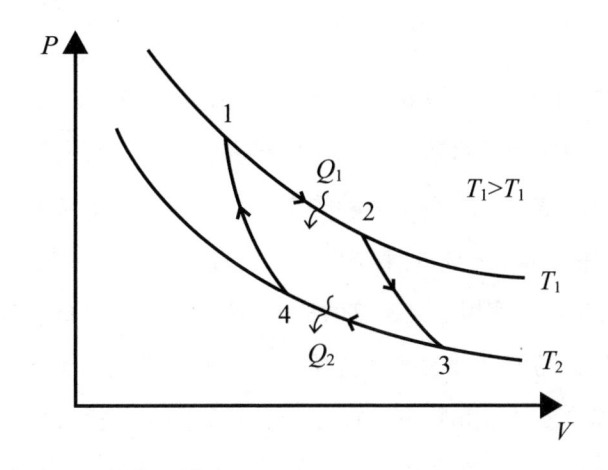

🔍 **卡诺循环的克拉佩龙图**

1→2 等温膨胀 温度为 T_1，这个过程吸收热量 Q_1。
2→3 绝热膨胀 温度为 T_1，降到 T_2，这个过程不吸收热量。
3→4 等温收缩 温度为 T_2，这个过程放出热量 Q_2。
4→1 绝热收缩 温度由 T_2 升到 T_1，这个过程不放出热量。
整个过程吸收热量为 $Q_1 - Q_2 = \triangle Q$。

维多利亚时代的物理巨擘：开尔文男爵

> 温度的计量单位是以开尔文男爵命名的。
>
> 开尔文（Kelvin）是国际单位制的 7 个基本单位之一，符号为 K。

开尔文男爵的全名是威廉·汤姆森（1824—1907），他出生于北爱尔兰，他的父亲詹姆斯·汤姆森是苏格兰格拉斯哥大学数学系教授。格拉斯哥是苏格兰启蒙运动的中心和欧洲工业革命的发源地之一，而汤姆森正是在一方面秉持理性乐观的启蒙主义，另一方面专注于改善人类生活的实用主义，这两种不同氛围的影响下成长起来的。

1841 年，汤姆森被安顿在剑桥大学的彼得学院，他醉心于科学研究，尤其热爱数学和物理。1845 年，汤姆森从剑桥大学毕业，并且在数学毕业考试中获得第二名。第一名是圣约翰学院的斯蒂芬·帕金森。虽然不是第一名，但汤姆森赢得了第一届的史密斯奖，这个奖不像毕业考那样通过考试答题，而是要看原创性研究。据说当时的考官埃利斯对另一个考官感叹道："你和我都只适合修补他的（鹅毛）笔。"

1845 年 6 月，汤姆森被推选为圣彼得学院的院士，之后他出访巴黎，花了一些时间待在著名的化学家亨利·维克托·勒尼奥的实验室。勒尼奥是巴黎综合理工学院的教授，当时做了许多与气体性质相关的研究，如气体扩散实验。1846年，汤姆森被任命为格拉斯哥大学自然哲学教授，当时他才刚满22岁，就穿着学会教授袍在英国最古老的大学之一授课。

1847—1849年，汤姆森与剑桥大学的斯托克斯开始合作处理流体力学的问题，后来两人的合作持续了50年。他们鱼雁往返留下了许多珍贵的资料，其中407封汤姆森写给斯托克斯的信，以及249封斯托克斯写给汤姆森的信，后来都出版了。

绝对温标

年轻的汤姆森贡献最多心力的是热力学。1847年，汤姆森参加英国科学促进协会在牛津的年会，他听到焦耳报告说，热和功可以相互转换，并且两者在力学上是等价的。汤姆森对焦耳的想法很感兴趣，但持怀疑态度，因为他知道热转换为功与其他形式的能量转换为功有着非常微妙的差异，因为热无法完全无损失地转换为功。换句话说，功可以换成热，可以再把热换回功，却无法不损失一部分的机械能。但是他觉得焦耳的实验结果需要用理论来解释，所以他试图在卡诺-克拉佩龙的热机理论中找到解释。他预测冰的熔点必定随压力增加而下降，否则就可以因其凝固时的膨胀将其视作一个永动机，但是卡诺的热机理论明确地告诉我们不可能有永动机。他的实验结果证实了这一点，这加强了他的信心。

汤姆森由于不满气体温度计只能给温度一个操作性的定义，便进一步从卡诺-克拉佩龙的理论出发，在《基于卡诺的热动力理论和由勒尼奥的观测结果计算所得的一种温标》中提出"绝对温标"。单位热质从在该温标下温度为 T 的物体 A，转移到温度为 $T-1$ 的物体 B，给出相同的机械能（功），无论 T 的值是多少，这样的温标将"独立于任何特定物质的物理性质"。

这个提议是依照热质说而来的。而通过采用这样的"热质瀑布"，汤姆森推论存在一个温度代表"热质瀑布"的底；换言之，存在一个温度，在此温度下热流无法继续，也就是在此温度下无法有进一步的热转移，这个温度就是1702年法国科学家纪尧姆·阿蒙东在《关于热动力的见解》中提出的绝对零度 −267 摄氏度，当时阿蒙东还无法挣脱热质说的束缚。

汤姆森使用勒尼奥发表的测量数据来校准阿蒙东的换算刻度，他用当时的空气温度计测算出绝对零度等于 −273 摄氏度，这个值是由空气在摄氏 0 度时的膨胀系数 0.00366，取倒数后得到的。

热力学第二定律

汤姆森发表了绝对温标的文章后，仍在持续思考热力学的问题。1851 年 2 月，几易其稿之后，他最终确定要调和卡诺和焦耳两人的理论，开始萌生出一些初步有关热力学第二定律的想法。

在卡诺的理论中，热损失是热质彻底的损失，但汤姆森认为这是"对人类而言无可挽回地失去了，但对物质世界而言并没有失去。"

最后汤姆森完成《基于焦耳的热功当量和勒尼奥对蒸汽的观测结果的动力学理论》。汤姆森在文中宣布："完整的热动力理论建立在两个命题上，分别归功于焦耳、卡诺和克劳修斯。"

接着，汤姆森给出了热力学第二定律一种新的陈述形式："试图利用没有生命物质的能量，将物体的温度冷却到它周围环境中最低的温度以下，借此从物质的任何部分获得机械能（功），这是不可能的。"

在这篇论文中，汤姆森终于认可"热是运动的一种形式"的理论，但也只是接受戴维爵士、焦耳以及德国科学家尤利乌斯·冯·迈尔的实验结果，他在论文中仍表示，关于热转换为功是否已经被实验证实一事尚未尘埃落定，有待日后更详尽的研究来决定。

焦耳-汤姆森效应

焦耳读到这篇文章后，立刻写信给汤姆森，提出他的意见和问题。自此两人开始了一段成效卓著的合作（虽然主要通过书信）：焦耳进行实验，汤姆森分析实验结果，并建议进一步的实验。他们的合作从 1852 年持续到 1856 年，其成果便是"焦耳-汤姆森效应"，有时也被称为"开尔文-焦耳效应"，而且发表的结果让焦耳的研究和分子运动论更容易被接受。

在一般绝热可逆过程中，气体膨胀对外做功，温度会下降，而自由扩散时，理想气体的温度不会改变，但是对于真实的气体，事情可就没这么单纯了。如果让气体处在两个定压之间，气体会从高压处往低压处跑，那么气体的温度会上升还是下降呢？答案是，要看气体一开始的温度。如果气体一开始的温度在"焦耳-汤姆森反转温度"以下，那么扩散以后气体温度会下降；反过来，如果是在"焦耳-汤姆森反转温度"以上，扩散之后气体温度则会上升。不同气体的焦耳-汤姆森反转温度都不同，而这个过程的温度变化则取决于焦耳-汤姆森系数。这个系数与气体的体积、定压比热和膨胀系数有关。这种过程后来称之为等熵过程。

从19世纪的50年代后期开始，汤姆森逐渐投身于许多实业的大计划之中，如铺设大西洋电缆之类伟大的事业，热力学不再是他最关心的领域。但可贵的是，他从来没有失去学者本色，对于教学与研究始终不辍。例如，他建立了格拉斯哥大学的物理教学实验室，让学物理的学生除了学会解方程，还能学会测量电荷、测量流体的流速、估计误差等等。这在当时是开风气之先，可以说改变了整个时代的物理教学方式。

除了实验之外，他还很注重理论的训练。从1855年到1867年，他与彼得·泰特合著了一本力学的教科书《自然哲学通论》，这本书在1879年扩充成两部，后来成为物理教学的标准教科书。

以太旋涡

1870—1890年，将原子想象成以太这种旋涡的想法在英国相当流行，创始人正是汤姆森与泰特，他们发展出今天数学中纽结理论（knot theory）的雏形，且后来在20世纪末又流行起来。

1884年，汤姆森在约翰斯·霍普金斯大学的"分子动力学与光的波动理论"课程中尝试将电磁波当作"以太"中的波动，并且他还将学生阿瑟·斯塔福德·哈撒韦抄的课堂笔记于1904年整理出版。

19世纪后半期英国还有一件大事，就是达尔文在1859年出版了《物种起源》，但是汤姆森对达尔文的进化论不以为意。相比起来，他对地质学家宣称的地球存在了40亿年这件事更有兴趣。他针对托马斯·亨利·赫胥黎在1868年的伦敦地质学会上发表的演说特地写了一篇《地质动力学》，强烈主张地球年龄比地质学家宣称的要短得多！汤姆森在 1864 年就曾私下估计地球年龄只有 2000 万年到 4 亿年，他是由地球内部温度、岩石熔化的温度以及岩石的比热和地球内部热对流的情况来推算的。

1897 年，他又重新估算了一次。他在那一年写给斯托克斯爵士的公开信中宣称地球的年龄只有 2000 万到 4000 万年。1903 年，科学家发现辐射性，让汤姆森的论证的有效性大打折扣。但是汤姆森可没这么容易认输，他认为没有阳光就无法解释地球沉积物的记录，而太阳的能量来源单单来自重力，所以太阳的年龄从热力学推断不可能老过 2000 万年！当然，这要到后来发现核聚变是太阳主要能量来源，才能推翻汤姆森的说法。

1900 年 4 月 27 日，汤姆森应邀到英国皇家科学研究所演讲，题目是《19 世纪热和光的动力学理论上空的乌云》。著名的两朵乌云，一朵是黑体辐射，一朵是迈克尔逊干涉实验，就是在这次演讲中出现的。

由于他在热力学方面的成就，以及他强烈反对爱尔兰自治的言论，他在 1892 年被封为开尔文男爵，这个头衔来自流经苏格兰格拉斯哥大学实验室的开尔文河。汤姆森接受爵位后，成为首位进入英国上议院的科学家。1902 年，爱德华七世登基时，他还被任命为枢密院的成员。这也象征着维多利亚时代的落幕，大英帝国虽然依旧日不落，但是颓势渐现，而汤姆森也逐渐从物理研究的前线退下来。1907 年 11 月，向来强健的汤姆森突感风寒，病情急转直下，于 12 月 17 日病逝于自宅，享寿 83 岁。

开创热力学的普鲁士学者克劳修斯

鲁道夫·尤利乌斯·埃马努埃尔·克劳修斯（1822—1888）的故乡是当时隶属于普鲁士王国的波美拉尼亚省的克斯林市（现今波兰的科沙林市）。1840 年，克劳修斯进入著名的柏林大学就读，四年后毕业，拿到在中学教书的执照，之后他就在文理高中教数学，同时还在语言学家奥古斯特·柏克的皇家神学院里学习。

1847 年，克劳修斯将他的博士论文《造成光反射的大气颗粒》送到哈勒大学，顺利取得博士学位。在这篇论文中，克劳修斯试图以光的折射与反射来回答为什么天空看起来是蓝色的。虽然后来是英国的瑞利男爵解答了这个问题：因为光与大气分子的散射截面与波长的四次方成反比。克劳修斯在这篇论文中显现出他过人的数学技巧以及强大的推理能力，这些正是他得以出人头地的条件。

1850 年，克劳修斯在《物理年鉴》上发表了《论热的移动力及可能由此得出的热定律》一文后，逐渐在科学界中崭露头角。他在文中阐明了热力学的第一定律与第二定律，把热质说彻底从历史舞台上淘汰了。克劳修斯凭着这篇论文获聘为柏林皇家炮兵工程学院的物理学教授，同时成为柏林大学的无俸讲师。

克劳修斯–克拉佩龙方程

热质说是英国科学家普利斯特利在 1783 年的论文《关于燃素的思考》中提出的，热质被设想为热的实体物质，以流体的形式存在。依照这个理论，宇宙中热质的总量为定值，而且热质会由温度高的地方流到温度低的地方。许多现象都可以用热质说来解释，如热传导、气体受热膨胀、热辐射以及相变（如水变蒸气）的潜热等等。卡诺发展热机理论时采用的就是热质说，克拉佩龙也是根据热质说写下的克拉佩龙方程，以此来计算蒸气压随温度的变化系数，看来热质说似乎无往不利。

但其实早在 1798 年，英国科学家拉姆福德伯爵就发现，在给加农炮镗孔时，只要持续加工，加农炮就会持续发热，产生的热甚至可以使水沸腾，而且单位时间的发热量不会下降。但热质说无法解释这个现象。到了 1845 年，英国科学家焦耳就用实验证明了重物下落时的机械能可以用来转动一个放置于隔热水桶中的带转桨转轮，转动会使水温升高。由此测得的热功当量为 819 英尺·磅力/英热单位（ft·lbf/Btu），即 4.41 焦耳/卡（J/cal），但开尔文男爵依然于 1848 年在他那篇定义绝对温度的论文中写道："热能转化为机械能不太可能，而且至今也尚未被发现。"

但年仅 28 岁的克劳修斯在他的文章中斩钉截铁地宣称，热能就是物体内部组成的动能，并且提出两条定律来取代。第一条定律是：

$\Delta U = Q - W$

Q 代表输入到系统的热量（若系统对外输出热量，则取负值），W 代表外界对系统做的功（若系统对外界做功，则取负值），而 ΔU 则是系统内部的能量变化。

克劳修斯虽然提出 U，却没有对它命名。后来开尔文男爵将 U 称之为系统内能（Intrinsic energy）。假设没有热量的输出与输入，系统能对外界所做的功的最大值正是 U。这里正负号采用克劳修斯原始的定义。此外，克劳修斯不采用热质说就重新推导了克拉佩龙方程，所以今天都称之为"克劳修斯 - 克拉佩龙方程"。

热的动力

克劳修斯的热力学第二定律则是：系统在没有外界做功的情况下，热一定是从高温流向低温。在热质说中，"热质"由高温流到低温似乎是天经地义之事，但是既然没有"热质"，要怎么去理解这个看似自然，事实上相当深奥的现象呢？这正是克劳修斯面临的挑战。

一年后，克劳修斯提出热力学第二定律的另一个形式：不可能从单一热源吸收能量，使之完全变为有用功而不产生其他影响。换言之，热无法完全转换为功，转换的效率有其上限。也就是说，功自发转化为热这一个过程是单向进行而不可逆的。这两个说法其实是一样的，是所有现代热力学课本都有的内容。但克劳修斯并不满意，他继续寻找更为有力的数学表达。

四年后，克劳修斯又写了一篇文章《热力学第二定律的修正》，论证两个热机动作可以相互取代，只要它们某一个特殊的物理量相等即可，在等温过程中，这个特殊的物理量为热机吸收的热量 Q 除以温度 T。这又往建立热力学的路上前进了一步。

一年后，33 岁的克劳修斯接受苏黎世新设立的瑞士联邦理工学院的教授一职。到苏黎世后不久，他就发表了《论热力学在蒸汽机上的应用》，对热机的循环过程定义这个特别的量：

$\int dQ/T = S$

他称之为"所有无法补偿的变换的等价值",当整个过程可逆时,S 必须等于 0。当循环过程不可逆时,S 则是正的。这是由卡诺定理可推得的结果。

克劳修斯发表这篇文章之后,开始对分子运动论产生兴趣。分子运动论就是通过分子组分和运动来解释气体的宏观性质,如压强、温度、体积等。他的第一篇关于分子运动论的论文《我们称之为热的运动》发表于 1857 年,虽然比奥古斯特·克罗尼格关于分子运动论的论文晚了一年,但是克劳修斯的论述显然比克罗尼格的更完整、更成熟。他指出,除了克罗尼格考虑的平移运动之外,气体分子的转动以及振动模式的运动也不可忽视。同时他还特别强调分子的大小不必列入考虑,而且分子间的作用力也弱到不需考虑,简单地说,就是将气体看成大量做永不停歇的随机运动的粒子。快速运动的分子不断地碰撞其他分子或容器的壁会产生压力。这样可以得到理想气体定律,但当时法国科学家勒尼奥的实验证明了气体并不完全遵循理想气体定律。不过克劳修斯还无法处理这个问题,要等到后来的 20 世纪,由荷兰科学家范·德·瓦耳斯将其解决。

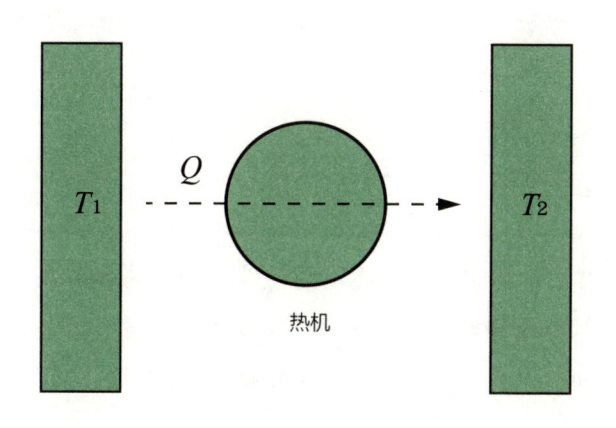

热机工作过程

当热量 Q 由 T_1 处移动到 T_2,这个量则为 $Q(1/T_2-1/T_1)$。1852 年,克劳修斯论证两个热机动作可以相互取代,只要 $Q(1/T_2-1/T_1)$ 的值相同即可。

克劳修斯利用分子来解释潜热，比如水在煮沸时会吸收热量，温度却维持在沸点，这是因为热量被用来挣脱液体分子间的束缚。在他论文的末尾，他还算出特定温度下氧、氮与氢分子的平均速度，约为每秒数百米到数千米。

荷兰科学家白贝罗读到这些数据后马上提出疑问，因为一般气体扩散现象可比之慢多了！白贝罗认为这是分子运动论是错误理论的明证。为了回应他的疑问，第二年克劳修斯在《关于气体分子运动中一个分子穿过的平均路径长度》这篇文章中提出"平均自由径"的概念，就是一个分子在两次碰撞之间行进的距离。

气体扩散的速度之所以远小于气体分子的速度，是由于气体分子的速度方向是随机的，而且每次碰撞后都会改变，只要平均自由径远大于分子大小，那么之前由分子运动论导出理想气体定律的推导就不受影响。平均自由径与分子碰撞的频率成反比，而气体分子的碰撞频率与气体分子的密度和散射截面成正比，由此可以推算气体分子的平均自由径。

虽然一开始"平均自由径"只是为了回应他人的疑问而提出的想法，但是麦克斯韦很快就采用它来推算气体的各项性质，如黏滞性等，后来甚至成为爱因斯坦在 1905 年提出的测定分子大小的方法的基础，让当年关于分子是否真的存在的大辩论尘埃落定。这是克劳修斯当年无法预见的吧。

克劳修斯不等式

克劳修斯在苏黎世不只事业得意，1859 年，他还娶了德国姑娘阿德莱德·丽姆普兰姆，这段婚姻相当幸福，两人育有六名子女。1862 年，克劳修斯又回到热力学研究上，这一年他发表了《转换到内部的功的等价定理的应用》。他首先提出对可逆与不可逆的循环过程都适用的关系式：

∫ dQ/T ≦ 0

这个式子被称为克劳修斯不等式。此处热机吸热 dQ 为正值，放热为负值。在 1862 年的论文中，他用了相反的符号。可逆循环过程中等号成立。

接着为了理解这个定理，他尝试将他在分子运动论上的研究与热力学联系起来。他以冰吸热熔化成水为例，虽然分子间距离没有改变太多，但是组织的方式改变了，单以能量的角度去思考冰变成水的相变是不够的，所以他引入"分散"（disgregation）这个概念。当冰吸热时，热量并没有使温度上升，而是去克服分子间的作用力，增加系统分散的倾向。虽然分子间的力很难在理论上表达出来，但克劳修斯认为克服这些内部分子之间的力所需的功倒是不难放到理论中。他还认为这些功与温度成正比。把这部分的功除以温度就足以表达系统"分散"的程度，这时克劳修斯只差临门一脚了。

1865 年的 4 月 24 日，克劳修斯在苏黎世哲学学会宣读他一生中最重要的一篇论文：《论热动力理论的基本方程的几种方便形式》。在这篇论文中，他引入一个重要的物理量定义：熵（entropy）。

熵的英文"entropy"这个词是克劳修斯用希腊文中的"en"加上"tropein"得来的，是"内在的变动"的意思。而且他刻意让"entropy"与"energy"（能量）看起来十分相似，分别对应热力学的第一定律与第二定律。据说克劳修斯还特意用"S"代表熵来向热力学的先驱萨迪·卡诺致敬。

熵是一个状态函数，它只取决于系统所处的状态，而不取决于系统到达那里的路径，并且 dS=dQ/T。因此，在可逆过程中，循环开始时系统的熵必须等于循环结束时的熵。假设有一不可逆反应 A 从状态 1 变成 2，我们可以找到一个可逆反应 B 从 2 变成 1，将两个反应联结成为一个循环过程。

克劳修斯将这个结果运用到整个宇宙，在论文的最后，他是这么说的："如果我们设想整个宇宙如同一个物体拥有熵一般，可以一致地测量它的熵，并且同时（我们可以）对整个宇宙引进另一个更简单的能量概念的话，那么我们可以将宇宙的基本定律用热力学理论的两个基本定理来表达：一、宇宙的能量是常数；二、宇宙的熵倾向最大值。"真是铿锵有力的结尾啊！

位力定理

回到现实，克劳修斯发表熵的论文后，过了两年，他还是离开了苏黎世，来到巴伐利亚历史最悠久的维尔茨堡大学担任教授。在他离开普鲁士到瑞士之后，全欧有着天翻地覆的变化。普鲁士在名相俾斯麦的带领下分别在 1864 年打败丹麦，1866 年击败更庞大的奥地利帝国，整个德意志世界快速走向统一之路。克劳修斯就在这个关键时刻回到了德国。

两年后，克劳修斯接受来自波恩的邀约，成为波恩大学的教授。到了波恩没有多久，他就发表了《关于一个应用于热的力学定理》，这篇论文的内容是所谓的位力定理（virial theorem），它描述的是稳定的多自由度孤立体系的总动能和总势能时间平均之间的数学关系。这个定理有着广泛的运用，但也是克劳修斯在热力学领域的封笔之作了。

位力（virial）这个词也是克劳修斯选的，词根是拉丁文的 vis，意思是活力。

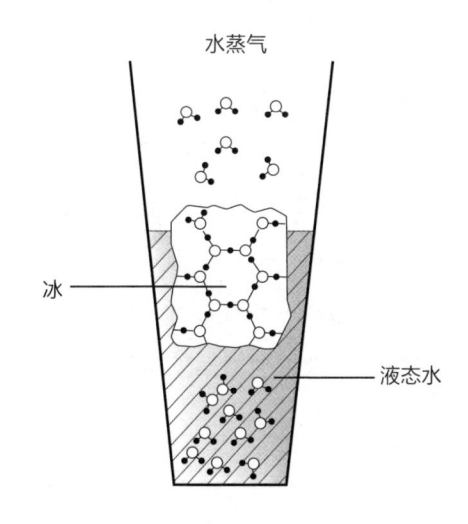

水蒸气

冰

液态水

🔍 熔化热

冰吸热时，热量并没有使温度上升，而是去克服分子间的作用力，增加系统"分散"的倾向。

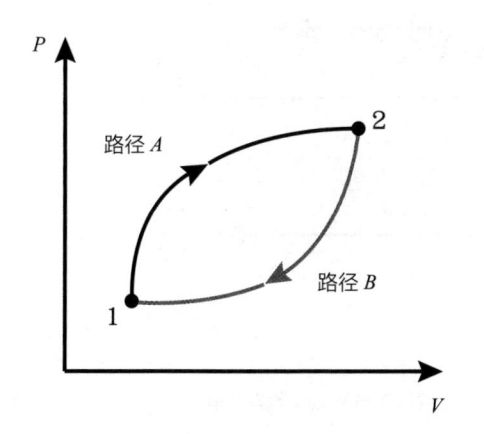

路径 A

路径 B

🔍 状态函数

根据克劳修斯不等式：$\int_A dQ/T(1 \to 2) + \int_B dQ/T(2 \to 1) \leq 0$，可以得到：

$S(2) - S(1) = \int_B dQ/T(1 \to 2) \geq \int_A dQ/T (A \to B)$

对于一个封闭系统来说，$dQ=0$，我们就能得到 $\Delta S \geq 0$。

就在这一年普法战争爆发，虽然克劳修斯已经48岁，无法上前线打仗，但他还是组织救护队，在维滕维尔战役与格拉沃洛特战役中冒着生命危险运送伤员。他在战斗中膝盖受伤，后来因此被授予铁十字勋章，但是从此不良于行。四年后他的妻子不幸死于分娩，留下他一个人独自抚养六个小孩。幸亏他个性坚毅，没有被这些事情击垮，依然坚守学术岗位，只是研究成果不如往日丰硕。1876年，他将在1864年出版的论文集重新出版为《热的力学理论》，这本书在往后好几个时代都是热力学的标准教材。

而自这时起，克劳修斯也逐渐将目光转移到电动力学。他所发展的电动力学系统奠基于超距力理论，只是力的形式甚为复杂，而且与速度有关。克劳修斯也将分子的观点用到物质的介电性质上，写出联结微观分子的感应电偶极矩与宏观的极化率的关系，就是电磁学教科书里的"克劳修斯－莫索提方程"。莫索提是一位意大利物理学家，他怀抱着自由主义理念而被迫离开故乡，后来到阿根廷的布宜诺斯艾利斯大学任教。他们两人各自提出相同的结果。

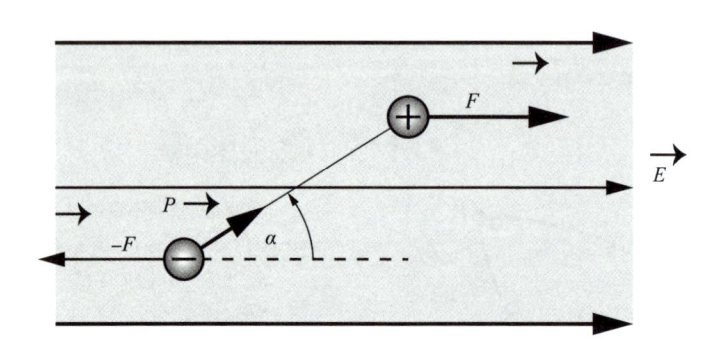

🔍 电偶极子在外加电场中的受力

F：正电荷受到的电力　　E：外加电场
$-F$：负电荷受到的电力　　$α$：电偶极矩与外加电场的夹角
P：电偶极矩

1881 年，克劳修斯参与在巴黎召开的国际电气大会，讨论电磁学单位的制定。1884 年，他升任院长；1886 年他再婚，育有一个孩子。当时他已经 64 岁了。两年后的 8 月 24 日，他在德国的波恩因病去世。根据他弟弟的说法，克劳修斯在病床上依然主持考试不辍，而且还继续修订《热的力学理论》的第 3 版，遗憾的是，还未完成他就过世了。

虽然克劳修斯一生中常跟英国科学家为了科学发现的功劳而争吵，但他还是在 1879 年得到了英国皇家协会的最高荣誉科普利奖章。熵的概念将永远与这个执拗的普鲁士学者的大名绑在一起，流传到后世。

为科学而生，为原子而死的玻尔兹曼

热力学在克劳修斯与开尔文男爵的努力下，终于成为一门新兴的物理学，然而又在玻尔兹曼与吉布斯的手上，进一步发展成统计力学。统计力学应用的范围极广，不仅有各式各样的物理系统，而且连化学反应及生物组织都包含在其中。缔造如此耀眼功绩的玻尔兹曼与吉布斯却是完全不同的类型，玻尔兹曼的人生与一生平静无事、与人无争的吉布斯相比，可以算得上是波澜壮阔。

路德维希·爱德华·玻尔兹曼（1844—1906）生于维也纳。玻尔兹曼自1863年开始在维也纳大学攻读物理，在只比他年长九岁的约瑟夫·斯蒂芬的指导下，仅三年就获得博士学位，他的论文主题是气体运动论。

1869年7月，玻尔兹曼受聘为格拉茨大学的教授。就在这一年，玻尔兹曼与格拉茨的一位有抱负的数学兼物理老师亨丽埃特相遇，当时奥匈帝国的大学不让女性入学，亨丽埃特在试图旁听当地大学讲授的课程时遭到拒绝。她在玻尔兹曼的建议下申诉成功，成为格拉茨大学第一位女学生，主修数学与科学，辅修哲学。后来亨丽埃特与玻尔兹曼坠入爱河，两人在1876年结婚，婚后育有三个女儿和两个儿子。

1873年，玻尔兹曼成为维也纳大学的数学讲座教授，也针对热的力学理论开班授课。1876年，他又回到格拉茨大学任教，成为物理所的所长。接下来，玻尔兹曼开始酝酿利用统计的方法将微观的动力学与宏观的热力学联结起来的计划。让我们来看看他在格拉茨大学前后两段时间（1869—1873，1876—1890）都做了哪些划时代的研究。

麦克斯韦-玻尔兹曼分布

玻尔兹曼一生深信不疑的是经典力学的有效性，他认为整个自然科学都应该奠基在经典力学之上。他尤为着迷于研究如何用动力学来阐明熵，以及如何用经典力学来"证明"热力学第二定律。所谓思而不学则殆，玻尔兹曼当然先向最重要的前辈麦克斯韦学习。1860年，麦克斯韦第一次推导出麦克斯韦速度分布函数，它解释了许多基本的气体性质，包括压力和扩散性质。

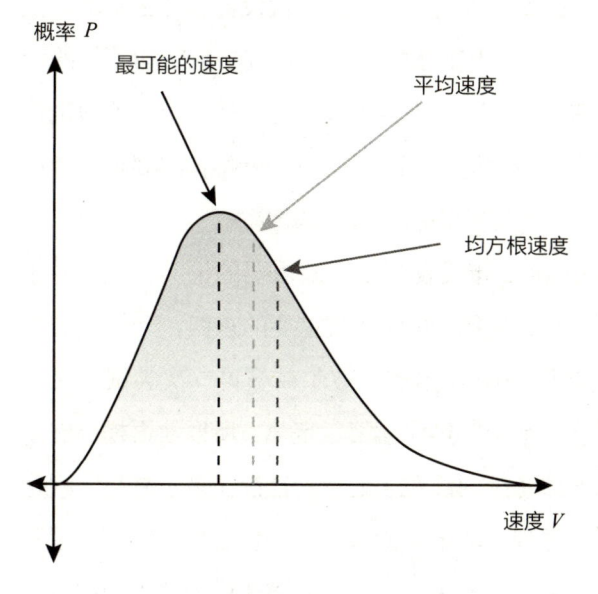

麦克斯韦气体分子速度分布

分布函数（distribution function）：指一个多粒子组成的物理系统处在温度 T 时，当系统达到热平衡，粒子处在某一速度状态的概率分布。通过分布函数，科学家可以将宏观的物理量温度 T 与气体动能联系起来。

玻尔兹曼在 1868 年发表的论文中，将麦克斯韦的推导拓展到系统受到外力的情况，他尝试将原本只适用于理想气体的麦克斯韦分布拓展到一般的力学系统，定义在相空间（phase space）中的概率密度 $\rho(x)$。我们知道经典力学中 ρ 沿着粒子的轨迹是不变的，我们称之为刘维尔定理。假设系统总能量不变，相空间上的曲面 $H(x)=E$（这里的 H 是系统的汉密尔顿函数）上任一点都在某一条特定的轨迹上，那么整个曲面的概率密度 ρ 都相同。由此玻尔兹曼写出微正则系综的概率密度 $\rho(x)$，得到麦克斯韦分布函数，所以现在我们通常称它为"麦克斯韦－玻尔兹曼分布函数"。这是第一次考量整个系统的概率，而不是单一粒子。虽然这个推导比原先麦克斯韦推导的适用范围要广得多，却必须仰赖一个崭新的假设，就是遍历假说（ergodic hypothesis）。

换句话说，对时间平均而得的结果，与对系综平均而得的结果应该是相同的。当时玻尔兹曼还没有理解这样的假设会有什么问题，但他在 1871 年的论文中提到，当物体的相空间轨迹是封闭的，他的论证就不会成立，因为曲面上会有若干点不在同一条轨迹上。但他也认为一个微小的扰动就会改变封闭的轨迹，所以这些封闭轨迹的物理效应是可以忽略的。但是，这个议题可没有这么简单就消失。

敏锐的玻尔兹曼在 1872 年又发表了一篇重要的论文《气体分子热力学的新研究》，他在文中提出两样非常重要的东西，一样是玻尔兹曼方程，另一样则是所谓的 H 定理。玻尔兹曼再一次尝试从微观的动力学出发，希望能"证明"热力学第二定律，所以他再提出玻尔兹曼方程来叙述理想气体系统内部粒子的运动情况。玻尔兹曼方程是一个非线性微分方程。方程中的未知函数是一个包含粒子空间位置和动量的六维概率密度函数 $f(r, p, t)$。这个方程描述粒子位置和动量概率分布如何在相空间中随时间和空间变化，玻尔兹曼假设的碰撞项完

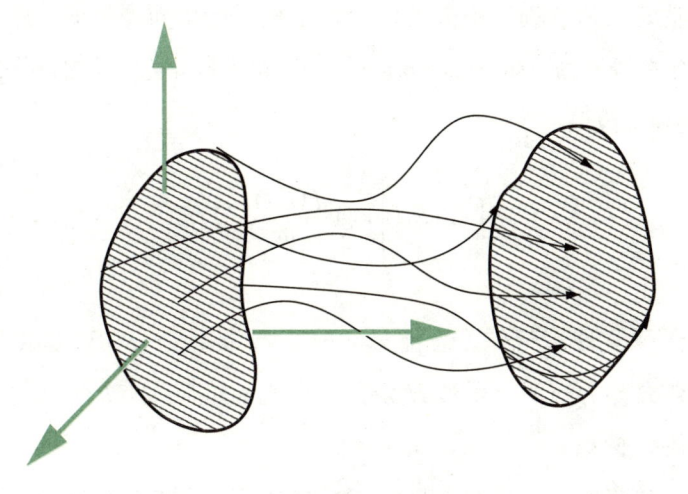

刘维尔定理示意图

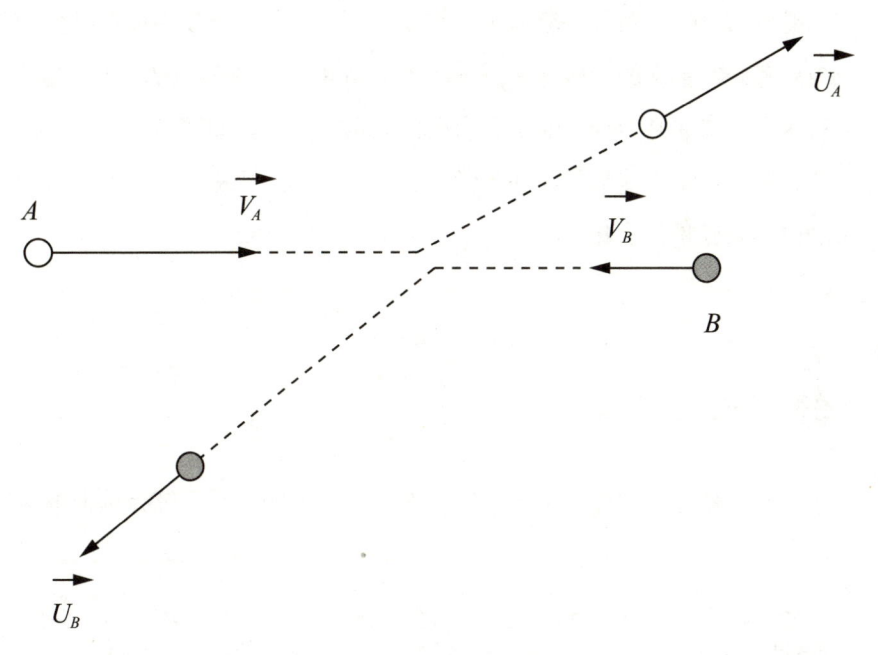

分子混沌拟设示意图

全是由假定在碰撞前不相关的两个粒子相互碰撞而得到的。这个假设被玻尔兹曼称为"stosszahlansatz"[①]，其实正是麦克斯韦之前提出的"分子混沌拟设"。

$$H(t) = \int_0^\infty f(E,t)\left[\log(\frac{f(E,t)}{\sqrt{E}}) - 1\right]dE$$

对于孤立理想气体（总能量和分子数量不变），当 f 是麦克斯韦－玻尔兹曼分布时，函数 H 会有极小值；如果系统处于其他分布时，H 值会变大。

玻尔兹曼在这篇论文中证明，玻尔兹曼的碰撞项会使任何不是麦克斯韦－玻尔兹曼分布的 $f(E, t)$ 都不稳定，并且会发生不可逆的变化，直到函数 H 达到最小值为止。换句话说，f 会向麦克斯韦－玻尔兹曼分布演化。在气体容积不变的情况下，玻尔兹曼发现他的函数 H 与克劳修斯定义的熵根本是同一回事，事实上熵等于 $-kH$。玻尔兹曼对这个结果非常自豪，他认为自己已经用动力学证明了热力学第二定律，甚至还认为他的证明在数学上是站得住脚的严格证明。那么背后的机制到底是什么呢？

🧪 玻尔兹曼熵公式

玻尔兹曼的解释是：一个拥有庞大自由度的封闭系统会越来越混

---

① stosszahlansatz 是由玻尔兹曼的学生保罗·埃伦费斯特创造的德文新词。stoss 是撞击的意思，zahl 是计算的意思，ansatz 是物理学术语。这个词的意思是先做一个假设，并且按照这个假设去进行一系列的演算，用得到的结果来检验最初的假设是否成立。当一个问题难以用直接的方法解决的时候，拟设（ansatz）经常是解决问题的出发点。

乱，越来越无序。而熵正是描述"无序"的物理量。玻尔兹曼沿用麦克斯韦的方法，将气体分子模型化为箱中相互碰撞的台球，而随着粒子间的碰撞，速度分布会变得越来越无序，最终导致系统的宏观性质趋于均匀。而从微观来看，系统则处于最为无序的状态，这是因为无序的微观状态数一定远多于有序的微观状态数。如果让系统自行演化，统计性地来看，系统达到微观状态数目多的概率也一定远大于达到数目少的概率。也就是说，系统的熵一定会趋于最大值。

玻尔兹曼总结，粒子"以同样的速度在同一方向"运动的有序状态可以想象，是系统最不可能处于的状态，亦是最不可能的能量组态。所以热力学第二定律代表的是一个封闭系统不管起始状态为何，最后都会趋向最为无序，也就是最为混乱的状态。更进一步，玻尔兹曼在气体运动论中发现了熵和微观状态的概率分布的对数关系，并提出著名的玻尔兹曼熵公式：

$S=k.\log W$

其中 k = 1.3806505 (24) × 10^{-23} J/K，称作**玻尔兹曼常数**。W 是德语的概率（Wahrscheinlichkeit）的缩写，更准确地说，W 是系统的微观状态的数目。这个公式后来甚至被刻在玻尔兹曼的墓碑上。它为何如此重要呢？因为正是这个看似简单的公式提供了一个对大自然非常深刻的发现。

玻尔兹曼在格拉茨平稳地度日，在学术上也有令人惊艳的成就，但是1885年，他挚爱的母亲过世了，他悲痛异常，四年后，他的长子雨果因盲肠炎夭折，更让他自责不已，他的精神状态从此开始变得不稳定。1890年，玻尔兹曼离开了格拉茨大学，受聘为慕尼黑大学的理论物理学教授。在这里玻尔兹曼结识了许多科学家，其中对玻尔兹曼影响最大的是当时在莱比锡大学任教的奥斯特瓦尔德，虽然他后来成了玻尔兹曼的主要论敌，但两人终生维持惺惺相惜的交情。

但是玻尔兹曼在慕尼黑没有待多久，1894年，他继承他的导师斯蒂芬成为维也纳大学的理论物理学教授，这是他第二次在母校任教。但这一次他只在维也纳大学待了六年，这跟他容易与人争论的火爆性格有关。他与在维也纳大学担任哲学及科学史教授一职的恩斯特·马赫关系形同水火，两个人相当话不投机，这件事在科学史上还挺有名的。1897年，玻尔兹曼在维也纳的帝国科学院演讲时，马赫听完后宣称："我才不相信他的原子真的存在。"

1900年是玻尔兹曼转到莱比锡的第二年，马赫就因中风而离职，所以玻尔兹曼又重返维也纳大学任教。此时玻尔兹曼无疑已经是奥匈帝国学术界的大佬。1904年，在玻尔兹曼60岁生日当天的祝寿活动上，一本由117位作者共同撰写的《贺寿专刊》论文集送到了他的手上，这可以说是当时欧陆科学界的一大盛事。

但是1904年在美国圣路易举办的一个物理学会议上，与会的大多数物理学家都否定原子的存在，玻尔兹曼甚至没有受邀参加物理部门的讨论，而是被安排到应用数学部门。想来玻尔兹曼是不开心的。1905年，玻尔兹曼试图通过与哲学家布伦塔诺的广泛交流来进一步理解哲学的本质，他想让科学摆脱哲学的影响，但逐渐地，他本人也对这个想法失去信心。6月他又去了一趟美国，返程时他写了一篇幽默的游记《一个德国教授的黄金国之旅》。

虽然玻尔兹曼回到维也纳时似乎仍处于巅峰状态，但几个月后他却身心崩溃，到了1906年年中，他的精神状态已经恶化到不得不暂时离职。9月，他与妻子及女儿在意大利的杜伊诺度假，趁着家人游泳时，他在房间内自缢身亡，得年62岁。玻尔兹曼没有留下遗书，只留下一个巨大的谜团与遗憾。

读者们如果有机会到维也纳，除了欣赏壮丽的建筑与美丽的音乐，也许可以带一束花到玻尔兹曼在维也纳中央公墓的墓碑前致意，他的墓碑上镌刻着这个公式：

S=k. log *W*

他的故事提醒着我们，追求真理之路是何等孤寂、漫长的一条路，但他带给我们的却又是如此深刻而丰富的发现。在维也纳美丽的街景中跳动的是一颗坚毅的心。

建立现代统计力学框架的吉布斯

约西亚·威拉德·吉布斯（1839—1903）出身于美国北方的书香世家，1854年进入耶鲁学院（耶鲁大学的前身）。数学家、天文学家休伯特·安森·牛顿是吉布斯在耶鲁念书时的良师益友。1858年，吉布斯以优秀的成绩从耶鲁学院毕业后留校成为谢菲尔德科学学院的研究生。19岁时，吉布斯当选康涅狄格艺术与科学学会会员。1861年3月，吉布斯的父亲去世后，他继承了一笔足以应付日常开支的遗产。一个月后南北战争爆发，体弱加上眼睛患有散光的吉布斯没有受到征召，一直留在耶鲁平静的校园中。

1863年，耶鲁学院授予吉布斯美国第一个工程学博士学位，这也是美国有史以来授予的第五个博士学位。他在学位论文《论直齿轮的齿轮样式》中利用几何方法探讨不同的齿轮设计样式。毕业后，吉布斯留在耶鲁当了三年助教，前两年讲授拉丁语，第三年讲授物理。

1866年，吉布斯申请了一项有关火车刹车的专利，美国的火车因为此项专利不再需要配备制动员。同年，他在康涅狄格学会宣读了一篇名为《长度单位的确切大小》的论文，文中他提出一个有关机械领域中计量单位系统的合理化方案。这一年他卸下助教的职务，与姐姐安娜、茱莉亚一起去欧洲旅行，这趟旅行改变了吉布斯的一生。

此时正是欧洲物理学发展神速的时代，麦克斯韦刚发表他的电磁方程不久，而克劳修斯也才发表关于熵的论文。反观美国在自然科学方面的发展远远落后于欧洲，特别是在热力学、电磁学以及光学等领域的研究，完全看不到欧洲的"车尾灯"。我们可以想象这些物理新发现对这位年轻的美国工程学博士来说是何等的震撼。

1866年末至1867年初，姐弟三人都是在巴黎度过的。吉布斯在那里旁听，著名数学家刘维尔和夏莱在巴黎大学、法兰西公学院开展的讲座。之后吉布斯来到德国首都柏林，旁听数学家魏尔斯特拉斯、克罗内克以及化学家马格努斯的讲课。这些学者都是一时之选。

1867年，吉布斯在海德堡大学见习物理学家基尔霍夫、亥姆霍兹以及化学家本生的研究工作，当时基尔霍夫与本生正在研究光谱学，亥姆霍兹则在研究有关声学与听觉的问题。这些最尖端的学术成果让吉布斯大开眼界，收获良多。

1869年6月，吉布斯回到耶鲁，负责教工科学生法语，同时致力于设计一种新型的蒸汽机调速器，这也是他在工程领域的最后一项重要研究。

1871年，吉布斯成为耶鲁学院的数学物理学教授。这是美国国内第一个数学物理学教授的席位。两年后他在《康涅狄格学院学报》上发表了两篇论文[①]，论述如何利用几何方法表示热力学量。他在这两篇论文中主要探讨怎样将相图应用到热力学。

吉布斯很喜欢使用相图来启发自己的想象力，而不是使用机械模型。在第一篇论文中，吉布斯特别讨论了体积－熵（$V\text{-}S$）图。而在第二篇中，吉布斯将二维相图拓展到三维，三个坐标分别是体积（V）、熵（S）以及能量（E），并且以三维相图讨论化学反应的相结

[①] 第一篇是《流体热力学中的图像法》，第二篇是《用曲面方法对物质热力学性质进行几何表示》。

构和稳定性的问题。

这两篇论文引起英国大科学家麦克斯韦的注意和热情回应，他甚至亲手做了一个描绘吉布斯所提出的三维相图的黏土模子。随后，麦克斯韦利用这个模子制作了两个石膏模型，并将其中一个寄给了吉布斯。那个模型现在还陈放在耶鲁大学物理系。①

吉布斯随后将他发展的热力学分析方法拓展到混合系统，还考虑到许多实际的情况，这些研究成果都收在《关于多相物质的平衡》中。吉布斯在这部专著中运用了两条定律，还运用他高超的数学分析

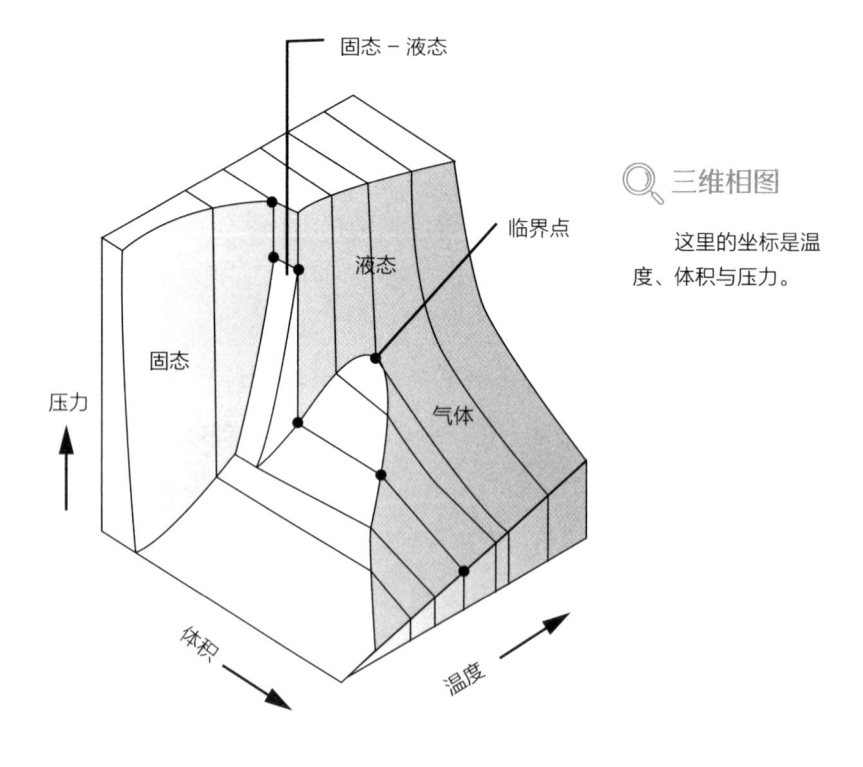

🔍 **三维相图**

这里的坐标是温度、体积与压力。

---

① 麦克斯韦在 1875 年出版的《热学》的新修订本中，用了一整章的篇幅叙述吉布斯的这项工作。他在伦敦化学学会的一次演讲中也叙述了吉布斯提出的图像方法，而且在为大英百科全书撰写的有关图解法的文章中也提到吉布斯的工作。然而，两人之间的合作却因麦克斯韦英年早逝而在 1879 年夏然而止。而后一句话传遍了纽黑文市："只有一个活人能理解吉布斯的论文，那就是麦克斯韦，但他现在死了。"

技巧，严谨而巧妙地阐释物理化学现象，对大量原本孤立的实验事实和观测结果做出解释，并将它们联系起来，如著名的"吉布斯相律"也是在这里提出的。它说明了在特定相态下，系统的自由度跟其他变量的关系是相图的基本原理。

> 吉布斯相律的表达式为：$F=C-P+n$，其中 C 代表系统的独立组元数，P 是相态的数目，而 n 是外界因素，多数取 $n=2$，代表压力和温度；对于熔点极高的固体，蒸气压的影响非常小，可取 $n=1$。以水为例子，只有一种化合物，$C=1$，$F=1-P+2=3-P$。在三相点，$P=3$。$F=3-P=0$，所以温度和压力都固定。当两种态处于平衡，$P=2$，$F=3-P=1$，有一个自由度，而在一个特定压力下，便恰好有一个熔点符合吉布斯相律的描述。

吉布斯这部专著被后人称誉为"热力学的《自然哲学的数学原理》"，被认为是一部无所不包的专著，为物理化学奠定坚实的理论基础[①]。将这部专著译为德语的奥斯特瓦尔德把吉布斯称作是"化学能量学的鼻祖"。吉布斯最擅长用严谨的数学推导出非常实用又贴切的物理量定义，包括 1873 年他引入的吉布斯自由能（Gibbs free energy）、1876 年引入的化学势（chemical potential）都是这一类的新物理量。

---

① 这部专著分为两个部分，分别由康涅狄格学会于 1875 年和 1878 年出版。这部 300 余页的专著包含 700 个有标号的方程。

吉布斯自由能可以用来评估一个反应是否具有自发性，用来估算一个热力系统可以做出多少非体积功。当应用热力学于化学领域时，吉布斯自由能是最常用到与最有用的物理量之一。

化学势，指的是在化学反应或者相变中，此物质的粒子数发生改变时所吸收或放出的能量。在混合物中的某种物质的化学势定义为此热力学系统的吉布斯自由能对此物质粒子数的变化率，在化学平衡或相平衡状态下，自由能会处于极小值，各种物质的化学势与化学计量系数乘积之总和为 0。可以说，吉布斯演出了数学、物理与化学完美的三重奏，在科学史上少有几人做得到啊！

统计力学

吉布斯在物理与数学的许多领域都有贡献，但最大的贡献还是在统计力学上，他创造了"统计力学"（statistical mechanics）这个名词[①]。统计力学的宗旨是，利用统计方法，从大量微观粒子的运动角度，得到对宏观的热力学现象的微观解释。吉布斯最大的贡献是引入力学系统的相的概念，并在这一概念基础上引入系综（ensemble）的概念，由此给出对于由麦克斯韦和玻尔兹曼提出的粒子系统统计性质理论更为普遍的表述。

---

① 一般史家公认，吉布斯、麦克斯韦、玻尔兹曼共同创建了统计力学的理论。

> 所谓的系综代表一定条件下，一个体系的大量可能状态的集合。也就是说，系综是系统状态的一个概率分布。对具有相同性质的体系，其微观状态（比如每个粒子的位置和速度）仍然可以大不相同。实际上，对于一个宏观体系，所有可能的微观状态数是天文数字。在概率论和数理统计的文献中，人们通常会使用"概率空间"指代相同的概念。常用的系综有：
>
> ·微正则系综（microcanonical ensemble）：系综里的每个体系具有相同的能量（通常每个体系的粒子数和体积也是相同的）。
>
> ·正则系综（canonical ensemble）：系综里的各体系可以和外界环境交换能量（每个体系的粒子数和体积仍然是固定且相同的），但系综内各体系有相同的温度。
>
> ·巨正则系综（grand canonical ensemble）：正则系综的推广，各体系可以和外界环境交换能量和粒子，但系综内各个体系有相同的温度和化学势。

吉布斯所提出的系综概念在理论物理学界和数学界都产生了非常巨大的影响。数学物理学家阿瑟·S·怀特曼这样评价吉布斯："每位曾经学习过热力学和统计力学的人都会注意到，吉布斯的科学工作最令人印象深刻的特点之一，就是他对于概念的表述非常贴切。这让它们在理论物理学和数学经过百年动荡洗礼后仍能幸存下来。"

吉布斯通过多粒子系统的统计性质对热力学现象的经验定律进行理论推导，这些研究成果都收录在他去世前一年出版的教科书《统计力学的基本原理》中，这本书对后世具有很大影响力。大数学家亨利·庞加莱于1904年提出，尽管麦克斯韦和玻尔兹曼更早利用概率的概念解释宏观物理过程的不可逆性，但吉布斯在这一问题上看得更为透彻，他在书中所做出的理论解释也更容易为人所理解。吉布斯对不可逆性的分析以及他对H定理和遍历假设的阐释，对20世纪数学物理学的发展产生了重大影响。

虽然吉布斯名扬欧陆，却直到1880年才开始领到耶鲁的薪酬，2000美元的年薪。吉布斯在耶鲁任教超过40年，然而他不算是一个成功的老师。有些数学较差的学生时常跟不上吉布斯的教学进度。作家詹姆斯·克劳瑟这样描述吉布斯与美国科学界同行的关系："吉布斯到了晚年，看起来像是位身材高大、充满威仪、步伐矫健而又脸色红润的绅士。他每天操持自己的家务，为人友善，对学生也是和蔼可亲，虽然学生大概听不懂他讲话的内容。他受到朋友高度的尊崇。"

但当时的美国科学界太过重视解决实际问题，以至于吉布斯那些影响深远的科学工作，在他还在世时并没有得到重视。他在耶鲁度过了安宁的一生，被一些有才能的学生仰慕，但没有在美国科学界留下与他的天资相称的印记。不过，吉布斯还是获得了当时美国科学家所能获得的所有重要荣誉。1901年，英国皇家学会颁发给吉布斯当时被认为是自然科学界地位最高的国际奖项科普利奖章，并称他"首次对热力学第二定律在化学、电学、外力做功转化的热能及热容量等方面的运用做了详尽的讨论"。

1903年4月28日，吉布斯因急性肠梗阻在纽黑文去世，终年64岁。耶鲁大学同年5月举行他的追悼会，发现电子的英国物理学家J.J.汤姆森出席追悼会并做了一个简短演讲。吉布斯的葬礼与他的人生一样低调而不张扬。

解人所不能解的鬼才——昂萨格

拉斯·昂萨格（1903—1976）出生于挪威奥斯陆。他的父亲是律师。1925年，昂萨格取得挪威理工学院化学工程学学位。昂萨格念大学时，曾把英国数学家惠特克和沃森合著的《现代分析》背得滚瓜烂熟，甚至解完了书中超难的习题，他所下的苦功使得他的数学技巧在化学、物理界无人能出其右，也成为他日后学术研究最大的本钱。

1924年，他发现德拜-休克尔电解质理论[1]没有考虑到电解质中离子的布朗运动，需要被修正。当时休克尔在瑞士苏黎世联邦理工学院担任德拜的助理，他们通过考虑离子间的作用力来说明强电解质溶液的性质，以解释他们所引入的电解质溶液的电导率和热力学的活度系数。

第二年昂萨格在瑞士苏黎世联邦理工学院见到德拜，他把德拜-休克尔需要修正的理论告诉了德拜，让德拜对他印象好极了，就留他当助手。昂萨格在联邦理工学院吸收了许多新的物理知识，还出版了描述德拜-休克尔电解质理论该如何修正的论文，结识了不少科学家。

1928—1929年，昂萨格转往美国，先后在约翰斯·霍普金斯大

---

[1] 彼得·德拜与埃里希·休克尔在1923年提出来的理论。

学和布朗大学担任教职。但他的课晦涩难懂，在布朗大学时，据说全班只有一个学生富斯能听懂他教的统计力学，后来富斯成了他的得力助手。

这段时间昂萨格在美国的物理评论期刊发表著名的"昂萨格倒易关系"（Onsager reciprocal relations），描述连接"热力流"与"热力"的二阶张量是对称的。这个听起来很抽象，但正因为抽象，所以可以应用于许多不同的系统，例如热电效应，或是非均向晶体的导电与导热，甚至是扩散现象等等，而且这个关系还适用于非平衡状态呢！不过它的适用范围是系统尚未远离平衡状态，系统对外来扰动的响应与扰动成正比的区域。这个关系来自系统微观的时间可逆性，所以很特别，不适用于有外加磁场或是科里奥利力的情况。

1933年，美国大萧条冲击到校园时，昂萨格从布朗大学转到耶鲁大学之前，在奥地利认识了和德拜一起发现"德拜–法尔肯哈根效应"（Debye-Falkenhagen effect）的电化学家汉斯·法尔肯哈根。

> 德拜–法尔肯哈根效应是指加在电解液上的电压的频率很高时，可使电解液的电导增加。这是他们在1929年研究电解液在电场作用下，电解液产生的离子运动的情况时所发现的。由于溶液中离子间的相互作用，而产生它们的空间关联，任何离子的转移，都要求近邻离子重新调整它们的相对位置，而这些都是与时间有关的，因而使电导、介电常数和所加电场的频率有关。

后来昂萨格娶了法尔肯哈根的小姨子玛格丽特·阿莱特德。据说他们第一次约会时，昂萨格的表现非常拘谨，晚餐后他在露台上睡着了，醒来后就问玛格丽特："你爱上我了吗？"几天后他们就结婚了。两人婚后育有三男一女，看来授课不受欢迎的昂萨格，谈恋爱的功夫倒是挺厉害的嘛。

昂萨格从欧洲回到耶鲁后，大家才赫然发现他的研究很出色，他却没有博士学位！昂萨格于是写了一篇《周期为 4π 的马丢方程的解及其相关函数》送到耶鲁大学申请学位，结果化学系与物理系的教授们都看不懂，但数学系的教授们直说："要是物理系不将学位颁给昂萨格，那我们就要颁了。"所以昂萨格在 1935 年取得耶鲁大学的化学博士学位。

昂萨格从 20 世纪 30 年代末期开始对电介质的电偶极理论产生兴趣，他提出了对"维恩效应"的理论解释。所谓"维恩效应"是指在高电压梯度之下，电解液的离子迁移率和电导率都会增大，这是维恩从实验观察中得出的。但当昂萨格投稿到德拜担任主编的《物理期刊》时，却被退稿了，因为德拜觉得昂萨格错了，昂萨格后来又把论文投到了《美国化学学会期刊》。但是直到战后，德拜才了解到昂萨格是对的。

接下来的几年，昂萨格开始着迷于研究"如何在统计力学的框架下描述固体的相变"这个难题，为此他发展出了非常优美的数学理论。特别是他在 1943 年得出的二维伊辛模型的严格解，更是数学物理领域的惊人成就。

伊辛模型

伊辛模型最早是由德国物理学家威廉·楞次在 1920 年提出的，

原先他只是把该模型当成是给学生恩斯特·伊辛的一个问题。这个模型是用来描述物质的铁磁性的。该模型中包含可以用来描述单个原子磁矩的参数 σ_i，其值只能为 +1 或 –1，分别代表自旋向上或向下，这些磁矩通常会按照某种规则排列，形成晶格；并且在模型中会引入特定交互作用的参数，使得相邻的自旋互相影响。伊辛曾在 1924 年求得一维伊辛模型的解析解，并证明它不会产生相变，也将结果发表了。

事实上，当伊辛得到这个结果时非常失望，甚至放弃了物理，由于他是犹太人，所以他从 1939 年起藏身于卢森堡，躲避纳粹的迫害。1947 年，伊辛前往美国教书时，他才发现以自己名字命名的"伊辛模型"成了教科书的内容。

二维伊辛模型

二维（方晶格）伊辛模型要比一维的情况复杂许多，因此其解析描述直到 1942 年 2 月 28 日才被发表。那一天，昂萨格参加了纽约的一场会议，会上瑞士物理学家瓦尼尔介绍了他与荷兰物理学家克喇末的新发现：利用二维伊辛模型高温与低温的一个对应关系可以决定二维伊辛模型的临界温度。瓦尼尔的演讲结束时，昂萨格站起来宣布他已经得到了二维伊辛模型的严格解。此话一出，惊艳四座！

不过相关论文却直到 1944 年才出现在期刊《物理评论》上。昂萨格证明该模型的相关函数和自由能可以由一个无交互作用的格点费米子场（noninteracting lattice fermion）来界定。昂萨格的解法与现在教科书的解法已经完全不同了，据说当他写出严格解时，别人都看不懂他在干吗，但是大家都公认这是件伟大的成就，连大物理学家泡利也赞叹不已。

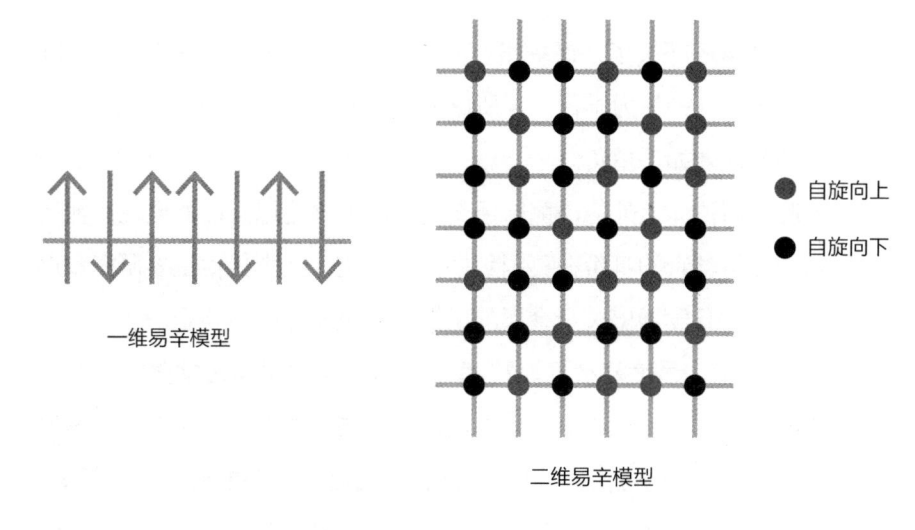

一维伊辛模型（左）与二维伊辛模型（右）

当时第二次世界大战打得如火如荼，许多科学家忙着制造原子弹、测算雷达，然而因为昂萨格不是美国公民，所以可以继续投身于纯学术的研究。

昂萨格在1945年归化成为美国公民，并且成为耶鲁大学的吉布斯理论化学讲座教授。他与吉布斯有许多相似之处，不仅是学术兴趣相似，行事为人都极为低调，而且研究成果往往没有得到应有的重视，让人不禁有"曲高和寡"之叹。昂萨格是个完美主义者，他在1948年发表了二维伊辛模型的自发磁化公式，却没有发表完整的推导，就是因为他对数学的严谨性要求极高。

"二战"之后，昂萨格在1949年首先尝试解释液态氦的超流体行为，两年后费曼也提出类似的理论，但显然费曼并不知道这位耶鲁"化学家"的工作。根据费曼的回忆，在一次日本的会议上，费曼提到他的超流体理论无法妥善解释在临界点的热力学行为，昂萨格举手说："费曼先生是这个领域的新人，所以我们需要开导他。"

费曼当场吓呆了，昂萨格接着说："目前没有人能解释任何实际系统在临界点的热力学行为，所以他的理论算不上有缺陷。"

费曼这才如释重负。

除了超流体之外，昂萨格还研究液晶的理论以及冰的电性。他曾以富布赖特学者的身份在英国剑桥大学待过，在那里他主要研究金属的磁性，并且发展出关于金属的磁性流的量子化的重要想法。

1968年，昂萨格被同时提名诺贝尔物理学奖和化学奖，最终独得诺贝尔化学奖。此外，昂萨格还得过美国艺术与科学院的拉姆福德奖章、荷兰皇家学会的洛伦兹奖章、美国化学学会的德拜奖章等等。他还接受哈佛、剑桥等校的荣誉博士学位，其中甚至包括当年请他走人的布朗大学。

1973年昂萨格从耶鲁退休，转到迈阿密大学的理论研究中心，并成为迈阿密大学的杰出教授。他依然对半导体物理、生物物理以及辐射化学兴致勃勃，无奈不敌病魔，在1976年于佛罗里达州迈阿密去世。

昂萨格的母校挪威理工学院虽然当年拒绝颁博士学位给他，却在1993年成立"昂萨格讲座"（Lars Onsager Lecture）与"昂萨格教授职位"（Lars Onsager Professorship）。世人往往前倨后恭，想来对昂萨格而言，也不以为意吧。

吉布斯与昂萨格绝对不是今天媒体宠儿类型的科学家，甚至由于他们生前的见解深刻费解，他们表达的方法对于旁人来说也往往过于晦涩难懂，所以他们都没有被真正公正地评价过。然而科学是一种志业，不是一种职业，志业所要求的是全然投入与奉献，而不是一时的名声或赞誉。《美国的反智传统》一书对美国社会一味追求实用、短视近利的现象有着非常严厉的批判与讨论，但就算如此，美国社会还是出现了像吉布斯与昂萨格这样别具一格的学者。或许强大的包容力也是美国强大的秘诀吧！

第四部分

20世纪之后的物理

进入20世纪之后,物理经历了一番天翻地覆的改变,相对论改变了我们对时空的理解,引力波也首次被探测到,爱因斯坦提出的广义相对论终于被证实了,这百年的追寻又是怎样一个过程呢?

现代物理的推手 ——洛伦兹

相对论与量子力学的出现，都与电动力学有着千丝万缕的关系，因为相对论来自对光传播方式的不解，量子物理则肇始于原子辐射光谱所带来的困惑，而光的传播与电磁辐射都是电动力学里的重要议题，所以电动力学的集大成者亨德里克·安东·洛伦兹（1853—1928）自然而然成为催生现代物理的推手，就让我们看看这位承先启后的人物是如何跃上历史的舞台的吧。

洛伦兹出生于荷兰。1870年，他进入莱顿大学研读物理和数学，一年半后就通过学士资格考，之后他回到家乡在当地学校教书，并准备博士论文。

当时欧陆物理界深受韦伯等人的影响，一直试图利用传统超距力的力学形式，也就是用与电荷位置、速度有关的复杂电势能和矢量势来描述电磁现象。麦克斯韦的理论出现后，企图调和这两种思路的尝试如雨后春笋，其中最成功的是亥姆霍兹所创建的公式。

在麦克斯韦的电磁理论出现之前，盛行的光学理论是将以太当作有弹性的固体，将光视为以太产生的弹性振动，但这个理论无法解释为何没有纵向偏振的光波，而且也无法给出正确的透射波与反射波的振幅比。在1870年，麦克斯韦的电磁理论能否完美解释先前光学实验的结果，仍是有待研究的"处女地"，而洛伦兹适时填满了这个空缺。

1875年，洛伦兹以论文《有关光的反射和折射》取得博士学位，他在文中运用亥姆霍兹的电磁超距力理论导出电磁波的方程，并运用它来微观地解释光的反射与折射，并进一步讨论光在晶格中的活动以及全反射的现象。

三年后，洛伦兹再接再厉写出了一篇利用带电粒子的振动来探讨色散现象的论文，得到了很高的评价，且因此年仅24岁的他就能被任命为莱顿大学的理论物理学教授。之前物理教授不分理论与实验，因此这不仅是荷兰第一个理论物理学教授职位，也是全球第一个呢！

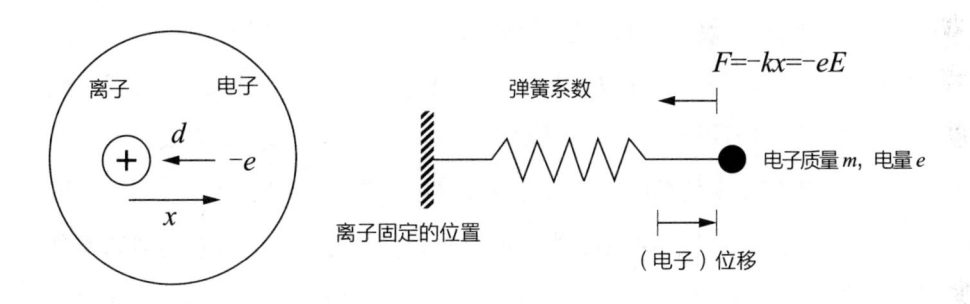

洛伦兹的色散理论示意图

以太曳引争论

洛伦兹在教授的就职演讲中强调物理研究的目的是找到适用于所有现象的基本原则，并警告人们不要过分重视心理图像，尤其不该企图从那些心理图像妄自去强解物理的原则。他主张各种不同的思路都该尽量发展，不管是欧陆的超距力理论，还是流行于英国的场论以及涡环原子模型，都该同时进行研究。他认为只有通过比较物理学家们的实验结果与理论计算，才能决定哪一个理论是正确的。不自我设限、心胸开阔是洛伦兹为学的特色，也使他日后成为电动力学的权威。

1886年，洛伦兹发表了一篇有关"以太曳引争论"的文章。1810年，法国科学家阿拉果论证，棱镜的折射率与光在玻璃内外的速度比有关。要是我们把棱镜放在望远镜的目镜之前，那么不同方位来的星光到达地球时，考虑到它们与地球公转的速度夹角不同，地表看到的光速应该不同，通过棱镜后的折射角也该有所不同。奇怪的是，阿拉果却发现通过棱镜的星光的折射角都相同。

但另一方面，早在1729年，英国天文学家布莱德雷就发现，同一颗星在不同季节的仰角的确有所不同，这个现象被称为"光行差"。那么为什么阿拉果测量到的折射角都一样呢？

为了解释这个现象，菲涅耳1818年提出了"以太曳引假设"。他假设像棱镜这样的介质与以太的相对运动会曳引部分的以太，由于光波是借着以太传播的，所以计算棱镜中的光速要加上这个效应。换句话说，地球大气层不会曳引，所以星光穿过静止的以太到达地球表面时，地球的公转运动会产生光行差。这样一来，既可以解释光行差，又能解释阿拉果的实验。

1851年，斐索让光通过有流水通过的水管，证实了菲涅耳的以太曳引系数。1871年，英国天文学家艾里往望远镜镜管中灌水，效果与棱镜类似，艾里也没有观察到任何异状，再一次肯定了阿拉果的观察结果。

当时与法国一水之隔的英国盛行另一套理论，斯托克斯在1845年提出：在介质中的以太与介质完全没有相对运动。他假设以太是不可压缩的，也不会旋转产生旋涡的流体，当地球在轨道上行进时，地球周遭的以太会跟地球以相同速度前进，但远离地球之处的以太则是静止的，由此可以解释光行差。但是在地球表面我们就不可能测得以太与地球的相对运动。斯托克斯进一步假设以太进入介质时密度变大，离开介质时密度变小，由此来解释斐索的实验。这两个理论在当时都各有支持的人。

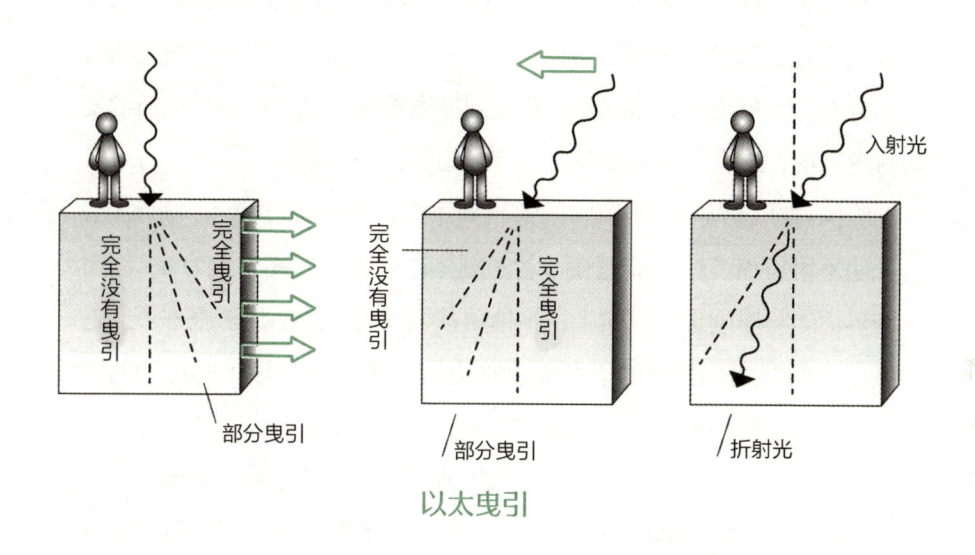

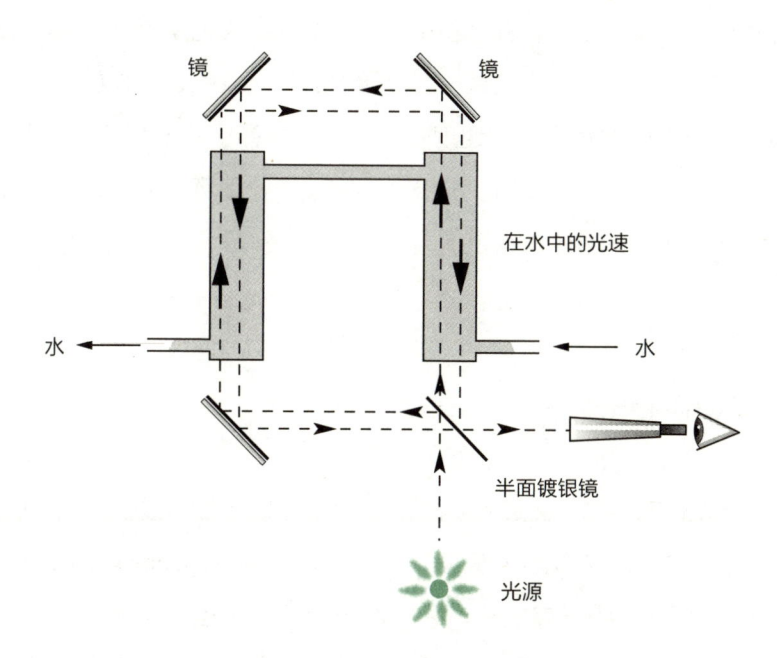

以太曳引

斐索实验示意图

到了 1881 年，当美国物理学家阿尔伯特·迈克尔逊在波茨坦用干涉仪测量以太与地球的相对运动时，对菲涅耳理论的支持者造成了相当大的冲击，因为迈克尔逊的实验的精密度可以量到 $(v/c)^2$ 的效应。迈克尔逊在 1887 年与爱德华·莫雷重新做了一次相同的实验，而且提升了精密度，依然没有测量到地表的以太风。对斯托克斯的支持者来说，这个结果可以算是一剂强心针！

但就在迈克尔逊与莫雷的实验前不久，洛伦兹发表了一篇论文，证明不可压缩流体的流速在移动的刚体球周遭不可能旋度为 0，同时在界面上与球同速。事实上，洛伦兹甚至认为介质的运动根本不会造成以太的改变。静止的以太加上将电流当作带电微粒子的运动的想法，正是日后洛伦兹研究的基本方向。

1892 年，洛伦兹写了一篇长达 200 页的论文《麦克斯韦电磁理论与其对运动物体的应用》，他在文中写出了电磁场与带电粒子交互作用的拉格朗日函数，并且利用变分法推导出麦克斯韦方程与洛伦兹力方程。更进一步，洛伦兹设想介质中的带电微粒会吸收再放射电磁波，造成电磁波在物质中速度变低，由此解释了菲涅耳的曳引系数，却不需要假设以太被曳引。德国科学家波恩曾称赞这篇文章为"物理世界中最优美的数学分析范例"。

对比状态原理

1895 年，洛伦兹在《尝试论运动物体的电学现象与光学现象》中提出所谓的"对比状态原理"（theorem of corresponding states），主张在不同坐标系所有电磁现象在两个坐标系的差别，都比 v/c 还要小。v 是地球坐标系相对于以太的速度。由此他导出一套在"以太坐标系"与"地球坐标系"间的电磁场以及时空坐标的变换。利用这个变换，洛伦兹不仅可以解释光行差，还能解释光的多普勒效应以及斐索实验的结果。

在这篇论文中，洛伦兹在研究一个静电系统对以太有相对运动的实例中，发现静电系统在运动方向上会产生"收缩"，必须利用这个收缩才能解释为什么地球自转不会影响静电平衡。但真正让洛伦兹伤透脑筋的是所谓的"地方时"的问题。当洛伦兹将研究对象由静电系统扩大到随时而变的系统时，洛伦兹发现在非以太系统中必须使用"地方时"来取代"时间"，而地方时随着位置改变而改变。

这与麦克斯韦的电磁理论有本质上的关联。在麦克斯韦的四个方程中，安培环路定律让电场随时间变化的速率与磁场的旋度产生关联，而法拉第电磁感应定律则是让磁场随时间变化的速率与电场的旋度产生关联，所以要在非以太坐标系描述电磁现象，势必要使用地方时。

但是地方时是不是我们熟悉的"时间"呢？更精确一点来问，地方时是不是非以太坐标系在描写一般运动时使用的"力学"的时间呢？这是个大哉问，洛伦兹当时没有更进一步的讨论，但是他的电子理论却在第二年得到预料外的发展。

⚛ 洛伦兹电子理论的胜利

1896年，彼得·塞曼在研究钠焰的光谱时将纳放在磁场之中，结果光谱线发生令人惊讶的变化。光谱线变宽了！事实上光谱线分裂了，而且分裂的程度与磁场成正比。这正是当年法拉第努力尝试却没有得到的结果。而洛伦兹的电子理论很快对这个奇特的现象做出了解释，这是洛伦兹电子理论的一大胜利！

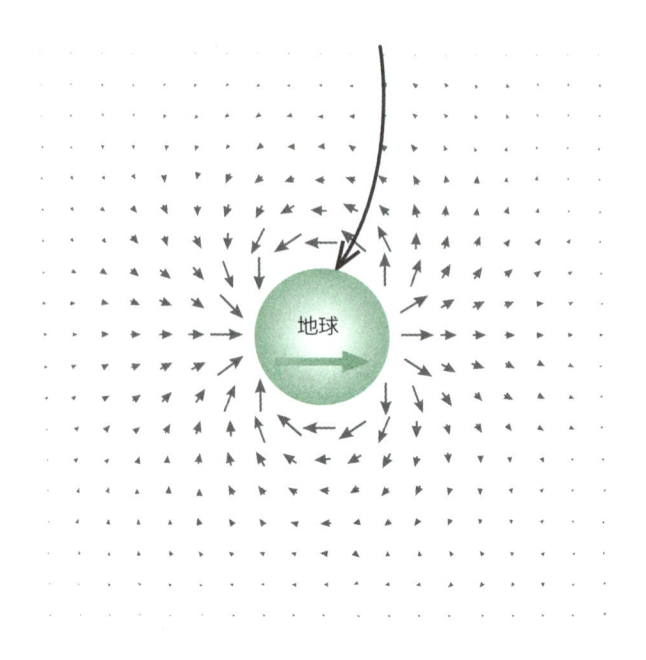

斯托克斯的以太理论

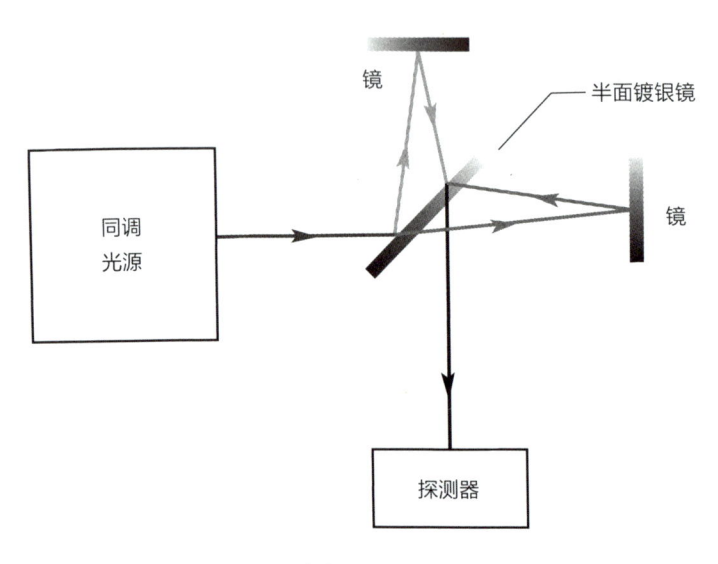

迈克尔逊实验示意图

的相同。

此外，他也主张不管是否带电，物体的质量都会随着与以太的相对速度改变而改变，而电子的质量则完全来自它的电荷产生的电磁作用。电子自身的大小与电子之间的距离会沿着相对于以太的运动方向产生洛伦兹收缩，不仅如此，电子间的束缚力与静电力也一样都会被与以太的相对运动所改变。

但是洛伦兹还有一个最棘手的问题尚未解决，就是如何诠释"地方时"的问题。第一个接下这个烫手山芋的是法国数学泰斗庞加莱，他在1905年提出以光来校定时钟的过程来解释地方时的意义，他主张光速与光源运动无关，由此他认为，在运动中的时钟彼此应该以光来通信并校定时间，而结果正是洛伦兹所推导出来的地方时。

庞加莱更进一步主张"相对性原理"，也就是说，不管在以太坐标系还是在运动坐标系中，电磁现象满足的是相同的规律，而且他也发现洛伦兹变换构成了数学上的群。所以当1905年默默无闻的爱因斯坦提出他的特殊相对论时，事实上洛伦兹和庞加莱已经几乎完成整个理论框架，那么为何爱因斯坦还是被冠以特殊相对论的发明者的桂冠呢？

这是因为爱因斯坦认清，只要接受光速与光源运动无关以及相对性原理，就足以推导出洛伦兹变换，这一切都与特定的电子理论无关。在爱因斯坦的诠释下，所谓的洛伦兹收缩来自测量一根棍子的头与尾的两个测量"事件"必须发生在同一个时刻，而事件"同时"与否又取决于坐标系的选择，所以实际上根本没东西收缩。

换句话说，爱因斯坦是从运动学出发，改造整个动力学，包含电动力学。而其他人则是从电磁理论出发，企图建构出一个具体的模型可以解释所有的实验结果。随着电子理论的发展，他们逐渐相信电磁理论拥有原先没想到的普遍性，但不得不将许多难以理解的效应归之于"以太"与"电子"之间复杂的动力学。

这也就是为何洛伦兹等人虽然致力将物质与以太分开,让以太逐渐失去力学的性质,却无法像爱因斯坦那样一刀割开戈尔迪乌姆结[①],将"以太"一笔勾销,开创科学史上一个新的里程碑。

晚年的洛伦兹成为当时欧洲物理界的宿老,从1911年直到1927年都担任索尔维会议的主席。他能清晰地总结最复杂的说法,他凭借无与伦比的语言天赋,成了大会的灵魂人物。著名的第五次索尔维会议奠定了量子力学的基础,而在大会的照片中,洛伦兹坐在正中央,旁边则坐着爱因斯坦与居里夫人。1928年2月4日,洛伦兹逝世,享年75岁。

---

① 戈尔迪乌姆结是亚历山大大帝在弗里吉亚首都戈尔迪乌姆时的传说故事。这个结在绳结外面没有绳头。亚历山大大帝来到弗里吉亚见到这个绳结之后,拿出剑将其劈为两半,解开了这个结。一般作为使用非常规方法解决不可解问题的隐喻。

陨落在"一战"战场上的科学家

第一次世界大战结束一百周年时，我特别撰写了这篇文章来纪念两位在战争中不幸丧生的优秀物理学家。

⚛ 协约国的亨利·莫塞莱

莫塞莱（1887—1915）出生于英国南部海岸的韦茅斯。他自小就出类拔萃，拿到奖学金进入著名的伊顿公学，1906年得到物理与化学奖。同一年他进入牛津大学的三一学院就读。1910年，他从牛津大学毕业后不久就进入曼彻斯特大学担任助教。从第二年起，莫塞莱开始全力投身研究工作，在当时的实验物理泰斗欧内斯特·卢瑟福的指导下从事研究。

莫塞莱在1912年发现，放射性物质比如镭在发生β衰变的时候会产生高电势，由此莫塞莱发明了第一个原子能电池，也被称为核电池。莫塞莱的装置由一个内部镀银的玻璃球体构成，镭发射器安装在中心的电线尖端，来自镭的带电粒子在从镭快速移动到球体内表面时产生电流。但是真正让莫塞莱在史上留名的是"莫塞莱定律"（Moseley's law），这个发现不仅在物理上非常重要，而且在化学上也很重要，让我们花点工夫了解它。

莫塞莱定律

1913 年，莫塞莱用晶格衍射的方法测量多种金属化学元素的 X 射线谱，发现 X 射线波长与 X 射线管中的金属元素原子序数之间有系统性的数学关系，这就是所谓的"莫塞莱定律"。在量子力学的发展历史里，这个定律扮演着举足轻重的角色，因为莫塞莱发现刚发表不久的玻尔原子模型可以解释这个神秘的定律，在此之后玻尔原子模型才开始受到世人的瞩目。

莫塞莱定律不仅证实了玻尔原子模型，还开启后来波涛汹涌的量子革命，这也是人类第一次认识到原子核的单位电荷数目，也就是所谓的原子序数是决定元素化学性质的关键。在发现这个定律之前，原子序数只是一个元素在周期表内的位置，并没有牵扯到任何可测量的物理量。

莫塞莱只从事了短短两年研究，就得到非常丰硕的成果。1914 年，莫塞莱辞去曼彻斯特大学的职位，计划回到牛津大学继续他的研究，但 8 月第一次世界大战爆发了，他不顾家人与朋友的反对，毅然决然放弃牛津大学提供的职位，报名参加英军的皇家工兵部队。他在军中负责在战场上架设电话来传递命令，这可是非常危险的工作。1915 年 8 月，在加里波利之战中，他被土耳其军队的一名狙击手击中头部而当场身亡，年仅 27 岁。

同盟国的卡尔·史瓦西

接下来要纪念的是同盟国的史瓦西（1873—1916），他出身于德国法兰克福的一个犹太家庭。史瓦西 11 岁时开始在法兰克福的犹太小学学习，之后升入当地高中。他在这一时期就表现出对天文学的兴趣，常常攒下零用钱去购买透镜等零件来制造望远镜。他的这份兴趣受到他父亲的朋友特奥巴尔德·爱泼斯坦教授的鼓励，爱泼斯坦在当地拥有一间私人业余天文台。史瓦西与爱泼斯坦的儿子保罗·爱泼斯坦是毕生好友，保罗后来成了数学家。

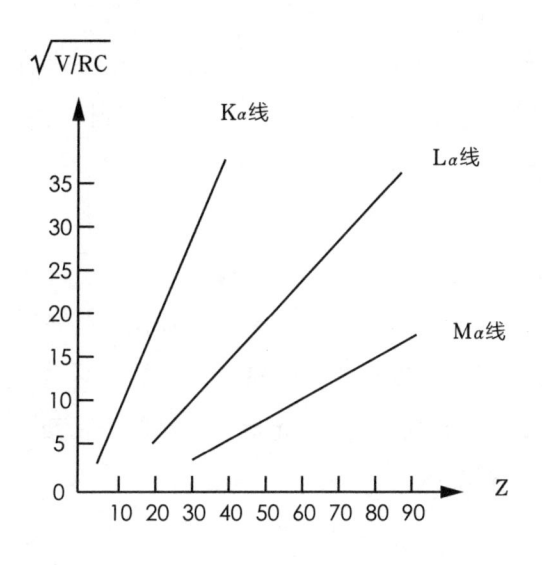

X射线波长和金属原子序数的关系

莫塞莱发现X射线波长与X射线管中的金属原子序数之间有系统性的数学关系。一个L→K的跃迁传统上被称为K_α，一个M→K的跃迁称为K_β，一个M→L的跃迁名为L_α，以此类推。

$E(kev)=K(Z-1)^2$
Z是原子序数 = 质子数

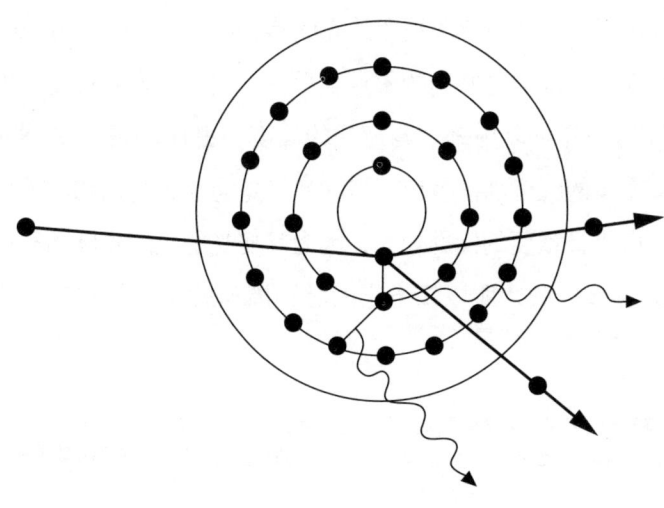

用玻尔模型解释莫塞莱定律

史瓦西自幼就有数学神童之称，未满 16 岁就发表了两篇天体力学的论文，登在期刊《天文学通报》上。1891 年，他进入斯特拉斯堡大学就读，学习了两年实用天文学。1893 年，史瓦西进入慕尼黑大学继续进修，并在 1896 年取得博士学位。史瓦西的博士论文题为《均一转动流体平衡态的庞加莱理论》，他的指导教授是当时德国首屈一指的天文学家雨果·冯·泽利格[①]。

1897 年起，史瓦西在维也纳的库夫纳天文台担任助理。在那里史瓦西得出了一个用来计算摄影材料性质的公式，其中牵涉到一项指数，现在被称作史瓦西指数。

> 史瓦西定律：$E=It^p$。E 是"曝光效果"——即所引发的光敏材料不透明度的变化——的量度（与在倒易律适用区域的曝光值 $H=It$ 等同），I 是亮度，t 是曝光时间，p 是史瓦西系数。史瓦西的经验值 $p=0.86$。

虽然银版摄影与人眼对不同波段的光的感光度不同，但两者对于恒星亮度的标度却可以通过共同的零点联系在一起。而人眼观测与摄影所得的星等的差异可以用来估测恒星的温度。史瓦西因此在 1899 年发现了造父变星的温度涨落效应。造父变星是建立银河系和河外星系距离标尺，可靠且重要的标准烛光，因为其变光的亮度和脉动周期有着非常强的直接关联，所以知道它的脉动周期就可以得知它的亮

---

① 泽利格的主要研究是对波恩星表和天文协会波恩部分星体目录的恒星统计，以及所导致的宇宙结构的结论。他还通过对土星环反照率变化的研究证实了麦克斯韦有关土星环组成成分的理论。

度，再与视星等相比，就能得知它与地球的距离了①。1901年，史瓦西成为哥廷根大学的教授，开始有机会与一些大师一同工作，包括数学大师戴维·希尔伯特与赫尔曼·闵可夫斯基。史瓦西后来还成为哥廷根天文台的台长。

恒星的二流理论

1904年，雅各布斯·卡普坦提出恒星的二流理论，他认为全天的恒星大体上朝着两个方向流动。这个理论为日后建立银河系自转的理论奠定了基础。史瓦西对于恒星自行的统计研究正是卡普坦的二流理论的源流之一。1906年，卡普坦提议在天空中均匀、随机地选出206个区域（卡普坦选区），由世界各地的天文台分工协作进行恒星计数。这些工作开创了统计天文学的先河，促进恒星天文学和星系动力学的发展，为人们了解银河结构起了巨大的推动作用。1907年，史瓦西在这一理论的基础上发现了银河系中恒星运行速度的分布规律，之后在银河系自转理论的框架内得到确认。

除了天文观测之外，史瓦西在星体演化理论方面也有重要的贡献。1906年，史瓦西在恒星大气理论中引入辐射平衡的概念。在这种状态下，恒星大气中通过辐射完成的能量交换、对流以及热导率都

---

① 造父变星脉动的原因被称为"爱丁顿阀"。氦是过程中最活跃的气体。双电离（缺少两颗电子的氦原子）的氦比单电离的氦更不透明。氦越热，电离程度也越高。在造父变星脉动循环最暗淡的部分，在恒星外层的电离气体是不透明的，所以会被恒星的辐射加热，由于温度的增加，恒星开始膨胀。膨胀时恒星开始变冷，电离度降低，恒星会变得比较透明，允许较多的辐射逃逸。于是膨胀停止，并且因为恒星重力的吸引而收缩。这个过程不断重复，造成星球半径不断变化，亮度也跟着变化。

可以忽略。他在维恩位移定律的基础上得到辐射平衡的数学理论，并建造了相应的恒星大气结构模型。这个模型是非对流恒星结构模型的基础。

> 维恩位移定律（Wien's displacement law）是物理学上描述黑体辐射光谱辐射度的峰值波长与绝对温度成反比的定律：一个物体越热，其辐射谱的波长越短（或者说其辐射谱的频率越高）。

史瓦西还曾研究恒星辐射层中粒子平衡理论及其在彗尾中的应用、光学仪器像差、电动力学中的变分原理以及玻尔模型中氢原子的斯塔克效应[1]。他引入的作用量－角度坐标[2]对哈密顿系统的研究来说也是非常重要的。

1909年起，史瓦西担任波茨坦天文台的台长。这里是整个德国天文学界的龙头。1910年至1912年间，史瓦西编制了精确的3500颗视星等高于7.5等的恒星的目录，这一统计工作对估计恒星的温度以及距离非常重要。在这个时期，他还推导出恒星的绝对星等、视星等与空间密度之间的通用积分公式。

1912年，史瓦西更上一层楼成为地位崇高的普鲁士科学院会员。

---

[1] 斯塔克效应（Stark effect）是原子和分子光谱谱线在外加电场中发生位移和分裂的现象。分裂和位移量称为斯塔克分裂或斯塔克位移。

[2] 在经典力学里，作用量－角度坐标（Action-angle coordinate）是一组简正坐标，通常在解析可积分系统时有很大的用处。应用作用量－角度坐标不需要先解析运动方程，就能够求得振动或旋转的频率。作用量－角度坐标主要用于完全可分的哈密顿－雅可比方程。

1914年，第一次世界大战爆发后，尽管他已年过40，但是他依然选择入伍服役，进入远程炮兵指挥所工作，研究炮弹轨迹。1915年，他将有关轨迹修正的报告（解密后于1920年发表）寄给普鲁士科学院，并因此获得普鲁士军人的最高荣誉铁十字勋章。

史瓦西解

1915年，史瓦西在东线服役时写了两篇关于相对论的论文。当时爱因斯坦刚刚发表广义相对论，其中的引力场方程是非线性的耦合方程，所以爱因斯坦利用微扰法得到近似解，进一步解释水星的进动。然而史瓦西在第一篇论文中得到一般性引力理论方程的第一组严格解：一个球对称、不带电荷的质点产生的引力场的解。第二篇讨论的则是质量均匀分布的球状物体周围静态的、均向性的引力场的解。这个解被称为"史瓦西解"。

史瓦西解后来在黑洞的研究上扮演着非常重要的角色。爱因斯坦对史瓦西在这么短的时间内就找到如此复杂的方程的严格解感到非常惊讶，对他的数学能力也是赞叹不已。之后爱因斯坦协助他将结果发表在普鲁士科学院会刊上，然而当时史瓦西已经在俄国前线的战壕中染上一种自身免疫性疾病天疱疮。1916年3月，病重的史瓦西被送回德国，5月11日终于不敌病魔，与世长辞，葬于哥廷根的中央墓地，终年42岁。

100年就这样过去了，过去的战场早已成为游人如织的景点，成排的十字架在高明的摄影师手下甚至成了奇景。无名烈士墓的卫兵换哨更成了吸引观光客的节目，然而对莫塞莱与史瓦西，我只想引用罗伯特·劳伦斯·宾扬的《致战殁者》中的诗句来表达我的哀悼与景仰之情：

"当我们化为灰尘时，众星依然明亮，
在天上的平原上成列运行；
闪烁在我们这个黑暗时代闪亮的众星啊！
到最后，到最后，他们仍然健在。"

发现中子的查德威克

自从亨利·莫塞莱完成 X 射线光谱实验后，玻尔的模型广为科学界接受，玻尔模型的前提是卢瑟福原子模型，也就是说，带正电的原子核四周围绕着电子已经毋庸置疑。但是一群带正电的粒子是如何凝聚在一个无比狭小的空间内的？原子核内是否有结构？更进一步，神秘的放射性与原子核有什么关系？原子核是否总是稳定的，或可能借着外力变得不稳定？这一连串的问题都等着科学家们来解答。

詹姆斯·查德威克（1891—1974）克正是解开这些谜题的关键人物，因为他发现了解决这些问题的关键——中子。而相关的研究逐渐成长成物理学中一个重要的分支，就是原子核物理学。

查德威克是家中的长子，他的父亲是棉纺工人，母亲是帮佣，家境并不富裕。但查德威克凭着杰出的学业表现，于 1908 年进入维多利亚大学。他原本打算读数学，注册时却误打误撞进了物理系。当时的物理系主任正是日后成为原子核物理学之父的大人物欧内斯特·卢瑟福，他给查德威克的题目是设计实验来比较两种不同辐射源的辐射强度，这次的实验结果成了查德威克的第一篇论文，而卢瑟福是这篇论文的共同作者。

1911 年，查德威克以优异的成绩从大学毕业后，留在母校继续研究如何测量各种气体及液体的 γ 射线吸收量，他第二年就拿到了硕士学位。1913 年，他获得"1851 年大英博览会奖学金"，这个奖学金为期三年，查德威克随后就前往德国柏林的帝国技术物理研究院跟着师兄汉斯·盖革研究 β 射线。盖革是德国人，曾在卢瑟福的指导下与欧内斯特·马斯登完成有名的金箔实验。

盖革新开发的计数器比之前的感光探测法更加准确。查德威克凭借这个仪器证明了 β 射线的能谱并非之前所认为的离散线，而是在某些区间出现高峰值的连续能谱。β 射线的连续能谱，一直要到 1930 年奥地利物理学家泡利设想出一种新的中性而且质量极轻的粒子，才能得到完美的解释。1934 年，这个粒子被意大利科学家恩利克·费米命名为微中子。

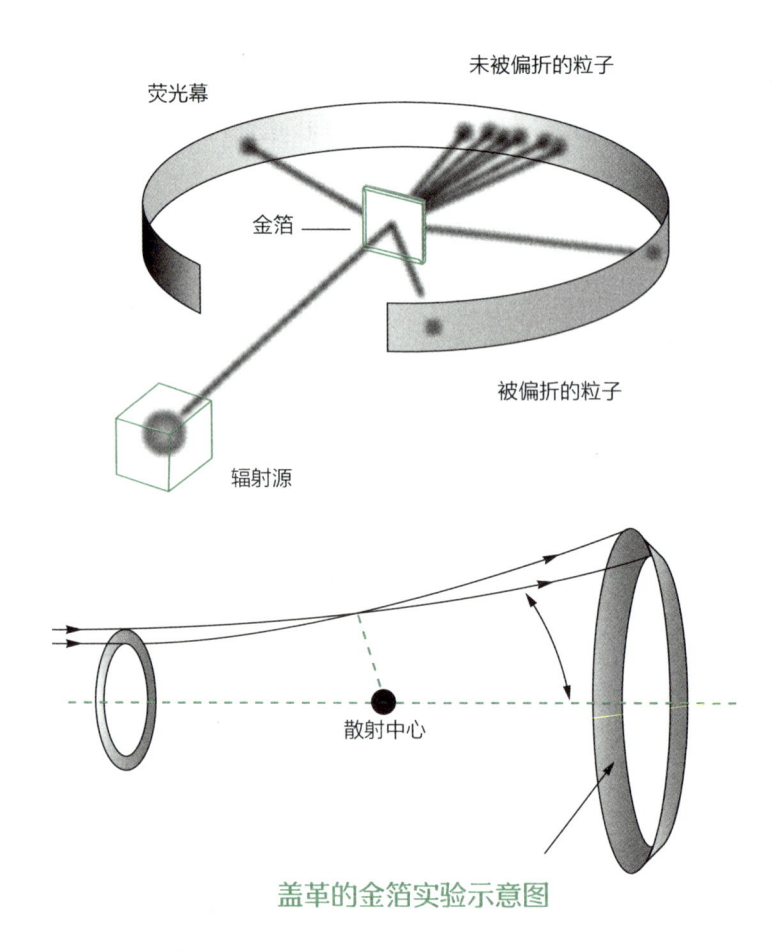

盖革的金箔实验示意图

正当查德威克醉心于物理研究时，第一次世界大战爆发了。当时查德威克身陷敌国，被送至鲁赫本拘留营。德国依据日内瓦公约让拘留营的人自治，虽然空间拥挤，日子倒还算安稳，里头还能办音乐会跟足球赛呢。所以查德威克也获准在马槽中设立实验室，利用辐射牙膏等临时物料进行实验。他在拘留营里认识了英国皇家工兵见习生查尔斯·德拉蒙德·埃利斯，两人在拘留营一起研究磷的离子化及一氧化碳和氯气的光化学合成。

1918年11月，停战协议生效，查德威克被释放，他回到父母在曼彻斯特的家之后，将之前四年的研究发现整理成文，向万国工业博览会委员会报告。而埃利斯回到英国后也弃戎从笔，到剑桥大学三一学院读物理学。

战后，卢瑟福在曼彻斯特为查德威克提供兼职的教学工作，让他能够继续研究铂、银与铜的核电荷数，并发现它们与原子序数是一致的，误差仅在1.5%之内。1919年4月，卢瑟福出任剑桥大学卡文迪许实验室的主任，已拿到博士学位的查德威克则在1923年出任助理研究主任。

查德威克在此和埃利斯重聚，两人后来合写一本关于辐射的书：《放射性物质的放射性》。埃利斯后来成为伦敦国王学院的教授。

1927年，德国科学家瓦尔特·博特和他的学生赫伯特·贝克尔用钋放出的γ射线去轰击铍，产生一种不寻常的辐射。

查德威克和卢瑟福曾假定一种假想粒子叫中子，它是电中性的核子。这个想法的源头是为了解释带正电的质子如何能形成原子核。当时已知的粒子指质子与电子，所以卢瑟福主张原子核中存在电子，而质子与电子的吸引力让质子能束缚在一起形成原子核。电子与质子暂时束缚在一起时就形成了不带电的中子，所以这个不带电的粒子应该与质子质量非常接近。

对查德威克而言，这种新的辐射就是中子存在的证据。所以查德威克让他的澳洲学生休·韦伯斯特去复制博特的结果。韦伯斯特后来成为昆士兰大学物理系的教授。

接着在1932年2月，查德威克注意到另一项出人意料的实验。居里夫人的女儿伊雷娜·约里奥-居里与女婿让·弗雷德里克·约里奥-居里用钋和铍所得的辐射将石蜡的质子敲出来了，约里奥-居里夫妇认定这是γ射线造成的。但卢瑟福与查德威克都认为不太可能，因为质子对γ射线而言太重了；反之，如果不是γ射线而是中子，只需少量的动能就能达到相同的效果。他们怀疑约里奥-居里夫妇发现的正是中子[①]。

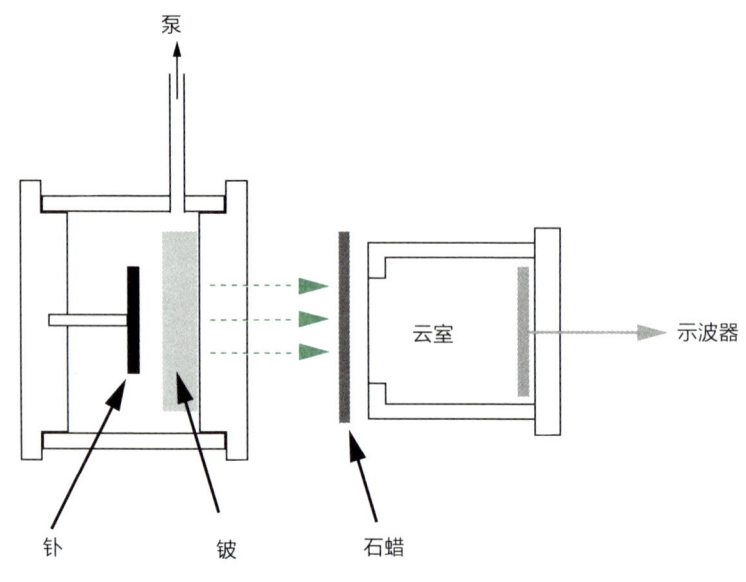

查德威克发现中子的实验仪器

① 远在罗马的意大利物理学家埃托雷·马约拉纳其实也得出了同样的结论。马约拉纳曾到莱比锡跟海森堡研究原子核间的作用力，但不到一年就因健康因素回到意大利。五年后，马约拉纳失踪，成为历史悬案。近年来非常热门的马约拉纳费米子的概念就是他失踪前一年提出来的。马约拉纳费米子是一种费米子，它的反粒子就是它本身。马约拉纳一生只写了九篇论文。

为了证明中子的存在，查德威克设计了一套简单的仪器，一个圆柱体里面装着作为辐射线来源的钋和作为轰击目标的铍，然后把所得的辐射指向各种材料，如石蜡，被击中的粒子进入小的离子室，接着就可以用示波器观测到里面的质子。查德威克发现散射截面比康普顿效应高一个数量级，证明了产生的不是 γ 射线，而是质量与质子相当的不带电粒子。1932 年 5 月，查德威克将实验的详细内容发表在《皇家学会会报·A 辑》上，正式宣布他发现了中子。

这个发现解决了核物理的一大难题。之前人们普遍认为原子核是由质子与电子所构成的，因为这两者是当时仅知的"基本粒子"（其实质子不是基本粒子，不过人们要等到后来才知道）。

自旋这个新的物理概念在 1925 年被引进时就产生了难题，例如氮的质量数为 14（表示一个氮原子核的质量是氢原子核的 14 倍），假定氮的原子核是由 14 个质子与 7 个电子构成的，这样可以得出正确的质量与电荷。但因为质子与电子的自旋都是 1/2，如此一来，质子与电子自旋加起来应该是半整数，但氮原子核的自旋实际上是整数。

美国物理学家爱德华·康登和罗伯特·巴彻读完查德威克的论文想到，如果中子的自旋为 1/2，而氮的原子核是由 7 个质子及 7 个中子构成的，那么氮的自旋就会是整数，而问题也就迎刃而解了。

一开始查德威克与卢瑟福都以为中子是质子－电子的束缚态。这时一名纳粹德国的难民、卡文迪许实验室的研究生莫里斯·戈德哈伯提出氘核的光致蜕变可由 γ 射线引发（氘＋光子→质子＋中子）。查德威克和戈德哈伯研究这个反应，测量出质子的动能为 1.05 MeV，查德威克由此算出中子质量在 1.0084 u 与 1.0090 u 之间，1 u 就是一个质子的质量单位。所以中子的质量太大，不可能是质子－电子对，这个结果证实了玻尔和海森堡的理论。这是核物理发展的关键一步。

1935 年 10 月，查德威克到利物浦大学出任里昂·琼斯讲座教授。诺贝尔委员会在 11 月就宣布查德威克获得该年的物理学奖，大大地提升了利物浦大学的声誉。查德威克还用诺贝尔奖金帮学校添购在剑桥大学时卢瑟福不让他购买的回旋加速器。

核医学的先河

利物浦大学的回旋加速器于 1939 年 7 月安装完成并开始运作，查德威克则在 1938 年获聘进入由爱德华·史密斯-斯坦利（第十四世德比伯爵）带领的委员会，调查利物浦大学用回旋加速器治疗癌症的计划。查德威克预料回旋加速器所生产的放射性同位素及中子将会用于生化过程的研究，也可能成为治疗癌症的利器。这开启了核医学的先河，但这时欧洲又战云密布了。

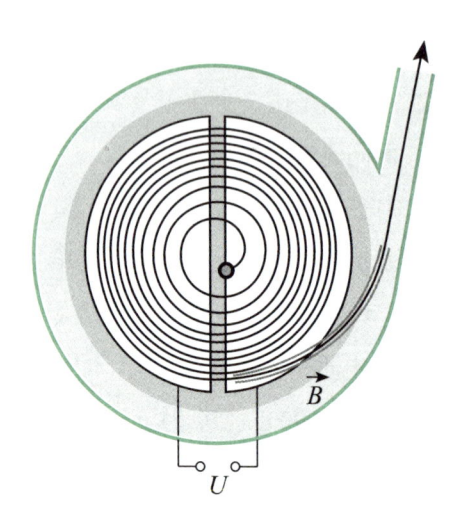

回旋加速器

1929 年由美国科学家欧内斯特·奥兰多·劳伦斯发明的粒子加速器，基本构成是两个处于磁场中的半圆 D 形盒和 D 形盒之间的交变电场。带电粒子在电场的作用下加速进入磁场，由于受到洛伦兹力而进行匀速圆周运动，每运动到两个 D 形盒之间的电场时在电场力作用下加速，之后再次进入磁场进行匀速圆周运动。之前实验时用于探测的 α 射线都是天然放射源所产生的，能量都是固定的，无法增加，有了加速器，就可以让粒子能量增加，探测更小尺度的物理世界。加速器的发明无疑大大地带动了原子核物理的发展。

随着纳粹德国的崛起，欧洲形势日益紧张。查德威克相当乐观，他并不相信英国会再与德国开战，仍带着家人在瑞典北部一个偏僻的湖边度假。当纳粹德国在 9 月 9 日入侵波兰，英法对德宣战，大战又爆发的消息传开时，他吓坏了，他不想再一次在拘留营中度日，连忙又带着一家人坐着货船回到英国。关于查德威克与卢瑟福的众弟子在"二战"时的故事，就留到下一篇了。

大英帝国的原子弹计划

上一篇提到查德威克发现中子后,科学家就想要利用中子来完成"点石成金"的梦想。1934 年,意大利科学家恩利克·费米利用慢中子撞击钍与铀而得到具放射性的物质。费米认为该物质是原子序数高于铀的新元素,然而当时的女化学家伊达·诺达克不以为然,她独排众议地认为该物质应是原子序数低于铀的元素,钍元素跟铀元素是被裂解开来的!然而由于慢中子传递到铀元素的能量实在很低,人们很难想象钍跟铀会这么容易就被裂解了!所以当时的物理界对伊达·诺达克的异议完全无法认同。

虽然费米在 1938 年得到诺贝尔物理学奖的肯定,但随后伊雷娜·约里奥-居里发现,这些所谓的超铀元素的化学性质跟设想的原子序数完全不合,这让科学家们伤透脑筋,最后是奥地利女物理学家莉泽·迈特纳找到了答案。

核裂变

莉泽·迈特纳其实是不输居里夫人的传奇人物,1906 年她成为维也纳的第二位女博士,第二年赴柏林深造,以"无薪客席"的身份在柏林大学化学研究所的哈恩实验室里工作。1912 年,迈特纳继续在新成立的威廉皇帝科学研究所的化学研究所的哈恩放射性研究组中工作，不过依然无偿，第二年她才成为研究所的正式成员。

第一次世界大战时，迈特纳加入奥地利东方战场的战地医院，成为一名 X 射线护士，而哈恩则参加了研究毒气的项目。1917 年，迈特纳与哈恩再度合作发现镤的同位素镤-231。1918 年，迈特纳终于拥有她自己的研究组和相应的薪水，四年后她获得教授的职位。1926 年，她终于成为柏林大学的实验核物理学特别教授。但这一切却因她的犹太人身份而化为泡影，1933 年她先丧失教授资格，1938 年奥地利被德国吞并后，她甚至不能再以研究组长的身份工作，所以她逃到瑞典，在诺贝尔研究所继续她的研究。

1938 年 11 月，迈特纳和哈恩在哥本哈根会面并讨论之后，哈恩回到柏林与他的助手施特拉斯曼确定铀被慢中子轰击后会被裂解，然后形成钡和锆，而且被中子轰击后的产物质量居然还小于原先铀的质量！

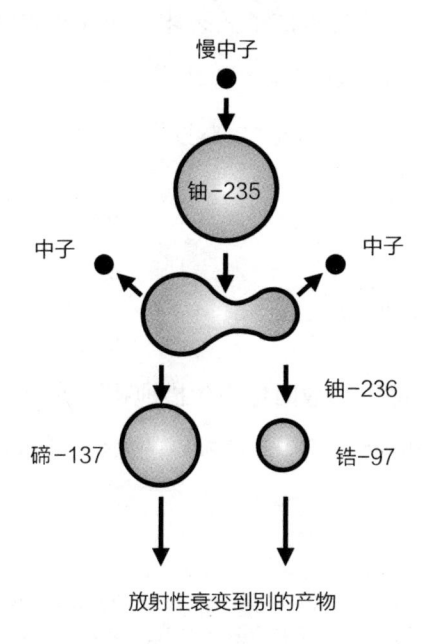

用液滴模型解释分裂的示意图

困惑的哈恩写信询问迈特纳，这从物理的角度来看是否可能？迈特纳和她的外甥奥托·弗里施利用玻尔发展的原子核液滴模型来计算，他们发现铀的同位素铀-235的形状像雪茄。

一个中子撞击铀-235原子核后，铀-235原子核内部因吸收中子的能量，开始做剧烈的哑铃状震荡，结构会因震荡过大而瓦解，产生两个质量较小的原子核并放出两到三个新的中子。裂解后的两个原子核的总质量比裂变前的铀原子核的质量还小，这个小小的质量差转换成了能量。

当迈特纳使用爱因斯坦的相对论中 $E=mc^2$ 的方程，计算出在每个裂变过程中原子核会释放两亿电子伏特的能量时，玻尔叹道："啊，我们真蠢啊！"而释放出的新中子能继续引发更多的核裂变，最终可以引发巨大的爆炸。

这个发现为数年后发明原子弹提供理论依据。1939年，迈特纳和弗里施一起发表《中子导致的铀的裂体：一种新的核反应》，这篇文章第一次为核裂变提出理论基础。弗里施将这个现象命名为核裂变。这时欧洲已经战云密布，战争一触即发了！

英国的原子弹梦

查德威克在"二战"开战时惊慌失措地跑回英国，1939年10月就收到科学和工业研究部部长阿普尔顿[①]的来信，请教他关于制造原

---

① 阿普尔顿是杰出的科学家，长期从事大气层物理性质的研究，1926年发现高度约为150英里（约为241千米）的电离层，后被命名为"阿普尔顿层"。1947年获得诺贝尔物理学奖。

子弹可行性的意见。查德威克谨慎地回复他，没有排除制造原子弹的可能性，但必须详细考虑各个理论及实践上的难处。

当时学术界普遍相信制造原子弹需要好几吨的铀-235，而铀-235在大自然存量只有0.72%，好几吨的原子弹要如何投射到敌人的领土呢？当时的轰炸机载不了这么重的炸弹，所以制造原子弹并不是实际可行之事。

但是1940年3月，迈特纳的外甥弗里施和伯明翰大学的鲁道夫·派尔斯发表《弗里施-派尔斯备忘录》后改变了一切。他们考虑到一块球状的铀-235不只会形成连锁反应，而且所需的铀-235可以少至1千克，就能发挥数吨炸药的威力。讲起来这两位都是欧洲来的犹太难民。

派尔斯于1937年就任伯明翰大学教授，1939年起与弗里施、查德威克一起开始进行原子能的研究。他们首先把备忘录拿给马克·奥利芬特看。奥利芬特是澳大利亚人，卢瑟福的学生，同时也是第一个实施人工核聚变实验的人。他看完这份备忘录后，如梦初醒般地去找防空科学委员会的主席蒂泽德爵士。

蒂泽德向当时的英国首相丘吉尔报告后，丘吉尔当下就决定成立一个委员会来评估制造原子弹的可行性，并找伦敦帝国理工学院的乔治·汤姆森[①]担任主席。一开始委员会以主席乔治·汤姆森的名字来命名，称作"汤姆森委员会"，后来改称"穆德（Maud）委员会"[②]。

---

① 乔治·汤姆森在1937年因电子衍射实验得到诺贝尔物理学奖。他的父亲就是发现电子的 J. J. 汤姆森。

② 德国入侵丹麦后，玻尔送了一封电报给弗里施，最后一行写着："告诉考克饶夫与穆德·雷·肯特（Tell Cockcroft and Maud Ray Kent）。"大家还以为穆德（Maud）是什么暗号，像雷（Ray）代表镭（Radium）之类的，所以把委员会叫作穆德（Maud）委员会。其实穆德·雷是玻尔的管家，来自肯特郡（Kent County）。

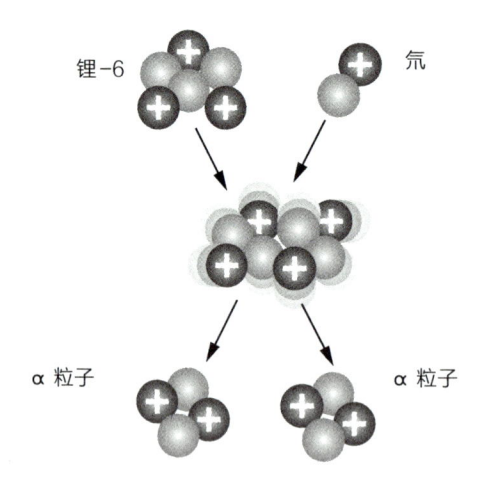

核反应示意图

考克饶夫与沃尔顿在 1932 年利用直线加速器将质子撞击锂原子核，将其裂解为两个氦原子核。

决策委员会成员有诺贝尔物理学奖得主乔治·汤姆森、查德威克、考克饶夫、布莱克特[①]、奥利芬特、埃利斯、诺贝尔化学奖得主霍沃思、菲利普·穆恩。由于弗里施是奥地利籍，而派尔斯是德国籍，所以他们都被排除在决策委员会以外，只能参加另一个负责分离铀-235 的技术委员会。而除了霍沃思以外，其他人都是卢瑟福的学生。这样的阵容可以看出丘吉尔的决心。

穆德委员会在蒂泽德的要求下于 1940 年 4 月 10 日召开第一次会议，会中决定开始研究分离铀-235 的方法。穆德委员会的运作方式是，由散布在各大学的各个实验室分头进行，在利物浦大学领军的是查德威克，工作重点是尝试用热扩散来分离铀-235 与铀-238，以及研究铀-235 的核散射截面。到 1941 年 4 月，他们已经确定铀-235 的临界质量可能在 8 千克或以下。

---

① 考克饶夫跟布莱克特在"二战"后也分别于 1951 年和 1948 年获得诺贝尔奖。考克饶夫与沃尔顿因为在 1932 年利用直线加速器将质子撞击锂原子核，将其裂解为两个氦原子核的实验而得奖。布莱克特因为发现带有奇异性的新粒子而得奖。

在牛津大学则是由弗朗西斯·西蒙负责，研究用气体扩散法来分离铀-235与铀-238。剑桥大学是由埃里克·里迪尔带领，研究钚能否拿来制造原子弹以及重水。在伯明翰大学的团队则由派尔斯负责，他们的任务是考虑制造原子弹的相关理论计算并归纳各实验室的数据。

此时纳粹德国几乎控制了欧洲地区绝大部分地区，并从1940年9月起不断轰炸英国本土，各个实验室的处境都相当艰难。然而这些科学家还是拼命地工作，所以当1941年7月美国物理学家查尔斯·劳里森参与穆德委员会时，他赫然发现英国的相关研究已经走到非常成熟的地步了。

穆德委员会在1941年5月17日发表了最终的报告，主笔人是查德威克。报告分成两部分，第一份报告肯定制造原子弹的可能性，预估12千克的铀-235能产生1800吨TNT炸药的效果，伴生许多有害的辐射物质；还计算出造一颗原子弹估计要花2500万英镑（约2亿人民币）。

第二份报告则是关于如何控制铀-235核裂变的连锁反应。重水与石墨可以当作快中子的减速剂；也提到钚可能比铀-235更适合拿来制造原子弹，所以主张继续在英国本土研究钚的性质。7月15日，委员会合议通过这两份报告后就解散了，并把最终报告寄给美国铀委员会的主席布里斯。

英国首相丘吉尔随即于1941年9月24日批准"合金管计划"，准备在英国和加拿大继续原子弹研究。

曼哈顿计划

当时英国正陷入与德国的苦战中，但美国尚未参战。奥利芬特在 8 月冒着生命危险搭着轰炸机飞去美国，却发现穆德委员会的报告书被布里斯束之高阁，奥利芬特气坏了！他跟 S-1 委员会成员开会时强调，造原子弹势在必行，但英国没有足够的人力与财力，只能靠美国了。然后奥利芬特去找发明回旋加速器的劳伦斯与费米，后来又会集诺贝尔奖得主康普顿与时任哈佛大学校长的科南特，他们都是科学研究与发展办公室①的成员，最后他们说服了办公室的大头目范内瓦·布什。

到了 10 月 9 日，范内瓦向罗斯福总统报告后，美国终于下定决心要造原子弹了！而且罗斯福选定陆军，而非原先较积极的海军来研制原子弹，这就是曼哈顿计划的开端。

12 月 6 日，范内瓦把康普顿找来当主持人，请哈罗德·尤里研究气体扩散分离法来提炼铀 -235，劳伦斯研究用电磁作用来做浓缩铀的方法。隔天珍珠港事变就爆发了。

虽然一开始查德威克认为在英国设置同位素分离厂比较适合，所以并不愿意把合金管计划迁往加拿大。但这场计划之浩大到了 1942 年时就变得更加明显，一座同位素分离厂的试点就要价超过 100 万英镑（约 900 万人民币），这个价格已让英国感到吃力，而全套的价格约 250 万英镑（约 2000 万人民币），因此一定要在美国兴建。

1943 年 8 月魁北克协议签署后，合金管计划被纳入以美国为首的"曼哈顿计划"。合金管计划的负责人华莱士·埃克斯派遣查德威克、奥利芬特、派尔斯与弗朗西斯·西蒙前往美国协助曼哈顿计划。除了格罗夫斯准将和他的副手以外，查德威克是唯一一个可以参与美

---

① 英文全称为 Office of Scientific Research and Development，简称 OSRD，是 1941 年 6 月 28 日成立的新机构，它的前身是国防研究委员会（National Defense Research Committee），是个经费无上限，直接向总统负责的神奇又霸气的机构。

国所有铀原子弹研究并使用生产设施的人。

当原子弹在 1945 年春天完成时，原子弹的弹芯里有一个钋–铍中子源点火器，正是十多年前查德威克用来发现中子的技术，只是点火器的技术经过改良而已。

1945 年 8 月 6 日，第一颗原子弹投在广岛，三天后，另一颗原子弹投在长崎！但有两位大无畏的勇者曾努力阻止这桩人类史上的悲剧，欲知详情，请看下一篇！

谔谔双士：弗兰克与西拉德

《史记·商君列传》中说："千人之诺诺，不如一士之谔谔。"的确，要独排众议绝非易事，如果是身在异乡的难民就更加困难了。然而在"二战"末期，我们看到詹姆斯·弗兰克（1882—1964）与利奥·西拉德（1898—1964）敢冒大不韪，面对庇护自己的强权依然直言不讳，努力阻止大规模的毁灭性武器施加在人类身上。虽然他们失败了，但是他们大无畏的身影，深深烙印在后人心中。

弗兰克–赫兹实验

弗兰克生于德国汉堡，他的母亲来自一个犹太拉比世家，他的银行家父亲则是虔诚的新教徒。19岁时，弗兰克到海德堡打算读法律，后来对物理产生兴趣就转到柏林的腓特烈威廉大学。1906年在柏林大学获得博士学位之后，他入伍服役，但是两个月后因骑马发生意外受伤而提早退伍。弗兰克在法兰克福工作一阵子后回到母校任教，到1914年为止他已经出了34篇论文。这在当时慢条斯理的学术界是相当惊人的数量。

1914年，他与古斯塔夫·赫兹一起合作，设计出装着低压、温度为100—200摄氏度的汞蒸气的汞管，里面有三个电极——阴极、网状控制栅极、阳极；阴极与栅极之间的加速电压是可以调整的；通过电流将钨丝加热后，钨丝会发射电子；阴极会将钨丝发射的电子往栅极方向送去。因为加速电压的作用，往栅极移动的速度和动能会增加；到了栅极，有些电子会被吸收，有些则会继续往阳极移动；通过栅极的电子必须拥有足够的动能才能够抵达阳极，否则会被栅极吸收回去。装置于阳极支线的安培计可以测量抵达阳极的电流。

他们发现电压在 4.9 伏特时，电流会猛烈地降低，几乎降至 0 安培；电压为 9.8 伏特时，他们又观察到类似的电流猛烈降低。事实上，电压每增加 4.9 伏特，电流就会猛烈降低，这样的情况最少继续维持至 100 伏特电压。

他们在 5 月发表了这个结果。8 月第一次世界大战爆发后，弗兰克被派去战场，后来染上痢疾，又被送回柏林。之后他就留在大化学家弗里茨·哈伯主持的研究所内研发防毒面具。战后，弗兰克继续他的研究。

1915 年，玻尔写了一篇文章，提出弗兰克与赫兹的实验可以用电极发出的电子将汞原子的电子从低能级打到高能级来解释。事实上，弗兰克与赫兹还发现汞原子在与电子碰撞时，发出的紫外线的波长为 254 纳米。如果利用普朗克的公式，正好对应到 4.9 伏特。这表示汞原子的电子被激发到高能级时，会再"掉"到低能级，放出相当于能级差的能量。

这样一来，玻尔的原子模型与普朗克的公式双双得到验证！弗兰克与赫兹在 1918 年 12 月完成论文，当时才刚停战一个月呢。

1920 年，弗兰克和波恩来到哥廷根大学，波恩担任理论物理学的讲座教授，弗兰克担任实验物理学的讲座教授。他们将原本在物理方面乏善可陈的哥廷根大学变成量子物理学的重镇，培育出许多未

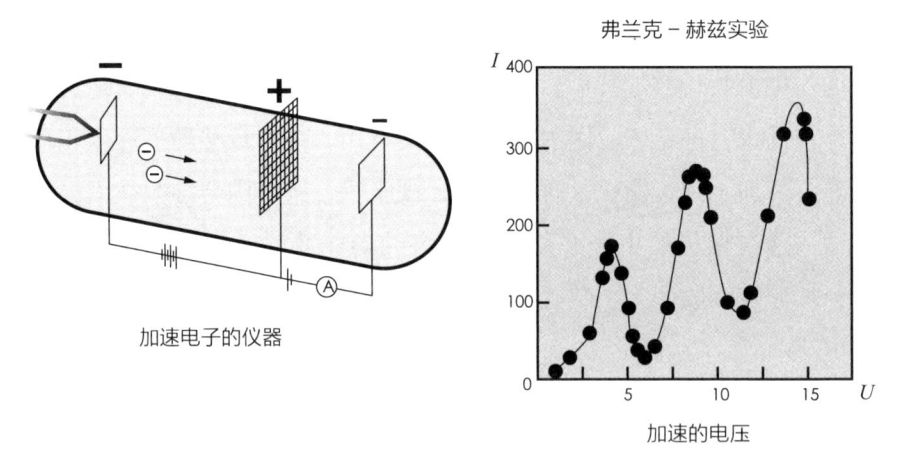

弗兰克-赫兹实验（左）与实验结果（右）

来的物理界领袖。这段时间内，弗兰克发展出"弗兰克－康登原理"来解释分子光谱中的振动跃迁释放的光的强度，与跃迁前后电子波函数重叠的情形的关系；他发现重叠越厉害，跃迁发出的光的强度也就越强。

1926年，弗兰克与赫兹获颁诺贝尔物理学奖。好景不长，纳粹党掌权后在1933年4月通过法律将所有具犹太人身份的公务人员（包括大学教授）解职。虽然弗兰克因为得过一级铁十字勋章可以豁免，不受影响，但是他决定与好友波恩同进退，于是他成为第一个公开辞职抗议纳粹种族歧视的学者。

之后弗兰克前往美国的约翰斯·霍普金斯大学研究重水的吸收光谱，一年后转去丹麦，加入玻尔的研究所。弗兰克在玻尔研究所开始对光合作用产生兴趣，后来他终其一生对这个课题都抱着高度的热忱。

德国入侵丹麦时，匈牙利化学家德海韦西为防止冯·劳厄和弗兰克的诺贝尔奖章被德军抢走，便用王水将奖章溶解后的溶液放在玻尔研究所的架子上。战后，德海韦西回到实验室将溶液中的金沉淀出来，诺贝尔学会将其重新铸造成奖章。

1935年，弗兰克接受约翰斯·霍普金斯大学邀请而搬到美国，之后跳槽到薪水较高的芝加哥大学，并在1941年归化为美国籍。1942年2月，康普顿在芝加哥大学设立"冶金实验室"，为的是利用核反应生产钚来制造原子弹。康普顿邀请弗兰克负责化学部门时，原本担心要出生于德国的他参与攻击祖国的计划会强人所难，但弗兰克欣然接受了，因为他认为攻击的对象是纳粹而非德国人，德国人被纳粹绑架了，只有摧毁纳粹的武力，德国才能重获自由。弗兰克同时是"原子弹政治与社会问题委员会"的主席，当1945年德国败象渐浓时，弗兰克就曾跟当时的美国副总统华莱士提到应该慎重考虑使用原子弹的时机与方法。

传奇点子王西拉德

1945年春天，"原子弹政治与社会问题委员会"成员之一的西拉德起草陈情书，内容是建议不要对日本平民投掷原子弹，还建议战后原子弹要由国际社会共同管制，免得造成核武军备竞赛，并得到参加曼哈顿计划的70位科学家的联署。他去找当时的美国副国务卿伯恩斯，希望能将陈情信转交给刚上任的总统杜鲁门，可惜他找错了人，伯恩斯根本懒得理他。

出身于布达佩斯一个犹太家庭的西拉德是个传奇人物，他18岁时就赢得匈牙利全国数学大奖。1919年，他到柏林的腓特烈威廉大学就读物理系，当时爱因斯坦、普朗克、能斯特、弗兰克与冯·劳厄都在那里任教，可以说师资力量极其雄厚。

西拉德引擎与爱因斯坦冰箱

1922年,西拉德拿到博士学位,他的博士论文有关统计力学中的"麦克斯韦妖"问题,他巧妙地将统计力学与信息理论结合起来,这一点深得爱因斯坦的赞赏。接下来,他担任了冯·劳厄的助手。1927年,他通过教授资格鉴定正式成为讲师,在鉴定演说中,他提出"西拉德引擎",这可以算得上现代信息理论的滥觞,不过他拖到1929年才发表。后来克劳德·艾尔伍德·香农以他的研究为起点开创了现代信息科学。

西拉德是少见的点子王,他在1928年独立构思直线粒子加速器和回旋加速器,但他并没有制作出装置,也没有将构思发表在科学期刊上,只是申请了专利。西拉德还跟爱因斯坦一起构思"爱因斯坦冰箱",这是一种吸收式制冷系统,不用电也没有活动零件。后来他们还在许多国家申请到专利,例如瑞典的伊莱克斯就买断了他们的专利。德国的电器品牌AEG还据此发明出爱因斯坦–西拉德电磁泵,而这个爱因斯坦–西拉德电磁泵后来被用在核子增殖反应炉的制冷系统中。

一般冰箱的原理是这样的:液体冷媒通过管道上的小口径阀门进入制冷室减压蒸发,变成气体,这会吸收制冷室的热量,达到冷冻的效果;然后冷媒气体再进入压缩机加压;加压后,冷媒温度升高,再流经设在冰箱外面的散热管散热,冷媒气体温度降低后变成液体;然后再开始下一个循环。冰箱内的热量通过这套系统被带到了冰箱外面,让冰箱内温度降低。因为压缩机长期使用,机器容易产生裂痕,使得冷媒外泄,当时冰箱冷媒采用的是丙烷等有毒的碳氢化合物,所以气体一旦外泄就会造成人员伤亡。

在 1926 年，柏林有一户人家因为冰箱的冷媒外泄被毒死了。爱因斯坦得知之后感到非常震惊，为了去除冰箱中这个潜在的危险，爱因斯坦就和西拉德着手设计一款非常简单的制冷系统，完全不需要使用压缩机。这个冰箱的详细操作原理请参考第 256 页的图，他们在 1930 年 11 月拿到美国专利。

其实这种冷却机的原理并不是爱因斯坦创造的，19 世纪就有人想到用水和硫酸作为制冷剂来制造简单的冷却机，这种冷却机利用了硫酸吸收水的性质。爱因斯坦只是发明了一套利用氨、丁烷和水的制冷系统。但是没多久大家就发现，爱因斯坦冰箱如果要达到足够的制冷效果，需要很大的体积，很占空间。

后来西拉德与爱因斯坦讨论，又设计了两种不同的冰箱。一种是喷射式冰箱，他们采用甲醇作为冷媒，利用水压喷射出高速水流，流经甲醇表面上方后立即形成一个低气压区，从而加速甲醇的蒸发，达到制冷的目的。另一种是将液态金属密封于一个不锈钢气缸中，在气缸外侧缠绕线圈并通入交流电。通过电磁感应让液态金属的电磁场发生变化，这样液态金属便在气缸中往复运动，不断压缩制冷剂，达到冷却的效果。可惜，后来有人发明了无毒的冷媒，因此这三种爱因斯坦的冰箱都没有被广泛使用。

1933 年，当西拉德读了卢瑟福宣称原子能的实用性是痴心妄想的文章，他大为光火，没多久他就构思出利用最近发现的中子产生连锁反应的想法。当时核裂变还未被发现，他信心满满地相信中子一定能引发产生能量的核反应，第二年就申请了专利。后来他与查尔默斯西拉德－查尔默斯效应：如果材料吸收中子并随后发射出 γ 射线，会导致原子核的反弹，通常反弹的能量足以破坏原子和与其构成分子的其他原子之间的化学键，因此虽然吸收中子的原子是原来的原子的同位素，但是其化学性质会产生变化。举例来说，如果氯酸钠（$NaClO_3$）的水溶液被缓慢的中子轰击，则氯-37 转化为氯-38，其中许多氯-38 原子从氯酸盐中断裂并以氯离子的形式进入溶液。于是我们就使用硝酸银沉淀出同位素氯-38。

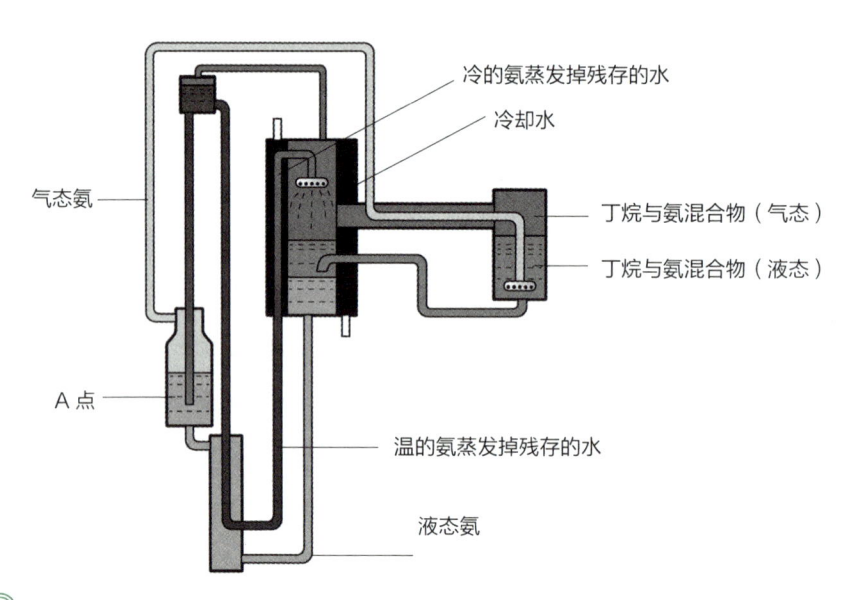

🔍 爱因斯坦冰箱

爱因斯坦冰箱的基本原理是，液体的沸点在高压时变高，低压时变低。

在 A 点加热，让 A 点保持定温，氨溶液会分离出氨蒸气与水。氨蒸气沿管线送到储存丁烷与氨混合物（液态）的槽，让丁烷的分压降低使丁烷沸点降低而蒸发，蒸发需要吸收周遭的热，由此产生冷却的效果。而剩下的水沿管线送到储存丁烷与氨混合物（气态）的地方。水吸收氨气而使丁烷气体分压升高，这使得丁烷蒸气凝结成液体。吸收氨气的水的比重比液态丁烷重，所以它会沉到储存丁烷与氨混合物（气态）的地方的底下，沿管线再送到 A 点，完成一个循环。

一起发展出用中子将同位素从化合物中分离出来的方法，称之"西拉德－查尔默斯效应"（Szilard-Chalmers effect）。

西拉德在1930年拿到德国公民的身份，可是他已经嗅出德国政治空气中的法西斯气味，所以当1933年1月希特勒被任命为总理时，西拉德马上离开德国去英国。1937年，政治嗅觉敏感的他觉得另一场大战已近，就决定搬到美国，第二年就落脚在纽约的哥伦比亚大学。接下来几年，他成了许多科学家难民的救星，直到1939年第二次世界大战开战为止，他一共帮忙安置超过2500位从欧洲逃来美国的科学家。他在1943年归化为美国公民。

西拉德听到核裂变的消息时，立即理解铀将是原子弹的材料。他说服费米做这个实验，结果发现中子速度太快，不易引发连锁反应，所以他们开始找适当的中子减速剂。一开始他们用水但效果不好，之后改用石墨，后来他认为重水最适合，但因重水很贵而作罢。

"二战"爆发时，西拉德敦请爱因斯坦致信罗斯福总统，信中提到德国可能制造原子弹，美国不能置之不理。之后西拉德也加入芝加哥的冶金实验室，在曼哈顿计划中扮演重要的角色。当第一次人造的核连锁反应在芝加哥的第一个核反应堆形成时，他还当场向费米握手致贺。

在西拉德的陈情书遭到漠视时，战局也走到尽头，1945年4月底，纳粹德国一败涂地，希特勒自杀之际，曼哈顿计划也即将大功告成。原本担心希特勒会造出原子弹的众多科学家终于松了一口气，可是军方可不这么想，冲绳岛战役中美军伤亡惨重，人心渴望战争早日结束，日本却迟迟不愿意投降。

到了6月12日，弗兰克带着他和核物理学家休斯、辐射专家尼克生、生物物理学家拉宾诺维奇、核化学家西博格、物理学家斯坦恩斯以及西拉德的共同联署报告书到华府，于6月21日提交给杜鲁门成立的临时委员会，讨论是否使用原子弹。报告书中说：

"这项新武器的演示，最好在联合国的代表们面前进行，地点在沙漠或某个荒瘠的小岛。当美国有能力对世界说出下面这段话：'诸位均已见识到，我们所拥有，却没有使用的武器。我们已经准备好做出在未来放弃使用该武器的声明，并加入其他国家的行列，与各国共同合作，建立起一套妥善监督使用此核武器的办法'，那么全世界的舆论都将对美国有利。"

当然，这样的理想主义无法打动临时委员会的成员。8月6日，一颗原子弹被丢到广岛；8月9日，另一颗被丢到长崎。

曾有人在西拉德身旁说："广岛、长崎是科学家的悲剧，他们让自己的发现造成毁灭。"

西拉德回道："不，这不是科学家的悲剧，这是人类的悲剧。"

的确，这不只是科学家的悲剧而已。

科学家也是人，只要与别人有关的事就有责任。拥有知识的人并不拥有特权。弗兰克与西拉德都与原子弹的完成有千丝万缕的关系，但是他们极尽一己之力，企图阻止惨剧的发生，真可谓谔谔双士。巧的是，西拉德与弗兰克分别在1964年5月的21日与31日死于心脏病。

日本的原子弹计划：理研的"二号研究"

日本战时的原子弹计划要从日本理化学研究所（简称理研）讲起。对读物理学的人来说，"理研"是块不折不扣的金字招牌。研究量子电动力学而得到诺贝尔物理学奖的朝永振一郎就是在这里展开他的研究生涯。

1913 年，发现"肾上腺素"的科学家高峰让吉倡议设立"国民科学研究所"，这个构想获得幕臣出身的实业家涩泽荣一的支持，并开始研议，后来由日本皇室及政府补助经费，加上民间捐款，于 1917 年在现东京都文京区本驹込正式设立财团法人理化学研究所。真正带领理研走入黄金时代的是第三任所长大河内正敏。

大河内正敏的专业是弹道学，他从东京帝国大学工学部毕业后到欧洲留学，1911 年又回到日本的母校任教。1921 年他成为理研的所长，建立研究室的制度，每个研究室由主任研究员全权负责，并赋予主任研究员完全的学术自由及研究室的财政人事的大权。世界上第一个成功提取维生素 B1 的科学家铃木梅太郎、KS 钢[①]的发明者本多光太郎和发表亚洲第一篇有关原子物理模型的论文的长冈半太郎，都是出自理研的科学家，他们的发明与研究所带来的收益也大大解决了理研的

---

① KS 钢是一种特殊的钢材，它的保磁力是一般钢材的三倍。

经费问题。

> 长冈半太郎在1904年提出的模型是正电球旁围绕着一圈类似土星环的电子,因为他认为正负电荷无法相互穿透,不能合在一起。不过该模型中带负电的环会因为静电排斥力而不稳定,这不会在土星环中出现,因此长冈在1908年放弃了这个模型。

在大河内正敏担任所长的时代,理研成了日本理论物理的温床,所以理研将研究室的产品拿去大卖,盈余拿来支持许多基础研究,其中最为人津津乐道的就是建造与核物理有关的加速器,以及邀请仁科芳雄建立理论量子物理研究室。

仁科芳雄的理论量子物理研究室

1890年出生在日本冈山县的仁科芳雄,东大毕业后就进入鲸井恒太郎的无线通信研究室,成为理研的研究人员。1921年,仁科前往欧洲学习,他首先来到剑桥大学卡文迪许实验室,想研究实验物理,但当时的实验室主任卢瑟福对他没什么兴趣。第二年,他因缘际会听到丹麦物理学家玻尔的演讲,大受感动,就决定前往哥本哈根。

当时玻尔的研究所是新量子物理的圣地,各国杰出人才络绎不绝,如量子力学的开创者海森堡、发现不兼容原理的泡利以及瑞典的物理学家奥斯卡·克莱因。1923年4月,仁科终于来到哥本哈根大学，这时他已背井离乡两年了。这个孤注一掷的决定却是开启日本现代物理学的关键，后来仁科在哥本哈根待了整整五年半。

1928年，仁科芳雄与克莱因发表康普顿散射研究论文，并提出描述康普顿散射实验的"克莱因–仁科公式"，这是第一次把新发展的量子场论运用到实验上。此时的仁科已经是一个成熟的理论物理学家。

同一年，仁科芳雄返回日本，一开始待在长冈半太郎的研究室。在当时，他是亚洲少数跟得上量子理论发展脚步的物理学家。与玻尔类似的是，他也有一股吸引青年人投入物理学的苏格拉底式魅力，诺贝尔物理学奖得主汤川秀树与朝永振一郎都曾经接受他的指导，这也是他对日本物理学最大的贡献。

1929年，他邀请量子物理领域的两位大师海森堡和狄拉克访日，当时两人都未满30岁，但海森堡已经发展出矩阵力学及不确定性原理，狄拉克也已发表描写电子的狄拉克方程。这使得当时日本年轻一代的研究者受到非常大的震撼，眼界大开，见识到新的物理思潮。

1931年7月，仁科芳雄升任理研的主任研究员，并设立仁科实验室，做理论，也做实验。他开始制作当时前驱研究必备的器材，如威尔逊云雾室、盖革计数器以及高压电离子加速器等；同时也开始与朝永振一郎、坂田昌一一起利用量子场论计算正负电子对的生成和湮灭。

仁科芳雄和他的团队也研究宇宙射线，他们根据在箱根、富士山的测量，发现随着高度增加，宇宙射线的强度也会跟着增加；他们还在日食时测量宇宙射线的强度，证明太阳不是宇宙射线的来源。1937年，他们利用云雾室做当时宇宙射线中未知粒子质量的测量，结果是电子质量的(180 ± 20)倍。这在当时可以说是最准确的数据，也代表仁科芳雄的研究室走在当时科学的最前线，遗憾的是，理研这艘小船终究抵挡不了时代的巨浪，当日美开战的阴影逐渐逼近时，理研也不得不走上武器研究的道路。

⚛ 开始研发原子弹

1941年5月，陆军航空技术研究所正式委托理研的所长大河内正敏从事原子弹的研究，这个任务理所当然就由仁科芳雄负责。两年后，仁科提交"由铀来制造原子弹是可行的"的报告。当时陆军的航空本部长安田武雄直接命令川岛虎之辅负责推展执行，而且将此列入最高机密，接着就开始以仁科芳雄为核心的"二号研究"。之所以称之为"二号研究"，是因为仁科芳雄的名字头一个音"に"读作"Ni"，跟日语的数字2同音。

除了仁科的研究室参与"二号研究"，还有饭盛瑞安的研究室。饭盛瑞安的专长是分析化学，饭盛研究室的任务就是提供含铀的原料，主要是重铀酸钠。而仁科的研究室集中心力想利用热扩散法来提炼铀-235。

提炼铀-235的方法有四种，即热扩散法、气体扩散法、电磁法、高速离心法。曼哈顿计划中先利用热扩散法将铀-235的浓度提高到0.89%，再使用气体扩散法达到23%，最后使用电磁法达到89%。但是战时日本寻找不到足够的铀矿石，而且为了节省时间，仁科芳雄的团队决定采取最省事的热扩散法。

热扩散法就是将铀-238进行氟化处理成六氟化铀，然后利用温度差产生对流。借此，较重的铀-238会沉淀，而较轻的铀-235则会浮在水面上。

当时仁科研究室采用的是大家分工负责研究的方法，木越邦彦负责制造六氟化铀，玉木英彦负责计算铀-235的临界量，竹内柾负责开发热扩散分离装置，山崎正男则负责检测铀-235。

竹内柾制作的分离筒是铜制的双层筒，直径约5厘米，高约5米；内筒接上电线可加热到240—250摄氏度，外层则浸在60摄氏度的温水中，利用内外温差造成对流。木越邦彦发现可以通过砂糖让铀碳化，然后再用碳化的铀进行氟化，最终可以制成六氟化铀。后来木越邦彦又发现淀粉的碳化效果更好，之后的六氟化铀制作便选择用淀粉。从1944年7月开始，提炼成功的六氟化铀开始在分离筒中进行分离试验。但因为六氟化铀的强腐蚀性，分离筒的管道也经常被腐蚀出孔洞，导致事故频发，因此试验进行得很不顺利，进展缓慢。

1945年4月，用于热扩散法提纯铀-235的分离筒也在美军的空袭中被摧毁。仁科尝试在金泽市重建分离筒，但由于金泽也遭到猛烈的空袭，所以到战争结束时都没有进展。

1945年8月6日，美国在广岛投下原子弹。8月8日，仁科芳雄被紧急召至广岛。8月12日，大本营在广岛开会，仁科与另一位原子弹计划主持人、京都帝国大学（京都大学的前身）的荒胜文策教授一致同意，不知名的新型炸弹就是原子弹。

就在8月9日长崎被原子弹轰炸之前，三个长方形金属容器被投放到长崎周边地区，里面有一封由三名参与"曼哈顿计划"的美国原子物理学家[①]写给嵯峨根辽吉的信。他们在信中希望嵯峨根辽吉可以警告日本政府，如果继续作战将造成很严重的后果。

8月14日，仁科到长崎再一次确认美军丢的是原子弹。8月15日，日本就投降了！当天仁科借由广播向全国解说原子弹。

---

① 他们是路易斯·阿尔瓦雷斯、菲利普·莫里森、罗伯特·塞伯。他们都是嵯峨根辽吉在加州大学伯克利分校的同事。阿尔瓦雷斯后来因研究核共振态而获诺贝尔奖。

盟军占领日本后，大河内正敏所长被当作甲级战犯关在巢鸭，理研集团被勒令解散，仁科的回旋加速器也被丢入北部湾。虽然后来大河内正敏所长被释放，但在株式会社科学研究所成立时，他却被禁止担任任何公职。不过后来他的公职放逐令被解除了。而仁科在战后日本科学界扮演了吃重的角色，他是株式会社科学研究所的第一任所长，1951年因为肝癌去世。为了纪念他的贡献，日本在1955年建立了仁科芳雄奖，颁发给后世优秀的日本物理学家们。

1958年，日本国会通过"理化学研究所法"，"理化学研究所"才又重生；2015年4月，又改称"国立研究开发法人理化学研究所"，成为日本科研的重镇。前一阵子理研还拿到新元素113的命名权，有人建议用"Rikenium"，还有人建议使用"Nishinanium"来纪念仁科，最终还是代表日本的"Nihonium"被选中。我想一生致力建立日本物理学根基的仁科芳雄，应该也乐见这样的命名吧！

F计划

接下来要讲的则是由日本海军主导的F计划。这个计划的核心人物，是京都帝国大学的荒胜文策教授。

荒胜文策（1890—1973）出生于日本兵库县姬路市。他的生父是长田重，他过继给荒胜家当养子后改姓荒胜。1915年，荒胜进入京都帝国大学物理系就读，毕业后留在学校担任讲师，三年后就升任助理教授。1923年，荒胜转到神户的甲南高等学校担任教授。跟其他公立高校不同的是，这所学校强调体育与德育，而且学生人数很少，相对地，学费也不便宜，算是当时的贵族学校吧！著名的粒子物理学家坂田昌一就毕业于甲南高等学校。

荒胜在甲南高等学校没有待太久，三年后，台湾总督府任命他为台湾总督府高等农林学校（后来并入台北帝国大学）的教授。不过，荒胜并没有到台湾，而是以台湾总督府在外研究员的身份前往欧洲留学，直到1928年10月。在欧洲的这段时间，他曾经短暂地在德国柏林大学跟随爱因斯坦做研究。当时正是玻尔与海森堡提出量子力学的哥本哈根解释，而爱因斯坦竭力反对的时候。

之后荒胜到瑞士苏黎世联邦理工学院跟保罗·谢尔学习有关锂原子中自由电子分布的研究。这时保罗·谢尔对新兴的核物理产生了浓厚的兴趣，也许也影响了荒胜。所以他接着到英国剑桥大学卡文迪许实验室，当时那里可是核物理的圣地，卢瑟福以及他的学生正展开一系列的核物理实验。这段在欧洲的留学经验，也使原先立志从事理论物理研究的荒胜，开始对核物理实验产生兴趣。

冲破原子核

1928年台北帝国大学正式成立，起初只有文政学部、理农学部，之后在文政学部增设了四个讲座，理农学部增设了九个讲座，其中就包括荒胜的物理学讲座。荒胜成为台北帝国大学物理学讲座的首任教授，并开设普通物理学与原子论等相关课程。在台北帝国大学的荒胜忙着继续研究在欧洲学习的光谱学，没料到他的人生即将迎接一个大转折，将他带往人生的高峰。

1932年4月，英国剑桥大学卡文迪许实验室的考克饶夫与沃尔顿利用新造的高压直线加速器将质子加速，然后去撞击锂原子，结果得到两个α粒子。这在当时被誉为现代炼金术。之前大家只能用天然的辐射源，辐射出来的α粒子的能量不足以将锂原子核撞裂，而高压直线加速器的发明让物理学家摇身一变，成了现代的炼金师。他们将结果刊登在《自然》杂志上，一篇简单介绍他们的新加速器，另一篇介绍裂解锂原子的实验结果。

荒胜阅读这两篇论文之后，就向助手木村毅一说："这是个大变局，我们也来试看看，你看如何？"于是荒胜将物理学讲座全部的资源集中到这个计划，他们开始在台北帝国大学2号馆101室[1]建造高

---

[1] 台北帝大2号馆后来变成台湾大学物理系馆，101室就在系馆穿堂的旁边。现在2号馆101室已经改建为台湾大学物理文物厅，记录原子核实验室加速器建造过程以及重建过程，还被拍成科学史纪录片《冲破原子核》。

压直线加速器。

1934年7月25日晚（因为白天太热），他们成功了！这是亚洲第一次，也是世界第二次分裂原子核实验。他们这次的实验重现并证实了 $^1H_1+^5B_{11} \rightarrow 3^2He_4$ 反应，并发现用高速氘离子撞击锂也能使锂同位素产生 $^1H_2+^3Li_6 \rightarrow 2^2He_4$ 反应。这个研究结果当时轰动了整个日本物理学界。

1935年，荒胜在台北帝国大学举办的日本学术协会第十次大会的物理学会议上报告了他的研究成果，在场的仁科芳雄听了之后激赏不已，很快便邀请他回京都帝国大学任教。1936年11月，荒胜转任京都帝国大学教授，接任物理学第四讲座教授。他的助手木村毅一、植村吉明也一同转到京都帝国大学，专长为重水制造及分谱学的太田赖常则留在台湾。[①]

荒胜把加速器的主设备带回日本，继续进行核物理研究，同时在京都帝国大学重新建造高压直线加速器，并建造回旋加速器。1939年，荒胜与萩原德太郎利用该加速器，测定出平均每次一个铀-235原子核裂变会释出2.6颗中子。除了利用加速器进行实验，荒胜也曾与木村毅一、植村吉明一同利用宇宙射线进行高能物理研究，并将其实验结果发表至1937年8月的《自然》杂志上。另外，他也开设实验原子核物理学与量子力学等课程，甚至汤川秀树[②]也去旁听他的课程。

---

① 木村毅一也是京都帝国大学毕业的，1930年来到台北帝国大学。植村吉明生于日本兵库县的一个小村庄。他后来与家人一同迁居到台湾。1929年，他从台北的一间职业高中毕业，并在同年至台北帝国大学任职，加入荒胜的实验团队。还有一位太田赖常，也是毕业于京都帝国大学，他负责提炼重水。整个团队都是从日本关西来的。

② 汤川秀树是日本首位诺贝尔物理学奖得主。

F计划

1941年，荒胜成功利用锂原子与质子反应产生 γ 射线，使铀原子与钍原子产生核裂变反应，这使荒胜注定要跟原子弹计划结缘。日本海军一开始对原子弹深感兴趣，但在得知需要投入大量资源，而且可行性不高后就放弃了。但中途岛海战后，失去许多主力舰的日本海军开始重新思索，他们希望开发新武器来扭转战局。也有说法是，一开始日本海军只是因为缺乏石油想利用核能，才想回头考虑制造原子弹。总之，最后舰政本部的矶惠大佐找上了荒胜。战后各方证言对F计划何时开始是众说纷纭，从1942年10月到1944年9月的各种说法都有，联合国最高司令官总司令部（GHQ）的文献则说是1943年5月，这个就留给专业史家来决定了。

F计划跟"二号研究"最大的不同是，荒胜一开始就决定采用离心机来提炼铀-235，而不是热扩散法。他估计需要每分钟旋转10万次以上的离心机才能将较轻的铀-235与较重的铀-238分离。当时日本国内专做船舶引擎的北辰电机与东京计器顶多只能做到每分钟3万到4万转，受制于高速旋转产生的摩擦现象。当时东京计器与荒胜的实验室都想将空气压缩再灌到扇叶上产生高速旋转。同时荒胜也找了古屋的住友金属工业，因为离心机要承受相当于10万G的压力，但是住友金属没多久就被炸成废墟了！所以一直到战争结束，荒胜都没有造出他需要的离心机，F计划是彻底地失败了。倒是以小林稔为首的附属理论部门算出了铀-235的临界质量，据说他是用机械式计算器去解扩散方程得到的答案。

1945年8月6日，美军在广岛投下原子弹，造成广岛死伤惨重。为了了解灾情，海军大臣米内光政委任荒胜与京都帝国大学医学部的杉山繁辉教授共组原爆灾害调查班，到广岛调查爆炸受害区域，以了解原子弹的影响力。为了取样，荒胜在毫无防护装备的情况下进入原爆灾区。当天他与仁科芳雄都参加了大本营的会议，会中他们一致认定丢在广岛的是原子弹。

当晚荒胜回到京都，8月12日，他在完成对广岛土壤的β射线的测量后，翌日又到广岛做更进一步的调查。8月15日，他向海军提交完整的调查报告，更精确地指出爆炸时的高度与位置，并得出闪光时间约在0.2秒至0.5秒之间。数据计算之精确，震惊世界。据说他还跟木村毅一说，快去比睿山架好观测台与探测器，因为美军下一个对象是京都。对核物理学家来说，这是千载难逢的机会。所幸这事没有成真。

联合国军最高司令官总司令部于1945年10月31日下令禁止日本进行有关原子物理的研究，并在11月24日拆除京都帝国大学荒胜研究室的回旋加速器，将之投于琵琶湖。荒胜的大量报告与研究笔记也遭到没收，因而流失了！只残留部分被保留在广岛县西南部的吴市海事历史科学馆。为此荒胜表达强烈抗议，他在日记中表示，这次的拆除工作是完全不必要的，因为该设施是纯学术用途，与原子弹制造根本毫无关系。荒胜在日记中描述其研究室变成一片"惨淡的光景"。除了京都帝国大学之外，东京帝国大学与大阪帝国大学的回旋加速器也被拆除了。荒胜事后感叹地说："日本原子核物理研究的幼芽就这样被摘下，令人遗憾！"

面对空荡荡的研究室，荒胜也只好在1950年自京都帝国大学退休，但第二年就复出担任私立甲南大学的首任校长。而他在京都帝国大学的核物理研究室，也在1951年美国解禁日本核物理实验后重启，由木村毅一接手。汤川秀树获得诺贝尔物理学奖时，荒胜说："晚辈得了诺贝尔奖，一切都值得了！"

1973年，荒胜于神户市逝世，享寿83岁。日本的加速器研究、核物理的理论与实验，现在都堪称世界一流，不输欧美先进国家。这些明治出生的前辈们，在自己祖国打下了坚如磐石的科研基础，真是令人佩服。

核磁共振之父拉比

伊西多·艾萨克·拉比（1898—1988）出身于加利西亚地区雷马努夫（当时属于奥匈帝国，现今为波兰的领土）一个虔诚的犹太家庭。1916年，拉比拿到奖学金进入康奈尔大学电子工程系，但入学不久后就转到化学系，三年后他就拿到理学学士学位。但当时的学术界和化工行业不喜欢聘请犹太人，所以他经历了一段黯淡岁月，曾在美国氰胺公司的实验室待过一阵子，还当过簿记员。经过三年不如意的时光，1922年，拉比回到康奈尔大学继续攻读化学博士学位。第二年，他为了追求心仪的女性而转往哥伦比亚大学物理系，同时在纽约市立大学当助教，一边工作一边攻读博士。

拉比在哥伦比亚大学的指导教授是磁学专家阿尔伯特·威尔斯。当时威廉·劳伦斯·布拉格在哥伦比亚大学演讲时提到一种晶体塔顿盐（Tutton's salt）的电极化率。拉比在听完后决定研究塔顿盐的磁化率，1926年7月16日，他将《论晶体的主磁化率》的博士论文寄到了《物理评论》。

1927年，拉比到慕尼黑大学跟随索末菲做研究。之后他在利兹的英国科学促进协会的年会中听到海森堡的演讲，因而产生了对量子物理的热情，于是又跑到哥本哈根自愿为玻尔做研究。当时虽然玻尔在休假，但拉比仍马上就开始计算氢分子的磁化率。后来玻尔安排拉比到汉堡大学接受泡利的指导。

于是拉比又转到泡利的斯特恩实验室，在那里他认识了博士后研究员奥托·斯特恩、苏格兰的罗纳德·弗雷泽以及美国人约翰·布拉德肖·泰勒，拉比对他们的分子束实验很感兴趣。当时斯特恩实验室正在用氢原子束取代银原子束做原来的斯特恩－格拉赫实验。他们的研究用的是不均匀磁场，不容易操作。拉比提出改为在散射角不为0的情况下使用均匀磁场，这样原子束就能像光线通过棱镜时那样偏转。这个方法不但容易操作，而且测量结果更准确。在斯特恩的大力支持下，拉比将这个想法付诸实践，后来发表这项研究结果的论文被刊登在1929年2月的《自然》期刊上。这年4月，他又在《物理学报》发表了另一篇论文《论分子束的偏转法》，这是拉比第一次投稿给当时德国一流的期刊，象征着他的研究已经站上国际舞台。

分子束实验室

1929年，拉比返回美国哥伦比亚大学任教。1931年，拉比回头从事分子束实验的研究。他首先与格雷戈里·布赖特合作写出"布赖特－拉比公式"，给出磁场中原子核的磁矩与电子的磁矩耦合造成的电子能级分裂。在维克托·科恩的帮助下，拉比制作出哥伦比亚大学第一台分子束仪。接着他们探测钠原子核的核自旋，实验得出四条小分子束，由此推论钠的核自旋为3/2。因为磁场会将分子束分成2s+1个小分子束，s是自旋。

拉比的分子束实验室开始吸引各方豪杰，当中包括以锂作为博士研究课题的研究生西德尼·米尔曼、杰罗尔德·撒迦利亚、诺曼·拉姆齐、朱利安·施温格、杰尔姆·凯洛格和波利卡普·库施，他们都是在分子束实验室开始物理生涯的科学家。

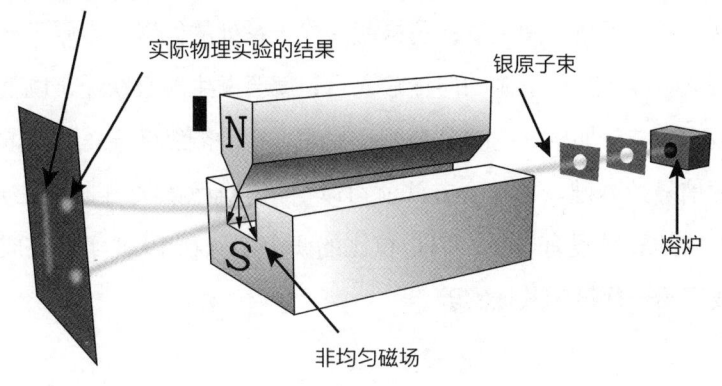

斯特恩–格拉赫实验

当时斯特恩在汉堡的研究团队已经测量出质子的磁偶矩，而且发现与狄拉克方程给出的值不同，间接证明质子不是无结构的基本粒子。同校的哈罗德·尤里在不久前才发现氢的同位素氘。尤里不仅提供重水和氘气给拉比的实验室，还把卡内基基金会给他的奖金的一半作为分子束实验室的专款。

拉莫尔进动

1937年，荷兰科学家戈特访问拉比的实验室，并且建议使用振荡磁场来进行实验。这个实验的原理是这样的：将原子核放在外加磁场中，如果原子核磁矩与外加磁场方向不同，原子核磁矩会绕着外加磁场方向旋转，这一现象就是"拉莫尔进动"。

原子核发生拉莫尔进动的能量与磁场、原子核磁矩、磁矩与磁场的夹角相关，根据量子力学原理，原子核磁矩与外加磁场之间的夹角并非任意值，而是由原子核的磁量子数决定的，原子核磁矩的方向只能在这些磁量子数之间跳跃，这样就形成一系列的能级。当原子核在外加磁场中接受其他来源的能量输入后，就会发生能级跃迁，也就是原子核磁矩与外加磁场的夹角会发生变化。这种能级跃迁正是获取核磁共振信号的基础。用这个方法就可以很精确地测量原子核的磁矩。虽然戈特的尝试没有成功，但是拉比的研究团队在1938年首次成功地完成了第一次核磁共振实验。

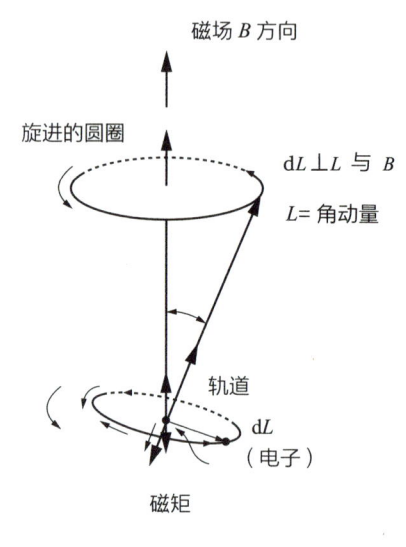

拉莫尔进动示意图

核磁子

1939年，拉比、库施、米尔曼和撒迦利亚使用这种方法测量多种锂化合物的磁矩。接着他们把这种实验法应用到氢，发现质子的磁矩为 2.785 ± 0.02 核磁子，而氘的质子的磁矩则为 0.855 ± 0.006 核磁子。由于氘核是由相同自旋方向的一个质子和一个中子构成，所以中子磁矩可由氘核磁矩减去质子磁矩所得。如此得到的中子磁矩约为 −1.92 核磁子。

拉比的团队进一步测量，造成 D_2 与 HD 分子在磁场下的共振频率，发现氘核的电四极矩不为 0。这项发现意味着氘核的物理形状为非球状对称，也表示核子之间的交互作用并非连心力，也有着张量项。这也表示氘核的磁矩与质子跟中子的磁矩的和其实不完全相等。

1940 年，刘易斯·阿尔瓦雷斯与费利克斯·布洛赫发展出可以直接测量中子磁矩的技术，得到的结果是 1.93 核磁子。直接将质子与中子的磁矩相加是 0.879 核磁子，与氘核的磁矩的确有微小的差别，由此我们知道氘是 $S(L=0)$ 态与 $D(L=2)$ 态的混合，前者占约 96%，后者占约 4%。D 态的出现是由张量形态的核力造成的。

分子束磁共振探测法果然是研究原子核的利器，斯特恩凭着分子束实验获得 1943 年的诺贝尔物理学奖。拉比在斯特恩之后也荣获 1944 年的诺贝尔物理学奖。

雷达的核心科技：多腔磁控管

当"二战"在欧洲打得如火如荼时，英国将当时最尖端的一些科技交给美国，其中一项是改良过的多腔磁控管（multicavity magnetron）。它是一种使用电子流和磁场的交互作用来产生微波的高功率装置，经过伯明翰大学的约翰·蓝道尔与哈利·布特改良后，成为彻底改革雷达的利器。

美国国家防卫研究委员会的阿尔弗雷德·李·卢米斯在麻省理工学院建立一家开发新型雷达的"辐射实验室"，聘请杜布里奇担任实验室主任。后来，拉比也加入实验室成为副主任，负责继续研发多腔磁控管。当时这个装置仍是最高机密，事后证明美国的雷达性能远胜于德日两国的雷达，的确对"二战"局势有非常重要的影响。

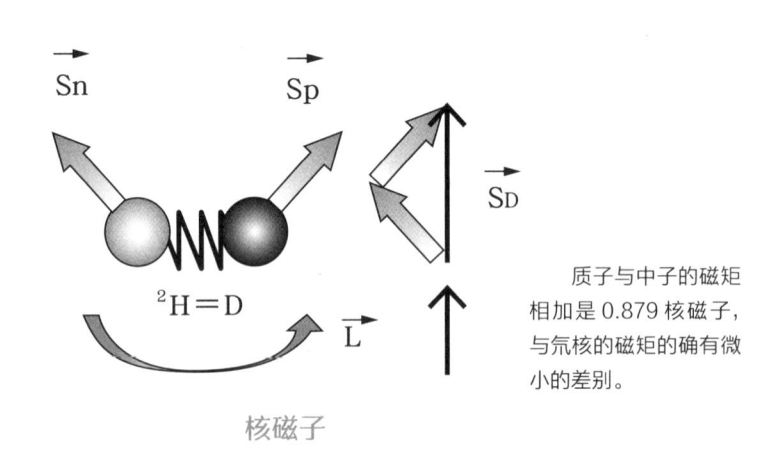

质子与中子的磁矩相加是 0.879 核磁子，与氘核的磁矩的确有微小的差别。

核磁子

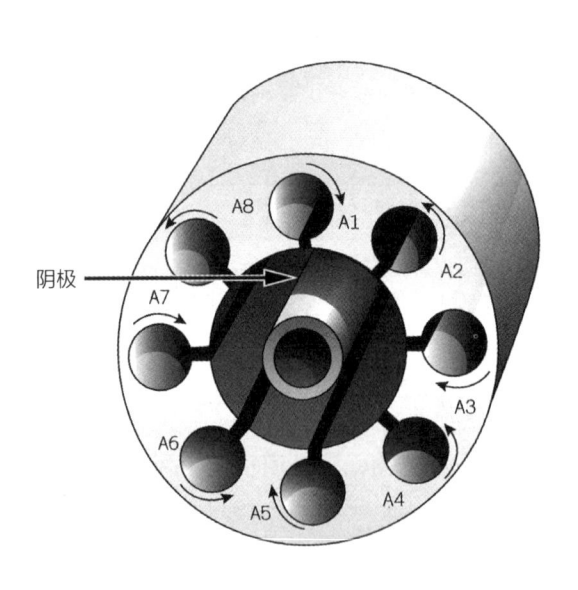

多腔磁控管

孤高的物理学家施温格

朱利安·西摩·施温格（1918—1994）出身于纽约市郊区的犹太裔移民家庭。1933 年，他申请到免学费的纽约市立学院，这对手头拮据的施温格家来讲不啻是一大福音。入学后，施温格的数学能力让众人吃惊，但他的总体表现不怎么理想，一来他对没兴趣的科目完全提不起劲，再者他昼伏夜出的生活习惯，致使早上的课他一概缺席，但是他在这段时间内不仅读遍许多当时最先进的论文，还亲自推导出里头所有的方程，他当时的笔记[①]现在都保存在加州大学洛杉矶分校的"施温格档案"中。

这段时间施温格结识了哥哥哈罗德在哥伦比亚大学研究所的同学莫茨。莫茨对施温格的能力感到十分惊奇，而施温格也不时跑到哥伦比亚大学向莫茨请教，甚至参加哥伦比亚大学的研讨会，引起了拉比的注意。

有一次拉比找莫茨讨论有关"爱因斯坦 - 波多尔斯基 - 罗森佯谬"的论文，施温格刚好在场，向来害羞沉默的施温格在关键处指出："这里用的是量子力学的完备性定理"，让拉比非常惊讶，后来施温格就转学到哥伦比亚大学成了拉比的学生。不过施温格昼伏夜出的

[①] 当时都是国防机密，战后才逐渐出版。有些笔记甚至没有出版，而是以笔记的形式在学界流通。

习性不改，引发不少麻烦。

拉比特地邀请荷兰的物理学家乌伦贝克到哥伦比亚大学讲授统计力学，许多学生甚至老师都慕名前来，施温格报了名却没来上课，连期末考都缺席。乌伦贝克向拉比抱怨施温格这个"隐形学生"，火大的拉比命令施温格早上10点来补考，结果施温格交上来的答卷无懈可击。乌伦贝克跟拉比这么说："他不但写出了正确答案，而且还是用我在课堂上教的方法，简直就像每堂课都来了一样。"

当时拉比主要的研究是利用原子在磁场下的运动来研究原子的性质，施温格的早期论文也都是以此为主题。拉比很快就发现自己已经没有东西能教施温格了，所以他帮施温格筹到钱，把他送去威斯康星大学的麦迪逊分校。1937年秋天，施温格前往麦迪逊分校一学期，当时物理学家维格纳与布赖特都在那里，但施温格在麦迪逊依然故我，不仅昼伏夜出，而且因为他个性害羞，面对陌生人不自在，所以变得比以往更沉默。他在麦迪逊只交出1篇论文，内容是利用散射实验数据确定中子的自旋是1/2，排除了中子自旋3/2或更高的可能性。

1938年，施温格回到纽约继续研究中子与质子之间的张量力，当他在1939年春天拿到哥伦比亚大学博士学位时，虽然才21岁，却已经出了14篇论文。当时欧洲的战争气氛正逐渐转浓，醉心于物理的施温格浑然不觉，仍前往加州大学伯克利分校跟随大名鼎鼎的奥本海默，之后施温格在伯克利大学待了2年。这段时间，他逐渐接触到当时量子电动力学所面对的大难题，就是在高阶计算时出现的发散积分。如何处理乃至于理解发散积分正是施温格最重要的贡献，也就是所谓的"重正化"（renormalization），不过这是9年后的事。

⚛ 拉里塔–施温格方程

1940年，施温格和从纽约市立大学布鲁克林学院来的访问学者拉里塔开始一起工作，研究主题是氘的光解和原子核的张量力。两人合作写出了《论具有半整数自旋的粒子》，这篇论文第一次提出自旋3/2的粒子的拉格朗日函数，以及由此推导出来的运动方程，这个方程就是大名鼎鼎的"拉里塔 – 施温格方程"。早在1928年，狄拉克就提出自旋1/2的粒子的拉格朗日函数以及由此推导出的运动方程；1937年，菲尔兹与泡利提出任意整数自旋粒子的运动方程，但施温格是第一个研究高半整数自旋粒子的物理学家。

1941年夏天，施温格到印第安纳州的普渡大学担任讲师。据说这位年仅23岁的年轻讲师的教学是场灾难，当然不全是学生的错，举例来说，施温格宁愿教如何利用矩阵力学来解氢原子能级（这个方法是泡利在1926年发明的），也不愿意教一般的薛定谔方程。这对当时的学生来说应该十分震撼吧！不过后来施温格逐渐树立起自己的教学风格，让他的授课成为物理史上的传奇，显然他是下足功夫才修得正果。

⚛ 投入雷达研发

1941年底，日本与美国的战争爆发了。美国政府将雷达研发团队全集中在马萨诸塞州剑桥市的麻省理工学院，并设立辐射实验室，从事侦察能力更强大的雷达研发。很快施温格就被政府征召，负责雷达研发工作的领导任务。1943年，施温格搬到剑桥，住在实验室附近一家旅馆的小房间中，尽全力投入研究工作。

他的工作其实说穿了只是把麦克斯韦方程运用到波导上，特别是孔径波导，这里头没有新鲜的物理原理，但数学计算相当艰难。施温格的计算能力，尤其是对特殊函数熟悉的程度，常常把合作者给吓坏了！而战时他所发展出来的许多数学技巧更造就了他后来发展完整的量子电动力学过程中最重要的利器呢！这段时间他不仅要从事研究，留下大量手稿，还要指导他的团队成员，研发工作才能进行。当时的施温格还只是未满30岁的小伙子呢！

所以战争结束后，施温格已经成为各方挖角的对象，他最后选择了哈佛大学。之后，他在哈佛大学物理系任教25年，发表120多篇学术论文，大部分都与量子场论有关。这些论文充满施温格的独特风格，行文简洁优雅但不易理解，往往必须咀嚼再三才能体会其中深意，再加上施温格行事低调，所以他的许多贡献多遭到忽视。

施温格在哈佛培养了许多新时代的优秀物理学家[1]，一共有68个博士生在他手下毕业，最著名的莫过于参与建构粒子物理标准模型的诺贝尔物理学奖得主格拉肖。

说起施温格与他的博士生相处，也是饶有趣味，根据格拉肖的回忆，当时一大堆哈佛学生要跟随施温格，结果他把学生全叫进办公室，给每个人一个问题带回去做，有问题下周再来讨论。他给出的问题都非常困难，但讨论的时间非常短，然而施温格的建议往往一针见血，切中问题的核心。有这种神人级的指导教授，是吉是凶，应该是因人而异吧！

---

[1] 他们分别是2005年的诺贝尔物理学奖得主格劳伯，因为量子光学的贡献而得奖；1975年诺贝尔物理学奖得主莫特森，因为原子核的研究而得奖；1998年诺贝尔化学奖得主沃尔特·科恩，因为发展密度泛函理论而得奖。三人涉足的领域天差地别，也是一绝。

量子场论时代的来临

施温格最为人所知的贡献，就是建立完整而且一致的量子电动力学，特别是针对理论中出现的发散而发展出重正化的程序，使得量子电动力学能够做出非常精确的预测，这不但标志着量子电动力学的成功，更宣示着量子场论时代的来临。今天的粒子物理学与凝聚态物理学都建立在量子场论的基础上。

重正化的量子电动力学出现时有两个完全不同的样貌，其中一个由施温格开创，以"量子场的创生与湮灭算符"为核心概念的相对论性量子场论；另一个则由理查德·费曼开创，以"粒子与波"为基础的相对论性量子力学为基础发展而来的"费曼图"。虽然今天的学生学习的都是费曼的方法，然而施温格的方法在当时可是一面倒受到物理界的青睐。

没过多久，就有人指出虽然这两种方法表面看来完全不同，但是存在着一一对应的关系，无怪乎它们总是给出相同的答案。而在"二战"时期，日本年轻物理学家朝永振一郎，也发展出一套与施温格相近的方法。

10年之后，施温格、费曼与朝永振一郎一起分享诺贝尔奖的荣耀。但是对他们三人而言，量子电动力学的成功都只是他们辉煌事业的起点，尤其是施温格，在之后的20年里，他对量子场论及粒子物理都有许多了不起的贡献。

从1965年起，施温格开始醉心于建构所谓的"源理论"（source theory），虽然施温格对这个理论非常自豪，无奈整个物理界的反应相当冷淡。相较于费曼图，源理论显得又复杂又古怪，自然得不到众人的青睐。施温格在20世纪60年代末不断使用源理论处理各种问题，企图说服物理界承认它的优越性，无奈是白忙一场。就在这样的气氛下，施温格在1971年应加州大学洛杉矶分校的邀请，离开了哈佛大学。

施温格到达洛杉矶当天就遇上了6.6级的地震，似乎不是个好兆头呀！虽然施温格持续使用源理论来处理各种问题，也持续关注当时粒子物理学的发展，但过去的荣景不再，好汉空有一身绝妙武功，就是无法再度轰动武林。

施温格的文章十分严谨，向来以难懂著称，常让人不得其门而入，但他的授课却非常著名，几乎成了传奇。据说他上课时口若悬河，在黑板上写满方程，仍让学生听得如痴如醉；他的课往往别出心裁，有他独特的思路，能引导听众深入课程的核心；还有人回忆他上课时，除了粉笔在黑板上的声音以及沙沙的抄笔记声外，一片寂静。

虽然他一直尝试将他的电动力学以及量子力学的授课笔记写成书，但是都没有完成，因为施温格都不满意，一直修改，最后只好放弃。然而今天我们还是可以买到这些施温格眼中未完成的残稿，因为在许多人眼中，它们已经是写得很完美的书了。只能说施温格这位物理学大师真的是一位性情中人，也是一位无可救药的完美主义者。

施温格在加州大学待了23年，于1994年7月16日因胰腺癌在洛杉矶过世，享寿76岁。

东洋的粒子物理学先驱——坂田昌一

坂田昌一（1911—1970）是日本著名物理学家。他于 1929 年进入京都帝国大学物理系就读，那一年汤川秀树与朝永振一郎两人刚从京都帝国大学物理系毕业，并留校当助理，坂田因此结识这两位日本物理界后来的巨人。1933 年，坂田从京都帝国大学毕业后，先到理研加入朝永振一郎与仁科芳雄的团队，第二年搬到大阪帝国大学跟随汤川秀树。大阪帝国大学以汤川为中心形成一个富有活力的研究群，而其中坂田扮演相当吃重的角色。

汤川粒子理论

坂田在汤川的影响下，很快就成为介子理论的研究主力。他们两人开始利用汤川的介子理论研究电子捕捉过程，就是质子捕捉一个电子产生一个微中子与中子的弱作用。坂田与汤川也采用泡利与维克托·魏斯科普夫之前所发展自旋为 0 的量子场论架构来描述介子。

1938 年 1 月，《自然》杂志刊登了印度科学家霍米·杰汉吉尔·巴巴的一篇短文，提到新的粒子不但负责传递核力，而且会衰变成电子与反微中子。汤川与坂田讨论后，与汤川的学生武谷三男合写第三篇"汤川粒子"的论文，估计汤川粒子的平均寿命；接着与朝永的学生小林一起又写了第四篇"汤川粒子"的论文,主张除了带正负电荷的汤川粒子之外,还有不带电的汤川粒子。

汤川的研究群以"汤川粒子"为中心,研究的触角延伸到原子核作用,原子核 β 衰变以及宇宙射线的性质,而坂田是研究群的灵魂人物之一。不过时局日益紧张,武谷三男在 1938 年 9 月被捕入狱,坂田偷送了论文让武谷三男在狱中读。坂田等人也是活在特高[①]的监视下吧。

1939 年,汤川回到京都帝国大学担任物理系的教授,坂田也跟随汤川到京都帝国大学担任讲师。这段时间坂田的研究以汤川粒子的衰变性质为主。他在 1941 年 5 月以"关于介子自发衰变的理论"取得京都帝国大学理学博士学位。这段时间他最重要的主张是不带电的汤川粒子会衰变成两个光子。

发现新粒子

第二年坂田转到名古屋帝国大学任教。他在名古屋第一件重要的工作是与井上健一起提出"二介子论",他们怀疑在宇宙射线中发现的新粒子——介子,可能并不是汤川秀树提到的汤川粒子,而且他们认为汤川粒子会衰变成一个介子与一个微中子。这个理论是坂田等人与汤川秀树的学生谷川安孝讨论之后得到的,主要的原因是这个介子的穿透性太强,与原子核的作用不够强。从这个工作可以看出坂田摆脱了汤川与朝永的阴影,走上自己的道路了。

---

① 特高即"特别高等警察"。日本明治末期到"二战"时控制人民思想言论的政治警察。

1947年6月召开的谢尔特岛会议，马沙克提出之前在宇宙射线中发现的粒子并非汤川粒子，并怀疑真正的汤川粒子尚未被发现，与坂田的二介子论若合符节。但是当英国的布里斯托大学实验组发现汤川粒子（现在称之为 π 介子）时，一般都只提到马沙克，而忘了坂田研究群的功劳。不带电荷的 π 介子后来于1950年在伯克利的回旋加速器中被观测到了。正如坂田所预测的，这个不带电的 π 介子真的会衰变成两个光子。

　　"二战"结束后，新的粒子接二连三地被发现，许多核子的共振态，如 $\Delta(1230)$ 就是在 π 介子与核子碰撞时被发现的。之后科学家逐渐发展出粒子的分类，不参与强交互作用的粒子被称为"轻子"，参与强交互作用的粒子则称为"强子"；自旋为整数的强子称为"介子"，K 介子与 π 介子的自旋都是 0；后来又陆续发现自旋为 1 与 2 的强子，而自旋为半整数的则称为"重子"。

　　通过研究粒子的衰变，科学家逐渐知道这些新粒子的自旋以及量子数，如奇异数以及重子数；也发现重子数会守恒，意思是反应前后不变，但弱作用时奇异数会改变一个单位。面对这个不断膨胀的粒子名单，坂田提出他的扛鼎之作"坂田模型"。

坂田模型

　　1949年在庆祝汤川秀树获得诺贝尔奖时，坂田就曾引用杨振宁与费米发表过的《介子是基本粒子吗？》写过一篇文章，文中主张 π 介子是核子与反核子的束缚态。这对坂田来说不是新鲜事，他在研究汤川粒子的 β 衰变时，为了与费米的理论结合，就试图将 π 介子联结核子圈图再衰变成电子与反微中子（见287页的图一）。事实上这个想法正是他主张 π^0 衰变成两个光子的基础（见 287 页的图二）。

但是坂田真正认真尝试将强子当作复合粒子，是从 1954 年他去哥本哈根的玻尔研究所访问时开始的。当时他的学生田中正在研究如何用相对性量子力学来计算核子与反核子的束缚态。当他从欧洲回来之后，田中正报告他的研究遇到瓶颈，就是要怎样引入奇异性，如果强子都是由核子与反核子构成，那么奇异性只能是核子反核子系统的激发态，但是如此一来，就无法满足著名的中野-西岛-盖尔曼关系式。

> 中野-西岛-盖尔曼关系式，1953 年由日本物理学家西岛和彦、中野董夫首先提出，1956 年由美国物理学家盖尔曼独立提出，关于强子的电荷 Q、同位旋分量 I_3、重子数 B、奇异数 S 所满足的关系：
> $Q = I_3 + (B+S)/2$

这个问题引起坂田的兴趣，他们讨论到深夜，隔天早上坂田在黑板上写下将超子中最轻的 Λ 粒子与质子、中子一样当作"基本"粒子，并写下其他强子是如何由这三种粒子构成的。介子是 $\pi^+=(p\bar{n})$、$K^+=(p\bar{\Lambda})$，而重子则是 $\Sigma^+=(p\bar{n}\Lambda)$、$\Xi^-=(\bar{p}\Lambda\Lambda)$。如此一来就可以满足中野-西岛-盖尔曼关系式了！这个就是坂田模型的滥觞。坂田在 1955 年的日本物理年会上发表这个想法，论文则于 1956 年刊登在日本的期刊上。

如同核力几乎与核子的同位旋无关一般，很快大家也注意到强子

图一

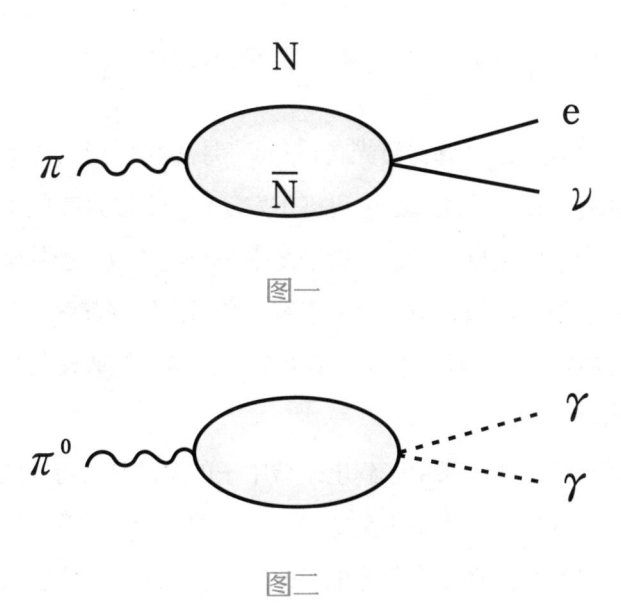

图二

之间的强交互作用力似乎与奇异性关联也不大，与质子、中子相差不远，所以坂田的研究群开始研究坂田模型中的对称性。但是坂田模型拿来推算重子却遇到困难，此外随着越来越多的重子在加速器实验中被发现，科学家慢慢理解到自旋 1/2 的重子有 8 个，自旋 2/3 的重子也陆续被发现。坂田模型显然难以描述重子的组态。

1963 年，两位科学家盖尔曼和奈曼独立提出"八重态模型"。即使到现在我们也没有测量出带着分数电荷的粒子，所以就连盖尔曼也不敢宣称新粒子真的存在。但在 1964 年，美国的布鲁克海文国家实验室找到了奇异数为 –3 的新粒子，八重态模型取代坂田模型就是大势所趋了。

21世纪粒子物理的显学：微中子振荡

不过这时候坂田早就将目光转移到新目标微中子上了。1962年，美国的莱德曼、施瓦茨和施泰因贝格尔发现伴随缈子产生的（反）微中子不会与电子发生反应，证明缈子微中子与电子微中子的确是不同的粒子，这引发坂田的兴趣。出生于意大利后来投奔苏联的科学家庞蒂科夫在1957年就提倡微中子振荡的理论，当时他假设的是由微中子变成反微中子。

但是坂田认为缈子微中子到电子微中子的振荡是有可能的，甚至他们从当时证明缈子微中子不是电子微中子的实验去估算，发现只要两种微中子的质量差在10^{-6}百万电子伏特以下，当时的实验就无法察觉到微中子的振荡。

坂田与名古屋研究群的牧二郎、中川昌美一起总结出描写微中子混合的公式，现在称为"PMNS矩阵"，其中P是庞蒂科夫（Pontecorvo），M是牧二郎（Maki Jiro），N是中川昌美（Nakagawa Masami），S就是坂田昌一（Sakata Shyoichi）。原本的矩阵是2×2，后来发现第三个轻子τ，PMNS矩阵自然变成3×3。微中子振荡可以说是21世纪粒子物理的显学。

1969年的诺贝尔物理学奖单独颁给盖尔曼，而未授予启发夸克模型的强子模型的先驱坂田昌一。事后，评委之一的伊瓦尔·沃勒曾私下对汤川秀树表示"对坂田落选感到遗憾"。而第二年9月，汤川为坂田写了诺贝尔奖推荐信，并在给沃勒的信件中提到"坂田已身染重病"。三周后，坂田不幸病逝，永远与诺贝尔奖绝缘，因为诺贝尔奖只颁给活人。

引力波的前世今生

激光干涉引力波天文台（LIGO）在 2016 年 2 月 11 日正式宣布他们探测到引力波，虽然这个谣言在网络上传了快半年，但还是引发一股热潮，因为这个发现意义重大，它一方面证实了引力波的存在，另一方面证明了黑洞的存在。黑洞与引力波的理论根据都是广义相对论，但爱因斯坦对于引力波存在与否一直游移不定，而引力波这个词竟然是在广义相对论问世前就有了，就让我们来一探引力波的前世今生吧。

在牛顿的系统中，引力是瞬间作用的力，换言之，其传递速度是无穷大的。第一个挑战这个想法的是人称法国牛顿的拉普拉斯侯爵，他之所以会萌生如此奇特的想法，肇因于哈雷考诸过去的天文记录，赫然发现古代的一个月比当时的一个月来得长。于是拉普拉斯假设引力传递的速度是有限的，如此一来，月球受到的引力是由先前的地球所发出的，指向先前地球的位置，如此一来月球在切线方向就会受力而加速。不过当他把数字套进去得到的速度居然是光速的 700 万倍！后来拉普拉斯找到别的原因来解释月球加速，有限的引力传递速度的想法就被束之高阁了。

后来科学家又遇到另一个大难题：牛顿力学可以说明水星轨道的近日点会有进动的现象，但仍有每世纪 43 秒的进动无法得到解释。当时的大数学家庞加莱就注意到水星是太阳系中跑得最快的行星，所以如果质量像电荷一般，加速运动会辐射出能量，水星照理会放出最多的能量，使得水星因失去能量而向内缩的现象会比其他行星明显。所以他创造了"引力波"这个词。

当时另一个更受欢迎的解释是，水星内侧还有一颗未知的行星，被取名叫"火神星"（Vulcan）。这些主张在爱因斯坦提出广义相对论出现后都成了明日黄花，因为广义相对论可以轻易地解释这个每世纪43秒的进动。

爱因斯坦为何会对引力波存在与否举棋不定呢？1916年1月，他在给史瓦西的信中表示，新的引力理论跟电磁理论不同，不会产生偶极矩的辐射，所以他不认为类似电磁波的引力波会存在。

几个月后，爱因斯坦在威廉·德西特的建议下改用"调和坐标"（harmonic coordinate），依此他将广义相对论非线性的场方程线性化。当时爱因斯坦犯了些数学错误，幸亏在诺斯特朗姆的提醒下，他改正错误后找到三个平面波 TT 型、LL 型与 TL 型的解，T 代表的是横向（Transverse），L 代表的是纵向（Longitudinal），还进一步发现相应的四极矩辐射公式。

当坐标函数都是调和函数时，这组坐标称之为调和坐标。调和函数是指函数满足拉普拉斯方程：$\nabla^2 f=0$

利用调和坐标可以简化爱因斯坦方程，让数学家更容易找到引力波的解。

当时的大天文学家亚瑟·斯坦利·爱丁顿却对这个结果不以为然，经过一番推敲，他在1922年指出在爱因斯坦发现的三个平面波的解中，只有 TT 型的确以光速前进，至于 TL 型与 LL 型的波速居然跟坐标选择有关，爱丁顿幽默地表示，这些波以"思想"的速度传播。之后没多久爱因斯坦就了解 TL 型与 LL 型的平面波解可以被坐标条件消解掉，所以看来引力波的存在似乎确立了，是吗？好戏还在后头呢！

1936 年，爱因斯坦与他的助手纳森·罗森送了一篇论文到《物理评论》，这一次他们找到引力场方程的严格平面波解，却发现这个解有奇点，而且用尽办法也无法消解这个奇点，这个结果足以证明引力波不存在，因为平面波是不允许有奇点的。没料到这篇文章被不知名的审稿人退了回来。爱因斯坦大怒之余写了封信大骂《物理评论》的编辑约翰·泰特，并扬言再也不投稿到《物理评论》。[①]

几个月后，爱因斯坦的新助手利奥波德·因费尔德再次出击，提出论证来证明引力波不存在。当时普林斯顿大学的教授霍华德·罗伯森指出因费尔德的论证中有致命的数学错误。一番苦思后，爱因斯坦发现他与罗森之前找到的解可以转换成圆柱波，而它的奇点其实代表波源，换言之，先前宣称引力波不存在的论证是无效的。于是爱因斯坦把更正后的论文投到《富兰克林研究院期刊》。经过一番曲折之后，引力波的存在与否似乎已经尘埃落定。

引力在物理学中扮演的角色

接下来几年，物理学家不是被叫去做原子弹，就是被找去做雷

[①] 后来爱因斯坦再也没有投稿到《物理评论》。只有一次例外，那次是回复别人的批评。后代学者经过一番抽丝剥茧，发现那个退爱因斯坦稿件的神秘审稿人是霍华德·罗伯森！

达、算波导，一时间引力波的问题似乎不再吸引科学家的注意。但到了战后，爱因斯坦的助手罗森在 1955 年再次宣称，即使引力波存在也无法传递能量，换句话说，引力波是探测不到的。罗森这个奇怪说法的根据为何呢？

因为罗森依照柱面波解去算它的"类-能量密度张量"，发现答案居然为 0，所以才会主张引力波无法传递能量。不过类-能量密度张量为什么有一个"类"字？这正是眉目所在，因为如果想要定义一个引力场的能量密度张量，马上会卡壳的。依照爱因斯坦的等价原理，我们可以做一个坐标变换，把时空中某一点的引力场给转换成 0，所以要定义引力场的能量密度张量是有困难的。因为一个张量在某一个点上从一个坐标系看是 0，从其他坐标系看还是 0，所以只能定义一个"非局所性"的"类张量"来代表引力场的"能量密度"了。

虽然爱因斯坦和俄国物理学家朗道与他的学生利夫席茨定义出不同的类张量来代表引力场的能量密度，但是罗森都得到 0 的答案，所以他主张引力波无法传递能量。

罗森在瑞士伯尔尼的会议中投下这枚"震撼弹"，四方风起云涌，自然又引起一番唇枪舌剑。年轻的剑桥博士生皮拉尼把这个问题带回去给著名的宇宙学家邦迪解答。邦迪注意到只有偏离测地线的粒子才会辐射出能量，因为如果一个粒子在测地线行进，可以换到另一个坐标而看成是自由落体。掌握到这一点后，再经过两年的殚思竭虑，他们终于在北卡罗来纳州教堂山一场以"引力在物理学中扮演的角色"为主题的会议中，狠狠地回击了罗森。

皮拉尼利用几何中的黎曼曲率张量来描述引力波上的粒子如何偏离它们的测地线而辐射出能量。

我们不妨将引力波想象成时空中的一阵涟漪，而两片漂在水上的花瓣的相对位置会因涟漪通过而改变。所以引力波会传递能量，原则上也是测得到的。接下来的问题是，该如何设计可行的实验来验证引力波呢？

引力波的测量

大物理学家理查德·费曼在听完皮拉尼的演讲后，提出一个假想实验：他假设一根棍子串上一颗珠子，引力波通过时，把棍子摆在与波行进方向垂直的方向，珠子会在棍子上来回地移动。如此一来，棍子与珠子摩擦生热，这里的能量就是由引力波得来的！天性喜欢做惊人之举的费曼大概没料到，这个"棍子与珠子"的假想实验会开启接下来近50年的引力波探索吧！

两年后，邦迪、皮拉尼以及艾弗·罗伯森共同发表一篇论文，内容是平面引力波的严格解。之后于尔根·埃勒斯与沃尔夫冈·孔特更发展出系统化求爱因斯坦场方程的平面波解。这些都成了后续寻求引力波的理论基础。

引力波探测实验的祖师爷是约瑟夫·韦伯，他是海军出身的工程师，1951年他拿到美国华府天主教大学的工程博士学位时已经是微波方面的专家。1955年到1956年，韦伯在古根汉奖学金的资助下到普林斯顿高等研究院跟约翰·惠勒做引力波的研究。就在理论物理学家还在为测不测量到引力波而争吵不休时，韦伯已经摩拳擦掌，准备好好发挥他的本事来"捕获"引力波了。

传播方向

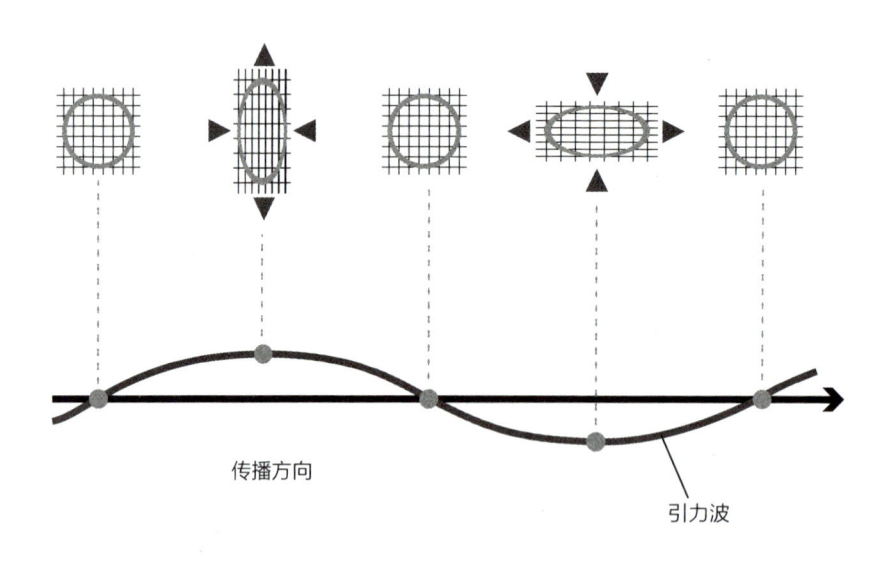

引力波

韦伯棒

韦伯的实验其实很简单，他注意到当引力波通过与波行进方向相垂直的物体时，物体会被先挤压再借由物体的弹性而弹回来，因而产生微弱的震波，所以探测这个震波就好了。问题是怎么分辨探测到的是引力波信号，还是隔壁实验室小胖打嗝产生的信号呢？

这不难，只要在 1000 千米外再放一套一模一样的实验器材就行了，所以韦伯打造两根 2 米长、直径 1 米的巨大铝制圆柱，然后用钢索把圆柱吊起来。在圆柱上接上压晶体管的材料，震波转成电流信号，再加以记录，这就是所谓的"韦伯棒"（Weber Bar）。

圆柱的共振频率为 1660 赫兹，一组放在马里兰大学，一组放在芝加哥阿贡国家实验室，接着比对这两组器材的记录就可以找引力波了。

就是靠着这么简单的仪器，韦伯在 1969 年宣布他找到引力波的信号了！一时之间，韦伯成了风云人物。但当其他实验室也纷纷建起类似的韦伯棒，尝试得到类似的结果时，却总是空手而归，逐渐地科学界对韦伯的数据分析产生怀疑。虽然韦伯持续为自己的结果辩护，但是寡不敌众，而且韦伯最初发表的结果后来被发现信号太大，比理论估算的值大好几个数量级，这个消息更是雪上加霜。韦伯在2000年病逝，享寿81岁。终其一生，他一直相信自己找到了引力波。

脉冲双星系统

虽然直接的引力波探测在20世纪70年代没有成功，天文学家倒是发现间接的证据。1974年，拉塞尔·赫尔斯与约瑟夫·泰勒发现史上第一个位于双星系统中的脉冲星PSR B1913+16。他们发现这个脉冲双星系统的公转周期逐渐变小。根据广义相对论，一个双星系统放出重力辐射而损失能量。尽管这种能量损失一般相当缓慢，却会使得双星间的距离逐渐降低，同时降低的还有轨道周期。这个双星系统公转周期变化率为每年减少76.5微秒，即其半长轴每年缩短3.5米。这是对爱因斯坦广义相对论的一项重要验证，赫尔斯也因此和泰勒一同获得1993年诺贝尔物理学奖。

激光干涉引力波天文台

然而科学家们仍然希望能够直接探测到引力波，进一步能够借着引力波来证实黑洞的存在，因为黑洞的碰撞与合并会产生强大重力波。

1984年，加州理工学院与麻省理工学院同意联合设计与建造激光干涉引力波天文台（LIGO）。1990年，美国国家基金会批准LIGO计划，第二年，美国国会开始拨款给LIGO计划。1992年，选定路易斯安那州的利文斯顿与华盛顿州的汉福德分别建造相同的探测器，彼此相距3000千米。这是为了要利用互相关特性来过滤信息，只有两个探测器同时检测到的信息才有可能是引力波的信号。

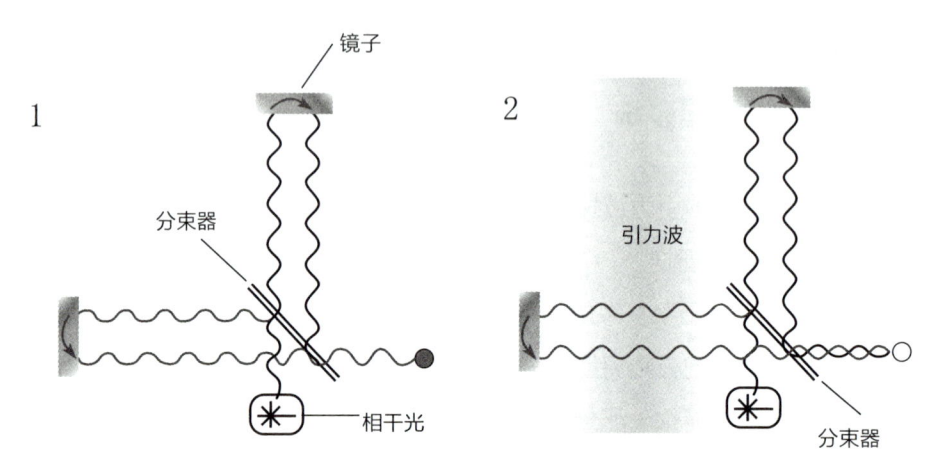

1　分束器将相干光分成两束从镜子反射的光束，为了显像清晰，仅示出了每个臂中的一个输出和反射光束。反射光束重新组合并检测干涉图案。

2　通过的引力波改变光路径，从而改变干涉图案。

用干涉仪探测引力波

　　天文台在1999年完工，2002年正式进行第一次探测引力波，2010年结束搜集数据。在这段时间内，虽并未探测到引力波，但累积很多宝贵的实际运作经验，探测器的灵敏度也愈加提升。

确认黑洞存在

2010年到2015年，LIGO又进行大幅度改良，而这一切的努力都在2016年2月LIGO的记者会上得到回报。LIGO科学团队宣布，人类于2015年9月14日首次直接探测到引力波，探测到的引力波源自双黑洞并合，两个黑洞分别估计为29及36倍太阳质量。

同年6月15日，LIGO团队宣布，第二次直接探测到引力波，所探测到的引力波也来源于双黑洞并合，两个黑洞分别估计为14.2及7.8倍太阳质量。之后，又陆续确认探测到多次引力波事件。这是科学家第一次确认黑洞存在的证据。

而事件视界望远镜合作组织在2019年4月10日所公布的位于室女A星系（M87）的直接取得黑洞事件视界的影像，则更进一步肯定了爱因斯坦重力理论的正确性。

而LIGO后续又探测到三次引力波事件，特别值得一提的是，其中之一是两个中子星并合所产生的引力波事件，由于引力波与电磁波首次同时被观测到，这标志着天文学进入新纪元。

巴里·巴里什、雷纳·韦斯及基普·索恩因领导此项工作而荣获2017年诺贝尔物理学奖。遗憾的是韦伯的墓木已拱，而皮拉尼则是在几个月前溘然长逝，没来得及看到LIGO的正式结果发表。但是科学的薪火代代相传，即使百转千回之后终究有柳暗花明的一天，从引力波的故事来看应该是最清楚的吧！在可见的未来，我们还可以再看到哪些前所未闻的天文奇观？等着瞧吧！